대한민국 젊은이가 알아야 할

국가와 안보

정해원 저

"국가안보란 국가안전보장의 줄임말로서 어원적으로 '한 국가가 국내외의 위협으로부터 자유로운 상태'를 의미한다."

문운당

들어가는 글

2014년 말미에 종북(從北) 콘서트로 유명해진 신은미[1] · 황선[2] 씨가 비판의 여론에 맞서 헌법상 표현의 자유를 내세우고 자신들을 비판한 언론을 형사 고소했다. 그들은 자유민주국가에서 다양한 의견을 말할 수 있다는 논리로 항변했다. 그러나 그들이 북한에 갔을 때, 거기서는 왜 다양한 의견을 말하지 않고 북한을 찬양하는 듯 행동하고, 심지어 황씨는 출산까지 하면서 '평등하고 돈 한 푼 안 드는' 출산제도라며 입이 마르도록 북한을 찬양했을까?

여기에 대해 참다못한 탈북 여성 5명이 기자회견을 열어 직접 겪었던 북한의 실상을 증언했다. 2007년 탈북한 이순실씨는 "끼닛거리를 찾아 길거리를 돌아다니는 '꽃제비' 생활을 하다 혜산역 보일러실에서 몸을 풀었다"며 "아이에게 먹일 게 없어 소똥에서 여물 콩을 골라 입에 넣어 준적도 있다"고 말했다.

역시 2006년 탈북한 김영아씨도 "2004년 집에서 혼자 둘째 아이를 낳았을 때 집에 쌀, 미역이 없어 태(胎)를 먹을 수밖에 없었다"고 증언했다. 현실이 이런데도 2005년 북한의 최고급 평양산

---

1) 신은미(53) : 이화여대 음대를 졸업하고 미국 미네소타 주립대학에서 박사학위 취득했다. 대학에서 성악과 교수로 학생들을 가르쳤으며, 현재 캘리포니아에 살고 있다. 2011년부터 세 차례에 걸쳐 40여 일 동안 북한 전역을 여행하고 여행 이야기를 정리해 〈오마이 뉴스〉에 '재미동포 아줌마, 북한에 가다'를 연재했고, 이후 황선씨와 함께 '신은미 · 황선 토크문화콘서트'를 전국 순회하며 열다가 '종북 토크쇼'로 논란을 빚자 관련 혐의로 기소 후, 강제 출국조치되었다(출처 : 위키백과).

2) 황선(40) : 희망정치 연구포럼 대표, 전 민주노동당 부대변인, 2005년 방북 노동당 창당 기념일에 맞춰 제왕절개로 출산, 김정일 사망시 "최소한 검은 옷이라도 입어야..."라고 언급하였으며 2015. 1월 관련혐의로 구속되었다(출처 : 위키백과).

원(산부인과 병원)에서 대접받으며 출산했던 황씨는 "북에선 의사가 환자를 찾아다니고, 예방접종도 찾아와 놔 준다", "정치범 수용소에서 탈출해 남쪽으로 온 사람들이 많은 걸 보면 자유롭게 열려 있는 공간 같다"라고 의견을 밝힌 적이 있다.

그러나 이 점에 대해 이순실씨는 자신의 몸에 흉터를 보여 주면서, "식량을 구하러 중국을 갔다왔다가 보위부에 붙잡혀 뜨거운 물로 고문을 당하고 낫으로 어깨를 찍혀 생긴 것이다. 보위부 고문이 이 정도인데 정치범 수용소는 얼마나 혹독하겠느냐"고 반문했다.

탈북 여성들은 신씨가 "탈북자 80 ~ 90%는 조국(북)이 받아준다면 다시 돌아가고 싶다고 한다"라고 주장한 것에 대해 "누가 그랬는지 증거를 대보라"고 격분했고, "남편에게 내가 죽으면 화장해 재를 뿌리지 말고 나무 밑에 묻어 달라고 했다"며, "혹시라도 잿가루가 바람에 날려 북으로 가는 것조차도 싫다"고 말을 이었다.

2007년 탈북한 한선화씨는 "청진에서 학교를 다닐 적에 재미교포 관광객이 온다고 얼굴 빛깔 좋은 30명을 모이게 해 아버지 가짜 직업과 '수령님 은덕으로 배 고프지 않고 잘 살고 있다'는 대사를 외우도록 한 적이 있다"고 했다. "신씨를 보면 그때 우리 연기에 놀아났던 그 재미교포가 생각난다"고 했다. 결국 탈북 여성들은 신씨와 황씨에게 '끝장토론'을 제안했지만 받아들여지지 않았다.

2013년 내란음모 혐의로 기소된 이석기[3] 전 통합진보당 의원은 체포동의안이 가결되자 '민주주의의 시계가 멈췄다'고 말했다. 너무도 어이없는 것은 우리가 그를 자유민주주의 체제를 공격했다는 혐의로 법의 심판대에 세웠지만, 정작 그는 자신이 파괴하려던 자유민주주의를 방패삼아 빠져나올 궁리를 하고 있었기 때문이다.

이석기 의원이 속한 전 통합진보당(이하 통진당)은 모든 행사시에 애국가를 부르지 않고 태극기를 계양하지 않는다. 통진당의 강령(綱領)에는 '대한민국'과 '헌법'이란 단어는 한번도 등장하지 않음에도 불구하고, 그들은 당이 해산될 위기에 처하니까 '묵비권' 또는 대한민국의 헌법상 보장된 권리라는 말을 운운한다.

애국가와 태극기는 대한민국의 정통성을 상징하는 가장 기본적인 것이다. 그럼에도 불구하고 당 대표로부터 구속된 이석기 의원에 이르기까지 그들은 이러한 대한민국을 정면으로 부정하고 위기에 몰리자 민주주의와 헌법을 방패삼아 표리부동한 행태를 보이고 있는 것이다. 참으로 안타까운 현실이고 대한민국의 국민들 속에 이러한 세력들이 있다는 것이 불안하기까지 하다.

---

3) 이석기(52) : 전 통합진보당 비례대표, '이석기 사건'으로 구속, 주요내용은 국가정보원이 통합진보당 경기도당에 속한 이석기를 고발한 사건으로, 이석기가 지하혁명 조직(Revolutionary Organization, RO)이 대한민국 체제전복을 목적으로 합법/비합법, 폭력/비폭력적인 모든 수단을 동원하여 이른바 '남한 사회주의 혁명'을 도모했다는 것이다. 국가정보원은 이석기를 형법상 내란 음모와 선동 및 국가보안법 위반 등의 혐의로 고발했다. 2014년 2월 17일, 1심 재판부는 이석기에 대한 내란 음모 · 내란 선동 · 국가보안법 위반 혐의를 대부분 유죄로 인정하고, 징역 12년에 자격정지 10년을 선고하고, 나머지 피고에게도 각각 징역 10년 이하와 자격정지 10년 이하를 선고했다. 그러나 2심 재판부는 내란선동만 유죄로 보고, 내란죄를 저지르기 위한 구체적인 합의가 있었다고 보기 어렵다는 이유로 내란 음모 혐의에 대해서는 무죄 판결을 내린바 있다(출처 : 위키백과). 2014년 12월 헌법재판소가 헌정 사상 최초로 통합진보당 해산 결정을 내림. 헌재의 결정에 따라 통합진보당은 바로 해산됐으며, 향후 유사한 강령과 기조를 하는 정당의 창당이 금지되는 것은 물론 통합진보당이라는 명칭도 영구적으로 사용할 수 없게 되었다(출처 : 네이버 지식백과).

위의 내용들은 다른 나라에서 있었던 일이 아니라 우리 대한민국에서 있었던 일이다. 국가 경제가 어려워 국민들이 먹고 살기에 정신이 없고, 국가의 미래를 책임져야 하는 정치인들은 국민의 이름을 빌어 당리당략에 몰두할 때, 그 틈을 틈타 이념적 혼란을 부추기며 적을 이롭게 하는 세력들이 저마다 자유민주주의와 헌법을 들먹이면서 교묘하게 국민을 선동하고 대한민국 국회라는 입법부까지 스며들어 합법적인 활동을 했던 것이다.

이제는 그냥 방치하기에 수위를 넘은 듯하다. 따라서 우리는 북의 현실을 보고 느낀 대로 전했을 뿐이라는 이들의 주장과 대한민국을 부정하고 북한을 찬양하며 옹호하는 세력이 대한민국에 분명히 존재하고 있다는 것에 문제의 심각성을 재인식해야 한다.

따라서 더 늦지 않은 시기에 이러한 세력을 발본색원하고, 자라나는 청소년들에게 올바른 국가관과 안보관을 심어줄 수 있도록 교육해야 한다.

이 책은 이러한 배경 하에 젊은이들이 올바른 국가관과 안보관을 확고히 갖도록 하는 목적을 갖고 집필했다. 대부분의 국가안보에 관련된 서적들은 학문적 차원에서 다루고 있어 학생들이 이해하는데 어려움이 있으며, 국가안보에 관련된 전문기관이나 전문가들의 논문 및 컬럼들은 관심있는 독자들만의 영역이어서 일반 학생들은 쉽게 접하지 못한다는 아쉬움이 있었다.

따라서 이 책은 우리의 유구한 역사로부터 대한민국의 시작, 세계적 위상, 통일 조국의 미래, 자유민주주의체제의 우월성 등 국가관과 관련된 내용과 자유를 지켜낸 6 · 25 전쟁, 북한의 실상, 북한의 대남도발, 한미동맹 등 "왜 우리가 이 땅을 지켜야 되고 어떻게 지킬 것인가?"에 대한 안보관을 확립시키는데 초점을 맞춰 학생들 수준에서 이해하기 쉽게 작성을 했다.

참고사항

이 책에서 다뤄지는 내용들은 순수히 저자의 시각에서 작성되었으며, 합리성과 설득력을 높이기 위해 최대한 공인된 기관의 자료를 활용하였다. 책 내용 일부 면에서 다른 의견이 있음을 인정하며 이에 대한 평가는 독자들의 몫으로 맡긴다.

목 차

I

국가관

1. 개 요

오늘날 지구상에 존재하고 있는 여러 국가들은 그 성격이나 형태가 매우 다양하다. 그 중에는 거대한 연방국가가 있는가 하면, 작은 도시국가도 있다. 또한 강대국이 있는가 하면 약소국이 있고, 선진국이 있는가 하면 후진국도 있다. 그 형성과정에 있어서도 자연 부락이 합쳐져 되는 경우도 있고, 정복에 의해 만들어지는 경우도 있다.

이러한 과정을 볼 때, 국가는 저절로 생겨나는 것이 아니고 그것을 필요로 하는 사람들에 의해서 만들어지는 것이라고 할 수 있다. 다시 말해서 사람들이 자신들의 안전과 행복을 보장하고 증진시키기 위하여 국가를 만드는 것이다. 따라서 한 개별적 인간과 국가라는 공동체는 분리될 수 없는 불가분의 관계이다. 역사적으로도 한 국가의 흥망성쇠와 그 국가 국민의 생존은 운명을 같이 해 왔다.

우리는 대한민국 국민의 일원으로서, 이 나라는 어떠한 나라인가를 분명히 인식할 필요가 있다. 이렇게 함으로써 국민의 일원으로서 지녀야 할 올바른 태도와 참된 의의를 찾을 수 있기 때문이다. 이러한 차원에서 이 장에서는 국가는 무엇이며, 그리고 우리가 살고 있는 대한민국은 어떤 나라인가를 살펴보고, 대한민국의 국민으로서 어떠한 마음가짐과 자세를 견지해야 할 것인지에 대해 알아보고자 한다.

가. 국가란 무엇인가?

국가란 사전적 의미로 보면 "일정한 영토와 거기에 사는 사람들로 구성되고, 주권에 의한 하나의 통치조직을 가지고 있는 사회집단"이다.[4)]

(1) 국가의 구성요소

헌법 총강 제1, 2, 3조에 의하면 국가의 요소는 영토 · 국민 · 주권으로 구성되어 있는데, 이 중 어느 한 가지만 없어도 국가는 형성될 수 없다.

첫째 요소는 국민의 생활공간인 '영토'이다. 모든 나라는 크건 작건 간에 일정한 영토를 가지고 있으며, 영토의 보전을 나라의 가장 중요한 목표로 삼고 있다. 영토는 국토라는 구체적인 의미보다 더 큰 상징적 의미도 있다. 한 나라의 영토는 그 나라 국민들의 생활공간이고, 그 나라 선조들의 피와 땀이 어린 곳이며, 그 후손들이 살아갈 미래의 터전이기 때문이다.

둘째 요소는 영토 위에서 생활하고 있는 '국민'이다. 한 나라의 국민은

---

4) 국가 : 일정한 영토와 거기에 사는 사람들로 구성되고, 주권(主權)에 의한 하나의 통치조직을 가지고 있는 사회 집단. 국민 · 영토 · 주권의 삼 요소를 필요로 한다(출처 : 한국어 백과대사전).

그 나라의 국적을 가진 사람으로서, 나라의 유지와 발전에 매우 중요한 요소이다. 그런데 한 나라의 인구가 너무 많거나 증가율이 높으면 나라의 경제 발전을 어렵게 하는 요인이 되기도 하고, 반대로 인구가 국토에 비해 너무 적거나 증가율이 낮으면 국력이 약화되기도 한다. 국민은 인구 그 자체도 중요하지만, 교육이나 문화수준과 같은 질적인 면과 인종, 언어, 종교와 같은 국민의 동질성도 매우 중요하다.

셋째 요소는 '주권'이다. 주권이란 '나라를 다스리는 최고 권력'을 말하는 것으로, 나라 안에 있는 어떤 개인이나 단체에 대해서도 최고의 힘을 발휘한다. 나라가 주권을 가지고 있다는 것은 다른 나라에 대해서 하나의 독립된 나라임을 나타내는 것이다. 그러나 주권은 단순히 나라를 다스리는 최고 권력만을 뜻하는 것이 아니다. 주권은 조상들이 오랫동안 살아 온 방식이나 인간관계를 그대로 유지하면서 외부로부터의 어떤 간섭도 받지 않고 한 국가가 스스로의 운명을 결정할 수 있는 힘과 권리를 의미한다.

(2) 국가의 형태

국가의 형태는 국가의 전체적 성격 내지 국가의 기본질서가 어떤 것인가를 기준으로 구분한 국가의 유형을 말한다. 이러한 국가형태는 크게 군주국(君主國)[5]과 공화국(共和國)[6]으로 구분할 수 있으며, 공화국도 민주

---

5) 군주국(君主國, monarchy) : 주권이 한 자연인인 군주에게 있어 군주가 세습적으로 국가 원수가 되는 나라를 일컫는 용어이다. 주권이 그 나라 다수의 국민에게 귀속되는 민주국 또는 공화국과 대립되는 국가 형태이다. 역사적으로 볼 때 국가가 처음 생겨날 때에는 이러한 형태를 취하였다. 군주국은 군주 1인에게 국가의 모든 권력이 귀속되어 자기 뜻대로 나라를 다스리는 형태의 전제 군주국과 헌법에 의하여 군주의 권력이 일정하게 제약을 받는 형태의 입헌 군주국으로 분류된다. 오늘날 전제 군주국은 거의 사라졌으므로 주권의 귀속에 의한 군주국 개념 규정은 무의미해졌다고 볼 수 있다. 따라서 군주가 있는 국가를 군주국이라고 하는 것이 일반화되어 있다(출처 : 두산백과사전).

6) 공화국(共和國, republic) : 주권을 가진 국민이 직접 또는 간접 선거에 의하여 일정한

적이냐 전제적이냐에 따라 구분된다.

군주국은 역사적으로 한 사람(군주)이 주권을 가진 정치체제를 말하며, 통상 세습적으로 이루어지고 있다. 이에 비해 공화국은 군주국이 아닌 국가로서 여러 사람의 공의(公議)에 의하여 정치를 하는, 즉 국민의 국가를 말한다. 따라서 군주국가의 국가원수는 원칙적으로 세습적이며 종신적인 군주인데 반해, 공화국의 국가원수는 선거제도에 의하여 일정한 임기로 교체된다는 점에서 두 국가형태는 구별된다.

공화국 중에서도 '민주적' 공화국은 권력의 기초로서 국민주권의 원리, 정치적 이데올로기로서의 자유민주주의, 권력구조에 있어서 분립주의, 의회주의와 법치주의에 의한 정치과정의 통제 등에 입각한 국가이다. 이에 반해 '전제적' 공화국은 전제주의[7] 또는 전체주의[8]적 이데올로기를 정치

임기를 가진 국가원수를 뽑는 국가형태이다. 공화국은 주권을 가진 국민이 선출한 대표자가 국가를 지배하고, 또 스스로도 대표자가 될 수 있는 제도를 통해서 국민이 자신을 지배하는 국가형태라는 의미이며, 민주주의 원리의 제도화로 생각할 수가 있다. 역사적으로는 세습에 의한 군주제를 부정하고 등장한 것으로서, 입헌군주국과는 다른 개념이다(출처 : 두산백과사전).

7) 전제주의(專制主義, autocracy) : 국가의 모든 권력을 개인이 쥐고 개인의 의사에 따라 정치를 하는 제도로서 절대주의 · 독재주의 정치체제를 뜻한다. 전형적인 전제주의는 중세 말(15, 6세기)부터 근세 초(17, 8세기)에 걸쳐서 있는 절대주의 국가형태에서 볼 수 있다. 그것은 봉건제도로부터 자본주의의 과도기에 전제군주 정치를 내용으로 한다. 그 특색은 루이 14세가 "짐은 국가이다"라고 했듯이, 개인으로서의 군주가 무제한으로 전제권력을 행사하는 데 있다(출처 : 교육학용어사전).

8) 전체주의(全體主義, totalitarianism) : 개인은 전체 속에서 비로소 존재가치를 갖는다는 주장을 근거로 강력한 국가권력이 국민생활을 간섭 · 통제하는 사상 및 그 체제. 전체주의란 개인의 이익보다 집단의 이익을 강조하여 집권자의 정치권력이 국민의 정치생활은 물론, 경제 · 사회 · 문화생활의 모든 영역에 걸쳐 전면적이고 실질적인 통제를 가하는 것을 말한다. 전체주의에는 파시즘과 공산주의를 포함하고 있지만, 이 양자를 일괄적으로 규정하기는 매우 곤란하다. 양자는 그 이데올로기의 기원에 있어서나 그 사회적 배경에 있어서도 서로 다르다. 전체주의의 발생원인을 획일적으로 해명하기는 어려우나, 그 지배형태에서 전체주의적 특징을 찾아낼 수는 있다(출처 : 두산백과사전).

이념으로 하는 국가를 말한다.

전제주의는 국가권력이 단일의 권력담당자에 의하여 행사되고, 다른 기관에 의하여 어떤 제한도 받지 아니하는 체제를 말한다. 절대주의 · 권위주의 · 전체주의 · 독재 등은 전제주의와 유사한 개념이다. 과거 이탈리아의 파시스트와 독일의 나찌스, 그리고 오늘날 북한 공산집단의 유일체제 등이 그 대표적인 예이다.

(3) 국가의 기능과 역할

국가의 1차적인 기능은 개인의 자유와 안전을 보장해 주기위해 대외적으로 적의 침략으로부터 국민과 영토, 주권을 보호하는 국가 안보적 기능과 대내적으로 국민의 생명과 재산을 보호하고 사회질서를 유지하는 치안유지 기능을 갖고 있다.

국가의 2차적 기능은 경제 · 사회 · 문화 등의 제 분야에서 공공복지사업을 증진시켜 국민의 삶의 질을 향상시켜 주는 것이다. 따라서 국가는 우리에게 삶의 터전을 제공해 주고, 행복의 제요소를 제공해 줄 뿐만 아니라, 각자의 이상을 실현하도록 보장해 주는 것이다.

우리는 그동안 국가가 망하거나 또는 정치적인 박해, 인종차별, 생활의 어려움 등으로 전 세계를 떠도는 난민들의 실상들을 많이 보고 들어 왔다. 우리나라도 과거 국가의 기능을 제대로 수행하지 못해 국권을 빼앗긴 적이 있었다. 국가의 1차적 기능이 발휘되지 못하면 2차적 기능은 당연히 실현되지 못하는 것이다.

나. 나의 조국 대한민국은 어떤 나라인가?

우리가 살고 있는 대한민국은 어떤 나라인가? 이 질문은 쉬운 것 같으면서도 쉽게 답변하기 어려운 질문이다. 여기서는 오늘날 우리가 어떤 체제에 살고 있으며, 우리나라를 구성하고 있는 요소, 즉 영토·국민·주권의 의미를 살펴보고, 나아가 우리 민족의 혼과 정신이 깃들어 있는 상징(태극기·애국가·무궁화)에 대해 알아봄으로써 나의 조국 대한민국에 대한 자긍심을 바탕으로 국가와 나의 관계를 올바로 정립하고자 한다.

(1) 대한민국의 국가형태와 체제

우리나라 헌법 제1조 제1항은 '대한민국은 민주공화국이다'라고 규정하고 있다. 즉 대한민국은 자유민주주의 이념과 시장경제체제를 기반으로 하는 민주공화국인 것이다.

우리나라 민주주의의 역사는 매우 짧다. 일제강점기에 3·1 운동을 통해 표출된 민족·민주의식이 대한민국 임시정부의 헌법에 살아 있다가, 해방 후, 공산주의 세력의 거센 도전을 물리치고 자유민주주의체제를 헌법에 명시적으로 규정한 것이다.

이후 우리나라는 6·25 전쟁이라는 민족사상 최대의 비극을 겪었고, 폐허가 된 국가를 일으켜 세우면서 민주주의를 발전시켜 왔다. 특히 우리나라는 근대화를 추구하면서 개방적 시장경제, 즉 시장원리와 사유재산제도를 유지하면서도 국가 주도의 경제발전계획을 수립하여 추진했다.

대한민국은 당시 우선적으로 발전시킬 전략산업 분야를 정하고 국내외적으로 가용한 모든 자원을 총동원해 해당분야에 집중적으로 배분하는 방식으로 경제발전을 이끌었다. 이것이 바로 서구 선진국들이 200년 이상 걸려 이뤄낸 근대화를 우리는 불과 50 ~ 60년 만에 해낼 수 있었던 원동력이 되었다. 이처럼 대한민국은 짧은 기간 동안에 산업화를 이루었고, 경제발전을 토대로 민주화를 달성하였으며, 오늘날 선진화를 향해 힘차게 달려가고 있다.

(2) 국가 구성요소로 본 대한민국

첫째 영토라는 요소 면에서 우리나라 헌법 제3조는 "대한민국의 영토는 한반도와 그 부속도서로 한다"라고 명시되어 있다. 이 조항은 우리나라 영역의 한계를 규정한 것이면서 동시에 한반도 문제와 관련하여 중대한 의미를 내포하고 있다. 국제법상의 원칙에 따르면 한 국가의 영역은 그 나라의 국가권력이 미치는 공간적 범위에 한정되어야 한다. 그런데 대한민국의 국가권력은 휴전선 이북 지역에는 미치지 못하고 있는 것이 현실이다.

그럼에도 불구하고 우리 헌법에 이렇게 규정되어 있는 것은, 대한민국의 영역은 우리 민족이 대대로 누려온 삶의 터전을 기초로 하고 있음을 의미하며, 대한민국이 민족사의 명맥을 이어 받아 그 영토를 정했음을 의미한다. 또한 건국 당시 유엔에서 승인한 한반도의 유일한 합법정부는 대한민국이라는 사실을 의미한다.

한반도의 국토면적은 남한 약 9.9만㎢와 북한 약 12.3만㎢를 합하여 총 22만여㎢이며, 3만 2천여 개의 섬(남한지역)으로 구성되어 있다. 이는 세계에서 84번째의 크기(남한면적은 세계 108위)이며, 면적만 가지고 본다면 한반도는 그리 크지 않다. 그럼에도 불구하고, 오늘날 대한민국은 세계 10위권의 경제대국으로 성장했다는 점에서 우리 민족과 국민의 높은 수준과 저력을 확인할 수 있다.

역사적으로 우리나라는 만주지역을 포함하여 광활한 영토를 제패한 적이 있었다. 고조선과 고구려의 영토가 그랬고, 해동성국 발해가 융성했던 시대의 영토가 우리 조상들의 활동영역과 진취적인 기상을 증언해 주고 있다. 반만년 유구한 역사 속에서 4천여 년 동안 만주지역을 지배했고, 한반도로 축소된 것은 1천여 년에 불과하다.

오늘날 중국이 소위 동북공정[9]을 통해서 고조선과 고구려, 발해의 역사를 중국 역사의 일부로 편입시키려 하고 있고, 일본이 독도영유권을 주장하고 있는 등 외부적인 도전을 감행하고 있는 현실에서, 우리는 확고한 역사의식을 바탕으로 이에 대비해 나가야 할 것이다.

둘째, 국민이라는 요소 면에서 대한민국의 국적을 취득한 사람은 민족과 종족, 문화와 종교에 관계없이 대한민국의 국민이다. 이러한 국민은 국민주권의 원리에 입각한 대한민국에 있어서 헌법상의 지위를 갖게 되며, 어떠한 이유에서건 차별대우를 받지 않는다. 우리는 국민 개념과 관련하여 열린 자세를 가질 필요가 있다. 즉 세계화 · 정보화가 빠르게 진전되면서 외국인이 귀화하여 우리나라의 국민이 되거나, 우리 국민 또는 민족이 이민을 가서 다른 나라의 국적과 시민권을 취득하는 경우가 있기 때문이다.

따라서 우리 국토에 살고 있는 혈족이나 동포만 생각하는 데서 한걸음 더 나아가, 대한민국 국적을 취득한 외국 출신을 포함하여 국민의식과 국

---

9) 동북공정(東北工程) : 중국 국경 안에서 전개된 모든 역사를 중국 역사로 만들기 위해 2002년부터 중국이 추진한 동북쪽 변경지역의 역사와 현상에 관한 연구 프로젝트(출처 : 두산백과사전).

민정신을 공유하고 있는 사람까지 생각할 필요가 있다.

한편, 역사적으로 우리 민족과 오늘날 대한민국 국민은 세계 나라의 국민들보다도 우수하다. 높은 교육열과 문화수준, 고도의 인적자원, 근면성 등이 있었기에 자원이 빈약한 국가임에도 불구하고, 세계인으로부터 존경을 받을 정도로 놀라운 발전을 할 수 있었다. 따라서 우리는 스스로 대한민국 국민으로 태어난 것을 자랑스럽게 생각하면서 대한민국의 구성원이자 주인으로서의 의식을 바탕으로 일류 선진국가를 만들어 나가야겠다.

세 번째 요소인 주권 면에서는 우리나라 헌법에 있어서 주권과 통치권의 관계에 관한 규정은 헌법 제1조 제2항에 있다. "대한민국의 주권은 국민에게 있으며, 모든 권력은 국민으로부터 나온다"라고 할 때, '주권'의 본래의 의미는 국가의사를 전반적 · 최종적으로 결정할 수 있는 최고권력, 즉 헌법 제정 권력을 의미한다. 그리고 '모든 권력'은 국민의 선거와 투표에 의하여 위임받고 국민이 택한 헌법에 의해 통치하는 권력, 즉 통치권을 의미한다.

우리나라에 있어서 모든 국가권력은 그것이 주권이든 통치권이든 상관없이 국민으로부터 나온다는 사실은 의심의 여지가 없다. 또한 주권은 다른 나라에 대하여 하나의 독립된 나라임을 나타낸다. 우리나라는 역사적으로 주권을 잃고 노예와 같은 삶을 살아야 했던 아픈 역사를 갖고 있으며 이것은 주권을 잃으면 모든 것을 잃게 된다는 뼈아픈 교훈을 우리에게 알려주었다.

(3) 대한민국의 상징

한 국가의 상징물은 일반적으로 국기(國旗) · 국가(國歌) · 국화(國花)

등 3가지를 일컫는다. 우리나라는 태극기와 애국가, 무궁화를 국가의 상징으로 삼고 있다.

먼저 태극기는 1882년 박영효[10]가 일본 수신사로 갔을 때, 처음 사용하였고, 이듬해인 1883년 고종이 태극 4괘가 그려진 기를 국기로 사용한다고 왕명으로 공포함으로써 태극문양이 우리나라 국기로 확정되었다. 이 국기는 처음에는 '조선 국기'로 불렸으나, 일제강점기 시절 일본의 탄압으로 사용하지 못하다가 3·1 운동 당시에는 일본이 알아차리지 못하도록 하기 위해 '태극기'로 불렸고, 상해 임시정부 시절에도 사용되다가 오늘에 이르게 된 것이다. 일제시대 때 사용된 태극기는 그 종류가 다양했는데, 1949년 국기 제정위원회가 현재의 도안대로 태극기의 모습을 확정하였다.

사실 태극 문양은 오래 전부터 우리 민족이 즐겨 사용해 왔다는 근거들이 많다. 1957년 우리 국기 보양회에서 펴낸 『국기해설』에는 태극팔괘를 단군 성조의 가르침에 따라 고대 조선에서부터 사용하였다고 하고 있

---

10) 박영효(朴泳孝, 1861 ~ 1939), 일본식 이름 : 山崎永春(야마자키 에이하루), 조선 말기의 문신, 정치인, 사상가로 급진 개화파의 주요 인물이다. 북학파 박지원의 저술을 통해 평등사상을 배우는 한편 오경석이 베이징(北京)에서 가지고 온 〈해국도지〉(海國圖志) · 〈영환지략〉(瀛環志略) 등 청나라와 외국의 개화서적을 돌려보면서 김옥균(金玉均) · 서광범(徐光範) · 홍영식(洪英植) 등과 함께 1870년대 후반에 개화당을 조직했다. 1884년 김옥균, 홍영식, 윤치호, 서재필, 서광범 등과 함께 갑신정변을 주도하였으나 갑신정변의 실패로 일본으로 망명했다 귀국하였으며 을미사변과 갑오개혁으로 다시 일본에 망명하였다. 일본 체류 중 1900년 7월 고종의 폐위를 기도하였으나 실패하였고, 이후 1907년 특별사면을 받고 귀국하였으나 이완용의 고종 양위 계획을 반대하는 과정에서 투옥, 유배되었다. 일제강점기 초반에는 기업과 은행 활동에 전념하던 중, 조선총독부의 회유와 타협에 응하여 중추원 고문과 귀족원 의원을 지냈다. 조선총독부 산하 조선사편수회의 고문을 지냈다. 조선의 마지막 부마로, 조선 철종의 사위이기도 하다. 1882년 일본으로 건너가는 배 안에서 고종의 명을 받아 제작된 '이응준 태극기' 중 4괘(卦)의 좌 · 우를 바꿔 도안, 제작했고, 이는 후에 조선의 국기인 태극기가 됐다(출처 : 위키백과).

으며, 1995년 대한민국 국기 선양회에서 '태극기 변천사 전시회'를 하면서 이 중에는 현재의 태극기와 흡사한 4괘를 가진 태극기가 새겨져 있다.

이렇게 볼 때, 태극 문양과 태극기는 우리의 역사와 전통과 밀접한 관계가 있다고 할 것이다. 태극기의 흰색바탕은 밝음과 순수, 그리고 전통적으로 평화를 사랑하는 우리의 민족성을 의미한다. 태극기의 원형은 하늘과 땅이 나누어지지 않은 전체, 즉 우주의 근원을 가리키는 것으로 우리 민족의 단일성, 원만함 등을 나타낸다. 파랑색은 음(陰)을, 빨강색은 양(陽)을 뜻하는 것으로 음양의 세계가 상호작용하여 이 세상의 모든 사물들이 탄생하는 이치를 나타내며, 이는 우리 민족의 무궁한 발전과 창조정신을 상징하고 있다.

애국가는 원래 여러 종류였는데 그 가운데 조선시대 말에 이르러 지금 부르는 애국가의 가사가 굳어졌다. 여러 곡에 가사만 붙여 부르다가 1936년 독일에 유학하고 있던 안익태[11] 선생이 '코리아 환상곡'이란 교향곡을 작곡하면서 테마음악으로 애국가의 곡을 작곡하였고, 이 애국가가 광복 후 대한민국 정부가 수립되면서 국가로 제정되었다.

안익태 선생이 애국가의 가사를 처음 접한 것은 3 · 1 운동 때였고, 그 뒤 애국가가 스코틀랜드 민요인 '이별의 노래'의 곡조에 붙여 불리는 것을 안타깝게 생각하여 직접 작곡한 것으로 전해진다. 이처럼 외세의 억압으로부터 조국의 독립과 자주의식을 함양하기 위해서 불리던 애국가가 오늘에 이르기까지 대한민국의 국가로서 국민들에게 애창되고 있다.

---

11) 안익태(安益泰, 스페인 이름 : Iktai Ahn, 1906년 12월 5일 ~ 1965년 9월 16일)는 스페인 시민권자 신분이었던 한국의 작곡가, 첼리스트, 트럼페터, 바이올리니스트, 지휘자로 대한민국의 국가(國歌)인 애국가를 작곡했으며, 대표 작품으로 한국 환상곡이 있다(출처 : 위키백과).

무궁화는 예로부터 상당히 광범위한 지역에서 관상수로 재배되어 왔고, 우리 겨레의 민족성을 나타내는 꽃으로 인식되면서 자연스럽게 나라꽃으로 인정받고 있다. 이홍직의 『국어 대사전』에는 "무궁화는 구한말부터 우리나라 국화로 되었는데, 국가나 일개인이 정한 것이 아니라 국민 대다수에 의하여 자연발생적으로 그렇게 된 것이다. 우리나라를 예로부터 '근역(槿域, 우리나라의 별칭)' 또는 '무궁화 삼천리'라 한 것으로 보아 선인들도 무궁화를 몹시 사랑하였음을 짐작할 수 있다"라고 되어 있다.

영국인 신부 리처드 러트(대한성공회 2대 주교)는 『풍류 한국』에서 프랑스, 영국, 중국 등 세계의 모든 나라의 꽃이 황실이나 귀족을 상징하는 꽃이 국화로 만들어졌으나 우리나라만 백성의 꽃인 무궁화를 국화로 정했고, 따라서 무궁화는 민주적 전통을 표현한다고 기술한 바 있다.

이처럼 무궁화는 우리 국민과 애환을 같이하며 겨레의 얼과 민족정신을 상징하는 꽃으로 확고히 부각되었고, 고통 속의 민족에게 꿈과 희망을 심어주며 역사와 더불어 자연스레 겨레의 꽃으로 자리 잡게 되었던 것이다.

다. 국가관(國家觀)이란?

국가관이란 사전적 의미로 "국가의 목적, 의의, 성립, 형태 등에 대한 체계적인 견해나 입장"[12]을 말한다. 우리나라의 경우 광복(1945년) 이후 근대국가가 건설되기 전까지는 근대적인 국가의 개념은 존재하지 않았으므로 광복 이전까지는 전통적인 국가관이 우리 고유의 국가관으로 존재했다고 보고, 광복 이후에는 전통적인 나라의 개념 위에 새로이 근대적 국가의 개념이 첨부되어 국가관이 형성된 것으로 생각된다.

---

12) 출처 : 브리태니커 백과사전

'나라'와 '국가'의 개념은 서로간의 의미 차이가 있고, 또 '나라'의 개념에 대해서도 여러 가지 설이 있다. 일반적으로 '국가'는 법적 · 정치적인 개념으로 파악되지만, '나라'에 대해서는 '국가와 나라를 동일시하는 설', '말과 문화를 공유하는 집단이라는 설', '공통적인 역사적 유산을 소유한 집단이라는 설', '국가의 영토를 뜻한다는 설' 등이 있다.

그러나 이와 같은 설들은 대부분 서양에서 발전된 것이고, 우리나라처럼 동양문화권에 속하는 경우에는 '나라'와 '국가'에 대한 개념이 체계적으로 정리되어 있지 못하다.

동양 전통사회에서는 예로부터 『대학』[13]에 나오는 '수신제가 치국평천하(修身齊家 治國平天下)'라는 구절이 '나라' 또는 '국가' 개념의 기준이 되어 왔다고 할 수 있는데, 이때 '치국(治國)'의 개념은 근대적인 의미에서의 '국가'보다는 '나라'의 개념에 가깝다고 할 수 있다. 이러한 '나라'를 대표하는 이가 곧 임금으로서의 나라님이었다.

우리의 전통사회는 오랜 세월 동안 점진적으로 형성되어 온 공통의 언어와 문화, 그리고 공통의 역사적 체험과 고향으로서의 영토의식이 복합적으로 결집되어 '나라'의식을 향유해 왔다. 예컨대, 이승휴(李承休)의 『제왕운기』(帝王韻紀)에는 "동국(東國) 군왕(君王)의 개국연대는 단군의 수명과 같다. 1,038년을 다스리다가 아사달에 들어가서 신이 되어 죽지 아니한 것이다."[14]라는 기록이 나온다.

---

13) 대학(大學) : 유교(儒敎) 경전에서 공자(孔子)의 가르침을 정통(正統)으로 나타내는 사서(四書) 중 중요 한 경서(經書)(출처 : 두산백과사전).

14) 제왕운기(帝王韻紀) : 1287년(충렬왕 13) 이승휴(李承休)가 7언시(七言詩)와 5언시로 지은 역사책(출처 : 두산백과사전).

이 기록에 의하면 우리나라(東國)에는 단군이라는 임금이 1,038년을 통치하다가 결국 멸망했다는 것이다. 단군이라는 개인이 1,038년을 살았다는 이야기가 아니라, 단군이라는 여러 임금들의 보통명사가 그만큼 나라를 지속적으로 통치했다는 것이 올바른 해석일 것이다. 그러다가 단군조선이 멸망했지만, 나라님이 죽지 않는 신이 되었다는 것은 사라진 나라에 대한 사랑이 그만큼 컸다는 것을 상징하기도 한다. 또, 『삼국유사』에는 통일신라의 위업을 성취한 문무왕의 평생 이념이 '불법을 숭상하고 나라를 지키는 것(崇奉佛法 守護邦家)'이라고 기재되어 있다. 여기서도 우리는 문무왕의 강렬한 애국정신과 나라사랑 의식을 엿볼 수 있다.

어쨌든 나라에 대한 애정과 숭상의식은 어제 오늘의 문제가 아니라 아득한 옛날 고대사회에서부터 우리에게 전승되어 내려온 것이 분명하다. 우리 역사를 통하여 나라에 대한 가치관은 전통사회에서 주로 불교나 유교와 같은 종교문화를 통하여 형성되어 왔다고 말할 수 있겠다. 그 까닭은 우리의 전통사회에서 모든 가치관과 정신문화의 핵심은 주로 종교생활을 통하여 형성되어 왔기 때문이다. 그것의 단적인 보기가 앞에서 거론된 문무왕의 '불법을 숭상하고 나라를 지킨다'라는 이념일 것이다.

(1) 불교시대의 국가관

우리나라 역사를 통하여 가장 불교신앙이 왕성했던 시절이 삼국시대(특히 신라)와 고려시대일 것이다. 그렇다고 조선시대나 광복 이후에 불교신앙이 없었다는 것은 아니지만, 불교가 그 시대의 정신문화를 대표적으로 이끌던 시대는 삼국시대와 남·북국시대, 그리고 고려시대이다.

그러나 삼국시대 가운데서 고구려와 백제, 그리고 발해의 불교문화가 나라의식에 얼마나 영향을 주었는지는 문헌자료가 부족하여 정확히 진단하기가 어렵다. 따라서 여기서는 주로 신라시대와 고려시대로 제한하려 한다. 신라에 들어온 불교문화는 일찍부터 애국주의 신앙과 조화되었다. 화랑의 세속오계를 가르쳐 준 원광(圓光)이나 의상(義湘) · 자장(慈藏) · 원효(元曉)의 사상이 그러한 예이다.

신라 불교인들이 불교사상을 자주적이고 주체적인 방향에서 토착화시킨 실천적 결과가 곧 문무왕의 해중릉(海中陵)이다. 문무왕은 죽어서도 조국을 지키는 호국신(護國神)이 되겠다고 약속하였다. 주위의 신하가 "지존하신 대왕께서 죽어 극락왕생은 못할망정 어찌 인간 이하의 축생인 용이 되려고 자원하십니까?"라고 안타깝게 물으니, 왕은 "나라를 수호하는 일이면 짐승으로 태어나도 무엇이 언짢은가?"라고 오히려 반문하였다.

그 이전에 신라에서 불법을 처음으로 공인한 법흥왕이나 순교자 이차돈(異次頓)도 다 같이 나라와 국민생활에 복을 닦게 하려는 정신에서 불교를 숭상하였다. 우리 역사에서 나라사랑과 불교신앙의 관계가 신라시대만큼 긴밀한 적은 일찍이 없었던 것으로 보인다.

첫째로, 신라인들은 자기 나라를 가장 훌륭한 현실적인 불국토(佛國土)로 생각했던 것으로 보인다. 비단 불교가 공인된 이후에 와서야 그렇게 생각한 것이 아니고 신라인들은 자기 나라가 먼 과거에서부터 불법과 인연을 맺어 왔다는 믿음을 가졌다.

고구려 승려 아도(我道, 또는 阿道)가 신라에 불교를 전하기 전에 그의 어머니가 '신라는 지금 불법을 모르지만……, 그 나라 도읍 안에 일곱 개의 절터가 있는데……, 이것들은 모두 전불(前佛) 때 가람의 터전이라 앞으로 불법이 길이 유행할 곳'이라고 말한 기록이 『삼국유사』에 전해지고 있다.

또, 같은 책 문무왕조에 135세나 되는 낭지(郎智)라는 노승이 살았는데, 그가 거처하던 절터가 가섭불(迦葉佛) 당시의 절터였기에 땅을 파서 등항(燈缸) 두 개를 얻었다고 한다. 가섭불은 석가모니불 이전에 있었다는 전불(前佛)이다. 또한 유명한 황룡사도 전불시대의 일곱 절터 가운데 하나라는 기록도 전한다.

이와 같은 기록들은 신라인들이 자기 나라가 역사적으로 불교와 인연이 깊다고 보는 불연국토사상(佛緣國土思想)이 가득했음을 나타내고 있다. 즉, 신라인들이 자기 나라가 석가모니의 불교가 들어오기 이전부터 전세불(前世佛)인 가섭불(불교 경전에 나오는 부처)과 깊은 인연을 맺고 지금에 이르렀다고 믿었다는 사실은, 이들이 이미 자기 나라에 대해 아득한 옛날부터 부처님에 의해서 선택받은 고귀한 불국토라는 역사의식을 가졌다는 것을 입증한다.

둘째로, 신라인들은 자기 나라를 서축(西竺 : 지금의 인도)에 견줄 만한 동축(東竺)의 불교주인국이라는, 강한 문화적 주체성을 가지고 있었음을 볼 수 있다. 인도가 불교의 발생지라고 해서 인도를 종주국으로, 신라를 아류국으로 여긴 것이 아니라, 신라를 새로운 불교의 종주국으로 여겼던 당당한 주체정신이 『삼국유사』의 황룡사장육조(皇龍寺丈六條)에 기록되어 있다. 그 기록의 내용은 대략 다음과 같다.

신라 24대 진흥왕 때 남쪽에서 큰 배 한 척이 표류해 왔는데, 인도의 불교 중흥주인 아육왕(阿育王 : Asoka왕을 이름)이 황철(黃鐵) 5만7천근과 황금 3천 푼을 모아서 석가의 불상 셋을 주조하려다가 성공하지 못하고 인연이 있는 곳에 가서 장륙존상(丈六尊像)을 이루어 달라고 했다는 공문이 실려 있었다. 이에 진흥왕은 경주 근교에 동축사(東竺寺)라는 절을 세우고 아육왕이 성공하지 못한 불상을 단번에 이룩하였다.

그 뒤 자장이 중국에 유학 갔을 때 문수보살이 나타나 그에게 비결(祕訣)을 건네주며 "너희 나라 황룡사는 석가불과 가섭불이 강연했던 곳이기에 연좌석이 아직도 있다. 그러므로 인도 아육왕이 황철을 약간 띄워 바다에 보냈는데, 1천3백여 년이 지나 그것이 너희 나라에 도착해서 불상이 주성되어 그 절에 안치되었다. 대저 위덕의 인연이 그렇게 시킨 것이다." 라고 말하였다.

이와 같은 옛이야기는 신라인들이 불교를 수용하고 믿되 인도의 불교를 위해 마음을 인도 쪽으로 빼앗긴 것이 아니라 불교사상을 자기 나라의 정신문화로서 주체적으로 구심화했던 정신적 모습을 상징적으로 그리고 있음을 뜻한다.

셋째로, 신라인들도 자기 나라를 부처나 보살들이 사는 깨끗한 땅, 즉 정토(淨土)라고 여겼던 것으로 보인다. 즉, '신라즉불정토사상(新羅卽佛淨土思想)'이다. 신라인들은 자기 나라를 저주받은 땅이 아니라 가장 축복받은 땅이라고 여겼기에 우리는 신라인들의 영혼 깊숙한 곳에서 울려 퍼지는 애국과 호국의 정신을 생생하게 읽을 수 있다.

예컨대, 강원도 낙산사에서 의상과 원효가 관음보살의 거주처와 현신(現身)을 보았다는 기록, 오대산은 문수보살이 거주한 곳이고 거기서 자장이 문수보살을 보았다는 기록, 효소왕 때 망덕사 낙성시 석가모니 진신불(眞身佛)이 나타나 공양을 받고 하늘로 승천한 기록, 원효가 신라의 땅 밑에서 극락을 보았다는 기록 등은 모두가 한결 같이 신라가 진신상주(眞身常住)의 나라이기에 고귀하고 축복받은 땅이라는 정신을 우리에게 일러준다.

신라인들이 보여준 호국정신은 이와 같은 불교적 정신사와 깊은 연관을 갖는다. 즉, 불법 수호와 나라 수호를 일치시킨 신라인들의 나라의식에서 우리는 화랑도가 펼쳤던 애국활동의 철학적 배경을 읽을 수 있다. 그러한 정신이 사회적으로 팔관회(八關會) 및 백고좌(百高座) 등으로 나타나기도 하였다.

고려 태조의 『십훈요』(十訓要)에 보이는 팔관회의 뜻과 의종의 팔관회 부활 취지도 단지 불교적 행사만을 뜻하는 것이 아니라, 신라시대의 정신을 부활시켜 나라의 융성에 이바지해야 하겠다는 의지의 표현이라고 보아도 무방할 것이다. 몽고의 고려 침략 때 이루어진 대장경판 제작도 신라 정신의 의지를 승계한 것이고, 그 경판 제조 때 이규보(李奎報)가 쓴 『군신기고문』(君臣祈告文)의 정신도 이러한 전통에서 이해되어야 한다.

조선시대 임진왜란 때 휴정(休靜)의 호국정신도 신라 원광의 『걸사표』(乞師表)에 나오는 정신과 다를 바가 없다. 그런데 고려불교는 신라불교만큼 불교신앙을 통한 나라 흥륭의 강렬한 믿음을 갖지 못했던 것으로 보인다. 왜냐하면 신라인들은 불교에 바탕을 둔 정법(正法) 수호가 곧 국가를 수호하는 것과 같다는 국민정신을 견지하고 있었기 때문이다.

그러나 고려시대에 와서 불교 이외에 탈속적인 도가사상(道家思想)이 큰 영향을 미쳐 불교를 통한 현실적 나라의식이 신라시대만큼 진하지 못하였다. 몽고의 침략 등 내우외환으로 시달린 고려를 중흥시키기 위해 지눌(知訥)은 수연이물(隨緣利物 : 인연 따라 모두를 이롭게 해줌)과 행보살도(行菩薩道 : 보살정신을 행함)의 이념에 충실한 결사(結社)의 필요성을 제창했지만, 그의 결사이념이 신라의 불교만큼 나라의식 · 국가의식을 강화하는 데 적극적으로 기여하지는 못했던 것 같다.

(2) 유교시대의 국가관

유교시대란 곧 조선시대를 말한다. 그러나 최초로 우리나라에 유교(儒敎)[15]가 들어온 것은 삼국시대이고, 그때부터 학교교육과 현실정치의 이념은 줄곧 주로 유교정신에 의해 짜여져 왔다고 해도 과언이 아니다. 신라 화랑의 대명사 격인 김유신(金庾信)의 충효사상은 그의 국가관의 중심을 이루고 있다.

『삼국사기』에는 "소자는 평생 충효로써 스스로를 기약했으므로 전투에 임하여 용감하지 않을 수 없습니다. 옷소매(領)를 잡아당겨야 갑옷이 발라지고 벼리(綱)[16]를 이끌어야 그물이 펴진다는 것을 소자는 자주 들었습니다. 소자는 그 강령(綱領)이 되겠습니다."라고 한 김유신의 말이 기록되어 있다. 이 말은 단적으로 유교적 국가관이 곧 충효에 바탕을 둔 가치관임을 뜻한다. 이 충효적 국가관이나 나라의식은 삼국시대부터 오늘에 이르기까지 연면히 흘러왔다고 해도 과언이 아니다.

첫째로, 우리나라 유교인들의 나라 생각, 즉 국가관은 근본적으로 민본주의적 가치관에 입각해 있는 것으로 보인다. 나라는 백성을 위해서 존재한다는 민본사상의 원류는 물론 맹자에게서 시작되었다. 이 유가적 민본사상이 한국 유학사에서 강력히 흘러 조광조(趙光祖)와 같은 지치주의(至治主義)[17] 유학자는 이민위심(以民爲心 : 백성으로써 마음을 삼음)의 민본

---

15) 유교 : 공교(孔敎) · 공자교(孔子敎)라고도 한다. 인(仁)을 모든 도덕을 일관하는 최고이념으로 삼고, 수신(修身) · 제가(齊家) · 치국(治國) · 평천하(平天下)의 실현을 목표로 하는 일종의 윤리학 · 정치학이며, 수천 년 동안 중국 · 한국 · 일본 등 동양사상을 지배하여 왔다(출처 : 두산백과).

16) 벼리 : 고기잡는 그물의 코를 꿰어 그물을 잡아 당길 수 있게 한 동아줄을 말한다(출처 : 두산백과).

17) 지치주의(至治主義) : 조선 전기의 학자 · 정치가인 조광조(趙光祖)를 필두로 전개된 일

적 정치원리를 제시하고 실천하려고 하였다. 그 표현이야 어떻든 조선시대의 모든 성리학과 실학에 이러한 민본주의적 정치관과 국가관이 연면히 흘러왔던 것은 사실이다.

둘째로, 유교시대에 유교인들은 인륜·도덕적 나라의식을 그 어떤 시대보다 강렬하게 지켰음을 알 수 있다. 본래 유가의 나라의식은 근본적으로 '수신(修身)'에서 출발하여 '제가(齊家)'를 거쳐 '치국'으로 나아간다. 자기 자신의 인륜·도덕적 정체성(正體性)이 확립되지 않으면 가정이나 나라가 자신의 정신적 질서를 유지하기 어렵다고 본다. 그러한 점에서 나라는 국민 모두의 인륜·도덕적 질서의 연장이요, 확장인 셈이다.

그래서 예로부터 한국 유학사에서 인륜도덕에 입각한 사회질서 확립을 위하여 향약(鄕約 : 조선시대 향촌의 자치규약)의 의미를 강조해 왔다. 이황(李滉)의 예안향약, 이이(李珥)의 파주향약·서원향약·해주향약이나 안정복(安鼎福)의 향사법(鄕社法)도 모두 인륜적 풍속과 상부상조의 예의를 바탕으로 한 도덕사회, 인륜적 나라를 창출하려는 의지를 담고 있었다.

셋째로, 유교가 우리 문화에 끼친 나라 생각은 견리사의(見利思義 : 이익을 보면 의를 생각함)적인 행동 애국사상이라고 보아도 좋을 것이다. 이미 유교가 들어온 삼국시대에 김유신은 고구려에 외교사절로 간 김춘추(金春秋)를 구하기 위해 3천인의 결사대를 조직하면서 "위험을 보면 목숨을 바치라는 말을 나는 들었노라. 어려움을 당하여 일신을 돌보지 않음은 열사(烈士)의 뜻이다……."라는 유교적 '견리사의'의 행동철학을 말한 바 있다.

련의 정치사상.
그 내용은 인간에 의해 다스려지는 이 세상이 바로 하늘의 뜻이 펼쳐진 이상 세계가 되도록 해야 한다는 것이다. 이는 중국의 성리학이 수용되고 정착되는 과정에서 나타난 한국적 특징이라 할 수 있다(출처 : 한국민족문화대백과).

많은 화랑도들의 구국적 행동도 이러한 이념에 바탕을 두었다고 할 수 있다. 임진왜란이나 병자호란을 당하여 이 땅의 많은 선비들이 구국의 이념을 행동화하기 위해 목숨을 희생시킨 것도 견리사의적인 국가의식의 소산이었다. 임진왜란 때 조헌(趙憲)이 제창한 '활국활모(活國活母)'의 정신도 조국을 어머니로 여기고 조국을 살리는 길에 온몸을 던지는 행동철학을 반영하고 있다.

넷째로, 주체적 나라의식을 들 수 있다. 일찍이 최치원(崔致遠)도 『진감국사비문』(眞鑑國師碑文)에서 주체적 진리의 중요성을 말하였고, 고려시대 최승로(崔承老)도 그의 『시무책』(時務策)에서 문화의 특수성에 바탕을 둔 주체성을 정책화하였다.

그런데 주체적인 국가의식을 특히 강조한 이가 정약용(丁若鏞)이다. 그는 『여유당전서』의 〈중용강의〉에서 우리나라가 중국에 대한 동방도 아니요, 현재 내가 서 있는 곳이 바로 중(中)이라고 하면서 소중화(小中華)로 자처하려는 모화사상(慕華思想)에 대하여 타격을 가하였다. 그리고 한말 의병장이었던 유인석(柳麟錫)이 말한 '자수지도(自守之道)'와 '자강지책(自强之策)'도 박은식(朴殷植)의 '자주적 얼'과 같이 유교시대에 제기된 주체적 국가의식의 산 실례라고 볼 수 있다.

(3) 현대시대의 국가관

현대는 다종교 시대이다. 따지고 보면 지금에만 그러한 것이 아니고 예로부터 우리나라는 다종교 국가였다. 삼국시대부터 풍류교 · 불교 · 도교 · 유교가 더불어 존재했고, 지금은 불교 · 유교에다 많은 민족종교, 그리고 개신교와 천주교가 들어왔다. 교리가 다 다르고 가르침의 방법에서는 차이가 있다.

신라시대에 불교가 들어왔어도 인도의 불교가 아니고 신라의 불교였듯이, 또 인도를 위하는 불교가 아니고 신라가 신성한 불국토이기를 바랐던 불교였듯이, 그리고 원광이 사문(沙門)이면서도 호국의 출사표를 냈듯이, 오늘날의 한국 종교들도 그러한 우리의 옛 전통을 재음미해야 할 것이다. 또한, 과거의 여러 종교들이 이 땅에서 화합하여 각기의 특징과 장점을 잘 살려 나갔을 때는 우리나라가 홍륭(興隆)하였고, 종교 간에 서로 갈등을 일으켰을 때는 우리나라의 역사가 쇠퇴했던 교훈을 살려 자기 종교의 배타적 우월성에 집착하는 어리석음을 가져서는 안 될 것이다.

산업화시대는 정치적으로 민주화시대에 해당한다. 우리나라는 전통적으로 공통적인 말과 문화, 같은 영토 안에서 이루어진 같은 역사적 유산과 체험의 기억에 바탕을 둔 나라의식이 강하였다. 그러나 그러한 정감적인 나라 생각은 산업시대에 등장한 민주국가를 유지하는 국가의식으로는 불충분하다.

정감적인 나라 생각은 영어로 '네이션(nation)'에 해당하는 것인데, 이제 우리는 현대국가를 창조해 가는 마당에 서 있는바 '스테이트(state)', 즉 법적 국가의식이 더욱 요청된다. 다시 말하면, 법적 질서에 대한 합리적 준법정신과 공익을 우선하는 시민의식이 바로 그것이다. 시민의식은 합리성과 준법정신에서 성공적으로 자란다. 그러므로 민족의식과 시민의식은 우리가 가져야 할 국가의식의 두 기둥이라고 하겠다.

2. 찬란한 우리의 역사

역사란 무엇인가? 우리는 역사를 왜 알아야 하며, 또한 역사가 우리에게 주는 교훈은 무엇인가? 역사학자 E. H. Carr[18]는 역사를 "과거와 현재의 끊임없는 대화"라고 정의한 바 있다. 이는 역사는 고정되어 있는 것이 아니라 끊임없이 탐구되고 재해석되어야 함을 말해준다.

오늘날의 세계는 21세기 정보화시대로 빠르게 접어들어 국경의 의미가 퇴색될 정도로 얽혀지고 있지만, 역사전쟁을 치르고 있다고 해도 과언이 아닐 정도로 개별 국가마다 역사를 붙들고 자국 중심의 역사해석을 쏟아내고 있다. 과거 중국은 중화사상이라는 하나의 잣대로 세계를 해석해 왔고, 최근에는 소위 '동북공정(東北工程)'이라는 이름으로 우리 고대사를 왜곡하고 있다. 일본도 식민지 지배정책을 미화하여 한국 근대화에 기여하였다고 강변하고 있다.

따라서 아무리 세계화가 되었다고 해도 밖으로만 관심을 갖기보다는 균형감각을 갖춘 지식이 필요하다. 모든 지식은 자기 역사에 뿌리를 두고 남을 이해할 때, 주체성과 실효성을 갖게 되는 것이다. 편협한 국수주의와 주체성이 없는 세계주의는 모두가 위험하다. 따라서 이 장에서는 우리 민

---

18) 영국의 세계적 역사학자이자 국제 정치학자인 E. H. 카(Edward Carr)는 1892년 런던에서 태어나 케임브리지 대학교 트리니티 칼리지를 졸업한 뒤 영국 외무부에 들어가 활동하다가 1936년에 사임하고, 웨일스 대학교의 국제정치학 교수가 되었다. 1941년부터 1946년까지 타임스 부편집인을 역임했으며, 1948년에 국제연합 세계인권선언 기초 위원회 위원장을 맡기도 했다. 1953년부터 1955년까지 옥스퍼드 대학교 베일리얼 칼리지 정치학 튜터를 맡았으며, 1955년에는 케임브리지 대학교 트리니티 칼리지의 펠로우, 1966년에는 옥스퍼드 대학교의 베일리얼 칼리지의 명예 연구원으로 활동했다(출처 : 해외저자사전).

족의 시조인 단군 왕검이 나라를 세운 고조선으로부터 일제강점기에서 해방된 시점인 1945년까지의 우리 역사를 흥망성쇠의 차원에서 살펴보고자 한다.

가. 영광스러운 한민족의 역사

(1) 한민족의 뿌리 고조선

우리나라에서 가장 먼저 국가형태를 갖춘 것은 고조선이었다. 이곳은 이미 청동기시대에 성숙한 군장국가를 이루고 있었는데, 그것은 단군조선의 건국건설로부터 알 수 있다.

단군신화에 대한 기록은 고려 후기 일연(一然)이 쓴 『삼국유사』에 나와 있는데, 옛날 하늘의 천제인 환인의 서자 환웅이 홍익인간의 뜻을 품고 무리 삼천을 이끌고 태백산에 내려와 신시를 베풀고, 풍백 · 우사 · 운사를 거느리면서 곡식 · 수명 · 질병 · 형률 · 선악 등 무릇 인간의 360여 가지 일을 다스렸는데, 이 때 여자가 된 곰과 혼인하여 아이를 낳으니 그가 단군 왕검이며, 단군 왕검은 B.C. 2333년에 조선을 건국하였다 한다.

이 단군신화는 하늘의 자손임을 내세워 자기부족의 우월성을 내세우고, 이미 농경생활을 영위하며 형옥을 다스리는 지배조직이 있었음을 나타낸다. 우리나라에서 가장 먼저 초기국가를 형성했던 고조선이 멸망하자, 이후 우리 민족은 부여 · 옥저 · 동예 · 삼한 등 여러 국가로 나뉘어졌다가 고구려 · 백제 · 신라 등 고대국가의 틀을 갖춘 삼국시대를 열어나갔다.

(2) 삼국시대와 최초의 민족통일

(가) 대륙의 지배자 고구려

『삼국사기』에 따르면 고구려는 기원전 37년 주몽(朱蒙)이 부여에서 내려와 압록강 중류지역에 나라를 세운 것으로 전해진다. A.D. 1세기경에 고대국가의 체제를 정비한 고구려는 4세기말 광개토대왕(廣開土大王), 391 ~ 413)이 즉위하면서 중국세력과의 싸움에서 이기고 국력을 비약적으로 키움으로써 삼국 간 경쟁에서 주도권을 잡게 되었다.

광개토대왕은 특히 활발한 정복사업을 전개하여 영토를 크게 넓혔는데, 그것은 지금 중국의 집안(集安)에 남아 있는 거대한 '광개토대왕릉비'로부터 알 수 있다. 고구려는 요동을 비롯한 만주지방의 주인공이 되었고, 남쪽으로는 백제를 공격하고 신라를 원조하여 그 판도가 한강 상류까지 이르게 된 것이다.

광개토대왕의 위업을 계승하여 고구려로 하여금 전성기를 구가하게 만든 것은 그의 아들 장수왕(長壽王)이었다. 그는 수도를 집안의 국내성에서 대동강 유역인 평양으로 옮겼으니(장수왕 15년, 427년) 이로써 고구려는 대동강 유역의 풍요로운 경제적 부를 향유하고, 정치 · 경제 · 문화면에서 비약적인 발전을 도모할 수 있는 기반을 마련하였고, 대외적으로는 서해를 통하여 중국의 남북 양조와 교통하는 한편, 남쪽으로는 백제 · 신라 방면으로 진출하는 데 유리한 조건을 갖추게 되었다.

이처럼 대제국을 건설했던 고구려는 6세기 후반에 들면서 남쪽으로는 신흥세력인 신라에 밀리어 한강유역을 상실하고, 북으로는 중국대륙을 통일한 수(隨)와 충돌하게 되었다. 수 문제(文帝)는 영양왕 9년(598년), 수륙 30만 대군을 이끌고 고구려를 침략했으나, 홍수와 질병, 폭풍으로 퇴각하지 않을 수 없었고, 그의 아들 양제(煬帝)는 영양왕 23년(612년)에 친히 113만 대군을 이끌고 공격하였지만, 고구려의 명장 을지문덕(乙支文德)의 유인작전에 의해 살수(薩水 : 지금의 청천강)에서 거의 전멸하다시피 하였고, 이로 인해 수나라는 멸망하고 말았다.

수의 뒤를 이은 당(唐)은 처음에는 고구려와 화친을 꾀하였는데, 고구려에서 연개소문(淵蓋蘇文)이 실권을 잡은 후 대외 강경정책을 추진하자, 보장왕 5년(645년) 당 태종이 수륙 대군을 이끌고 쳐들어 왔으나, 안시성에서 성주 양만춘(楊萬春)과 성민들이 힘을 합쳐 물리쳤다. 이와 같이 고구려는 중국의 통일제국인 수 · 당의 거듭된 침입을 막아내는데 성공하였으며, 그 결과 당사자인 고구려 뿐 아니라 백제 · 신라까지도 존립의 위기로부터 구원한 셈이며, 민족사적 측면에서 볼 때도 민족보위의 방파제적인 역할을 했다고 할 수 있다.

(나) 해상왕국 백제

『삼국사기』에 기록되어 있는 백제의 건국설화에 의하면 기원전 18년 주몽의 아들 온조가 남쪽으로 내려와 하남 위례성(慰禮城)에 도읍을 정하고 백제(百濟)를 세웠다고 기록되어 있다. 백제는 냇물 백 곳을 지나왔다는 뜻이다.

백제는 3세기 중엽 고이왕(234 ~ 286년)때에 이르러 대외적으로 정복사업을 활발히 전개하면서 대내적으로도 국가체제를 정비하여 고대국가로 발전하였다. 4세기 후반 근초고왕(346 ~ 375년)때에는 밖으로 활발한 정복사업을 전개하여 국토를 크게 확장하였다. 나아가 동진(東晋) · 왜(倭)와 교섭하였는데, 이때 백제인의 해외진출은 눈부신 것이었다.

5세기 들어 백제는 고구려 장수왕의 남진정책에 의해 시련을 겪기도 하였으나, 동성왕(479 ~ 501년)이 신라와의 동맹관계를 굳건하게 하면서 국가발전의 기틀을 다졌다. 성왕(523 ~ 554년)은 경제발전과 불교진흥을 꾀하면서 국가체제를 강화하였고, 대외적으로는 중국의 남조와 교류하면서 신라와 힘을 합쳐 고구려에 빼앗겼던 한강 하류를 되찾았다. 그러나 120년간이나 유지되어 왔던 나 · 제 동맹이 깨지면서 두 나라는 돌이킬 수 없는 전쟁의 소용돌이로 빠져 들었고, 백제가 고구려와 함께 신라를 협공하자, 신라는 결국 당나라와 손잡게 되었다.

나 · 당 연합군의 협공을 받은 백제는 계백 장군의 5천 결사대가 김유신 장군이 이끄는 5만의 신라군을 맞아 네 차례나 격퇴시켰으나 중과부적으로 패하면서 결국 의자왕 20년(660년) 멸망하고 말았다.

바다를 주름잡았던 백제는 아시아의 바이킹이라고 불릴 정도로 위용을 떨쳤다. 일찍부터 바다를 통해 주변 해상국가와 교류하면서 동아시아의 해상무역을 거의 독점하다시피 했던 것이다.

백제의 해상진출은 중국의 요서 · 화북 · 양자강 유역과 일본까지 진출하여 일본의 고대국가 건설과 고대문화 형성에 결정적으로 기여하였다. 스스로 힘을 길러 해양으로 진출하려는 적극적이고 진취적인 백제인의 개척정신은 주변 국가와의 계속되는 투쟁 속에서도 국토를 지키고 영토를 확장할 수 있었던 원천이 되었다.

(다) 화랑의 국가 신라, 그리고 삼국통일

『삼국사기』에 의하면, 기원전 57년 박혁거세(朴赫居世)가 6촌장의 추대를 받아 왕위에 오르고 나라를 세웠는데, 이것이 곧 신라였다 한다.

고구려·백제보다 후진사회였던 신라가 비약적으로 발전을 시작한 것은 지증왕(500 ~ 514년)때였으며, 국호가 사로국(斯盧國)에서 신라(新羅)로 정해진 것도 이때였다.(503년) 신라가 대외적으로 비약적인 발전을 이룬 시기는 진흥왕(540 ~ 576년)때이다. 안으로는 불교를 중흥시키면서 화랑도(花郎徒)를 제도화하였으며, 밖으로는 정복사업에 착수하여 백제가 차지하고 있던 한강 하류지역을 점령하였고, 562년에는 고령의 대가야를 정벌함으로써 낙동강 유역 모두를 확보하였다. 이와 같은 정복사업은 지금 창녕·북한산·황초령(黃草嶺)·마운령(磨雲嶺)에 남아 있는 네 개의 진흥왕 순수비(巡狩碑)를 통해서 알 수 있다.

진흥왕의 한강 유역 점령은 신라로 하여금 대고구려·백제전에 있어서 대단히 유리한 조건을 마련케 하였다. 한강 유역은 인적·물적 자원의 보고(寶庫)이자 군사적인 요충지였으며, 바다를 통해 직접 중국과 외교관계를 맺게 해주는 등 삼국통일을 위한 중요한 발판을 제공하였다.

신라는 고구려와 백제의 협공 속에서 당나라와 동맹관계를 맺었고(648년, 진덕여왕 2년), 이는 백제와 고구려를 차례로 무너뜨린 원동력이 되었다. 그러나 당나라는 애초부터 신라를 도와주기 위해서 온 것이 아니었으며, 백제와 고구려를 무너뜨리자 웅진도독부와 안동도호부를 설치하여 다스리게 하였고, 결국 신라는 당나라와 8년간의 전쟁 끝에 676년에 당의 세력을 축출해냄으로써 삼국을 통일하게 되었다.

신라의 삼국통일은 비록 그것이 대동강과 원산만 이남에 한정된 불완전한 것이었지만 우리 역사상 커다란 의미를 지니는 중요한 사건이었다. 지금까지 혈통·언어·문화를 같이 하면서도 각각 다른 국가체제 속에 들어있던 우리 민족이 신라의 삼국통일로 하나의 국가 안에 통합되었다는 점에서 민족사적 의의가 있다.

(3) 해동성국 발해(渤海)와 남북국시대

668년 고구려가 멸망하자 고구려의 많은 장수와 유민들이 각지로 흩어졌는데, 이 중 대조영 장군은 고구려 유민들을 모아 만주지방(지금의 길림성)에 새로운 땅을 개척하면서 고구려가 망한지 30년 후 698년에 진국(震國 713년에 발해로 호칭됨)을 세웠다.

발해는 고구려의 부활에 뜻을 두면서 마침내 서쪽으로 중국, 남쪽으로 신라와 국경을 접하게 되었다. 특히 선왕 때(818 ~ 830년)에는 수도를 북쪽 지역의 경박호 옆의 상경용천부(동경성)에 두고 더욱 영역을 넓혀 나갔다. 그리하여 이 때를 발해의 융성기라 하여 '해동성국(海東盛國)'이라 불렀다. 발해는 처음부터 독자적인 연호를 쓰고 천손족(天孫族)임을 표방하면서 거란의 침략으로 멸망할 때까지(926년) 자주국가의 면모를 과시하였다.

통일신라와 발해는 동일하게 7세기 후반부터 10세기 전반에 걸쳐 대동강과 원산만을 잇는 국경선을 사이에 두고 한반도와 만주지방에 남북국의 형세를 이루며 존재하였던 왕조이다. 비록 통일신라의 지배권이 한반도에 국한되어 불완전한 민족통일일 수밖에 없었지만, 옛 고구려의 영역인 만주지방에 고구려 유민에 의하여 발해가 세워짐으로써 우리 민족의 역사는 그대로 만주와 한반도를 무대로 계속되었다. 그러나 발해가 멸망함으로써 만주지방이 우리 민족의 역사무대에서 사라지게 된 점은 우리 역사에서 커다란 아쉬움이 아닐 수 없다.

(4) 자주정신이 강했던 고려시대

통일 후 비교적 안정적인 왕권을 바탕으로 정치 · 경제 · 사회 · 문화 모든 면에서 전성기를 이루었던 신라도 후반기에 접어들면서 점차 기울어지기 시작했는데, 그것은 진골귀족 내부 분열로 왕위쟁탈전이 계속되었기 때문이다.

이런 틈을 엿본 지방의 호족세력들은 불만에 찬 농민을 규합하여 제각기 한 고을을 차지하고 중앙정부에 맞서 세력을 뻗어 나갔는데, 그들 중에서 가장 큰 세력은 궁예와 견훤이었다.

견훤은 892년(진성여왕 6년), 완산주(지금의 전주)에 후백제를, 궁예는 901년(효공왕 5년)에 송악(지금의 개성)을 근거로 후고구려를 건국하였다. 그리하여 신라와 후백제 · 후고구려의 후삼국이 정립하게 되었다.

태봉의 궁예가 지나치게 미신적 불교에 빠져 민심을 잃게 되자, 송악지방의 호족인 왕건(王建)이 918년에 마침내 궁예를 몰아내고 새 왕조를 개창하였는데, 이때 국호를 고려(高麗)라 하였다. 그 후 신라가 935년(경순왕 9년)에 나라를 들어 고려에 투항하였고, 후백제마저 고려에 병합되니(936년), 이로써 후삼국의 재통일이 이룩되었다.

후삼국을 통일한 왕건은 나라의 기틀을 다지는 데 총력을 기울였다. 안으로는 호족들로부터의 지지기반을 넓혀가면서, 옛 고구려의 영역을 되찾기 위한 노력을 끊임없이 전개하였다. 현재의 평양을 서경(西京)으로 명명하고 잘 정비하여 많은 백성들이 옮겨살게 하면서 이들이 북쪽 땅을 개척하게 하였다. 그러나 고려와 비슷한 시기에 일어난 거란족이 926년에 발해를 멸망시키자, 왕건은 거란족을 원수로 생각하였는데, 왕건 이후에도 거란과의 다툼은 그치지 않았다.

993년 거란의 소손녕이 고려를 침범하였는데, 서희가 담판을 벌여 되돌려 세웠고, 고려는 영역을 청천강에서 압록강까지 조금씩 넓혀 나갔다. 그런 뒤에도 고려가 늘 요나라 보다는 송나라와 친숙하게 지내자 1018년 '소배압이 십만의 군사를 이끌고 쳐들어왔으나 강감찬 장군에게 궤멸 당하다시피 피해를 입고 물러갔다.

13세기에 들어와 동아시아의 국제정세는 일대 변동이 일어났으니, 바로 몽고의 징기스칸이 등장한 것이었다. 몽고는 고려에 대해서도 지나친 요구를 해왔고, 이에 당시 무신정권(최우)은 1232년 강화도로 도읍을 옮기면서까지 일대 항전을 다짐하였으며, 그 선봉에는 삼별초(三別抄)의 군대가 있었다.

몽고에 저항하여 30년 가까이 오랜 싸움을 계속하는 동안 강화도에서는 문신을 주축으로 한 강화파와 무신을 주축으로 한 항전파가 대립하면서 내부분열이 일어났고, 임금 원종은 문신들과 함께 개성으로 환도하였으나, 배중손을 지휘관으로 한 삼별초의 군대는 끝까지 항전을 다짐하였다. 배중손은 진도로 근거지를 옮기고 남해안 일대의 제해권을 장악한 가운데 3년간 저항하였으나, 고려와 몽고 연합군의 토벌군과 싸우다 전사하였고, 뒤를 이은 김통정이 제주도로 옮겨 그곳에서 마지막 항전을 벌이다가 1273년에 끝내 패배하고 말았다. 이것이 몽골에 항전한 마지막 군대였다.

(5) 조선의 국난극복과 교훈

위화도 회군으로 정치·경제적 실권을 장악한 이성계는 정몽주 등 반대세력을 제거하고 마침내 1392년 공양왕에게서 선양을 받아 왕위에 올랐다. 이에 475년의 왕업을 지녀온 고려왕조는 멸망하고 새로이 조선왕조가 건국되었다.

조선의 건국은 우선 정치사회의 일대 변화를 가져와 고려의 문벌귀족사회가 조선의 양반관료사회로 발전하게 되었다. 사상면에서는 고려 후기에 들어 온 주자학(朱子學)이 정치이념으로 채용되었을 뿐만 아니라 학문적 · 사상적으로 지배적 위치를 차지하고 일반 국민의 일상생활의 규범이 되었다.

대외정책에 있어서 조선은 명나라와는 사대(事大)외교를 폈으며, 일본 등 다른 나라들과는 교린(交隣)정책을 펴서 국제평화유지에 힘썼다. 조선이 명에 대하여 사대를 표방한 것은 어디까지나 의례적인 것에 불과하였고 실질적으로 내정상의 간섭을 받는 것은 아니었다.

16세기 후반에 접어들면서 동아시아의 국제정세는 커다란 변화가 일어나고 있었다. 우선 중국에서는 여진족의 통합 기운이 거세게 일어났으며, 일본에서는 풍신수길(豊臣秀吉)에 의해서 100여 년간의 전국시대가 끝나고 통일국가가 성립되었다. 이에 따라 왜족의 조선침략이 고조되고 있었다.

이런 상황에서 풍신수길은 1592년(선조 25년) 4월 20만의 군대를 보내 조선을 침략(임진왜란)함으로써 7년간의 전쟁이 시작되었다. 아무런 준비태세를 갖추지 못하고 있었던 조선으로서는 조총으로 잘 훈련된 왜군을 막기에 역부족이었으며, 왕은 의주로 피신하기에 이르렀다. 그러나 육지에서의 참패에 반하여 해전에서는 이순신 장군이 이끄는 수군이 도처에서 왜군을 섬멸함으로써 남해의 제해권을 장악하고 수 · 륙으로 협공하려던 왜군의 작전을 봉쇄하였으며, 호남지역의 곡창지대를 보존할 수 있었다.

전국 각지에서는 유생과 농민에 의해 의병이 봉기하여 왜군에 저항하는 등, 수군의 승리와 의병의 활동으로 전세가 반전되어 가고 있을 때, 이

여송(李如松)이 이끄는 명의 원군이 도착하였다. 한편, 명군과 합세하여 한양을 수복하려던 권율(權慄)장군은 행주산성 전투에서 왜군을 대파하였는데, 결국 일본은 한양을 포기하고 경상도 해안 일대로 퇴각하면서 명과의 화의에 응하였다.

조선의 반대에도 불구하고 명과 왜군 사이에 진행되던 화의는 양측이 모두 승자임을 자처하고 무리한 조건을 제시하였으므로 결국 결렬되고 왜군이 다시 공격을 시작하였으니 이를 정유재란(1598년)이라 한다. 그러나 이번에는 조선도 군비를 새로이 갖추고 명군과 협동하여 왜군을 공격하였으며, 왜군도 퇴각하여 남해안 일대에 머물고 있었는데, 한 때 파직당하여 백의종군하고 있었던 이순신 장군이 복직되어 명량에서 왜군을 크게 대파하였다. 왜군이 패색이 짙어져 가고 있을 때, 마침 일본에서 풍신수길이 병사하지 왜군은 철수하였고 이로써 7년간에 걸친 전란은 막을 내렸다.

한편, 왜란 중 명나라의 세력에서 벗어난 여진족은 강대한 세력으로 성장하여 마침내 후금을 건국(1616년)하고 명을 압박하고 있었는데, 이 때 조선에서는 선조 뒤를 이어 즉위한 광해군(1608 ~ 1623년)이 외교에 있어서 대륙정세를 간파하고 신중한 중립외교를 견지하였다. 그러나 인조반정으로 광해군이 퇴위하고 서인세력이 집권하면서 친명배금(親明排金) 외교노선을 분명히 하자, 후금과의 화평은 오래가지 못했다. 그 후, 후금의 태종은 국호를 청(淸)으로 고치고 조선에 대해서는 군신(君臣)관계를 요구하였다.

이 무리한 요구에 조선이 크게 반발하여 전국에 선전의 교서를 내리고 청에 대항하니 1636년(인조 14년) 청 태종이 직접 10만 대군을 이끌고 조선을 침공하였는데 이것이 바로 병자호란(1636 ~ 1637년)이다. 일부 왕족과 관리들은 강화도로 피난하고 인조는 남한산성으로 들어가 항전을 꾀하였으나 청군의 포위공격에 성 안에는 식량이 떨어지고 또 지방의 원병도 도달하지 못하자, 결국 인조가 삼전도에 주둔해 있는 청 태종 앞에 나아가 삼배구고두(三拜九叩頭)[19]의 예를 갖추고 항복하였다.

인조의 뒤를 이은 효종은 북벌계획을 추진하였으나, 국왕의 친위군과 수도경비의 군사력을 강화하는데 그치고, 재위 10년 만에 갑자기 병사하는 바람에 실현되지는 못하였다. 그 후 18세기 후반에는 청의 발달된 문화를 수용해야한다는 북학론(北學論)이 대두하여 청에 대한 인식에 근본적인 변화가 일어나게 되었다.

우리는 여기서 임진왜란과 병자호란의 교훈을 되새겨 볼 필요가 있다. 율곡 이이 선생의 '십만양병론(十萬養兵論)'을 외면하고 국방력을 기르지 못해 전 국토가 왜군에게 유린당했다는 역사적 사실을 기억해야 할 것이다. 그 와중에서도 거북선을 만들고 화포를 개량하여 세계 해전사에서 그 유례를 찾기 어려울 정도로 백전백승의 신화를 만든 이순신 장군의 유비무환과 임전태세가 나라를 지키는 우리들에게 주는 교훈도 잊지 말아야 한다.

또한, 7년여의 임진왜란을 겪고도 군대다운 군대를 육성하지 않고, 동북아지역의 정세변동에도 둔감한 채 아무런 대비를 하지 않고 있다가 38

---

19) 삼배구고두 : 삼배구고(三拜九叩)라고도 한다. 궤(跪)는 무릎을 꿇는 것이고, 고(叩)는 머리를 땅에 닿게 한다는 뜻으로, 무릎을 꿇고 양손을 땅에 댄 다음 머리가 땅에 닿을 때까지 숙이기를 3번, 이것을 한 단위로 3번 되풀이하였다. 고두(叩頭)의 예는 청나라 이전부터 있었으나, 청대에 들어와서 1궤 3고 · 2궤 6고 · 3궤 9고 등으로 제도화하고, 외국 사절에게도 강요하였다. 가경시대(嘉慶時代:1796 ~ 1820)의 영국 대사 P.W.애머스트가 이것을 거부하여 알현이 허용되지 않았을 뿐만 아니라, 그날로 퇴경당하여 귀국한 일화가 있다(출처 : 네이버 지식백과).

년 만에 우리 임금이 적장에게 항복을 한 삼전도의 치욕을 가슴깊이 기억해야 한다.

나. 근대사회의 태동과 국권의 상실

(1) 조선 후기의 변화

조선 후기에는 정치 · 경제 · 사회 · 문화의 모든 부문에 걸쳐 커다란 변동이 일어나고 있었으니, 그것은 확실히 근대사회를 향한 힘찬 움직임이었다.

우선 경제적인 면에서는 농업생산력이 급증하여 사회변동의 토대를 마련하였고, 사회적인 면에서는 부의 축적에 따른 신분의 상승이 일반화되어 양반사회의 신분구조가 붕괴되는 가운데 천민 · 노비의 해방이 진전되어 갔다.

또한 사상계에서는 유교적인 양반관료사회의 모순을 해결하기 위한 새로운 사상체계로서 실학이 발생하여 사회개혁과 근대화의 방향을 제시하였고, 천주교가 전래되어 전통사회의 질서와 가치규범에 도전하였으며, 민족종교로서 동학이 일어나 농민층을 중심으로 현실개혁의 사회운동을 전개하였다.

그러나 정치면에 있어서는 이러한 각 방면의 새로운 변화를 수용하지 못한 붕당(朋黨 : 관료들이 서로 파벌을 만들어 당쟁)정치의 폐해가 세도정치로 이어졌고, 이에 따른 왕정의 문란 등으로 국민생활을 도탄에 빠뜨리는 결과를 초래하였다. 이에 농민들의 불만이 민란의 형태로 폭발함으로써 조선의 양반관료체제는 더 이상의 존속이 어려워지게 되었다.

이러한 조선 후기의 변화는 근대화를 지향하고 있었으며, 따라서 이는 한국사의 내부적인 발전을 의미하는 것이었다. 즉, 한국사는 그 스스로의 내재적인 요인에 의해서 근대화의 길을 걷고 있었던 것이다.

그러나 문제는 한국의 근대화가 이러한 내재적이며 자율적인 힘으로만 이루어지지 않았다는데 있었다. 개항이 일본의 강요에 의하여 이루어졌고, 그 후의 개화과정에서도 외세의 영향이 적지 않게 작용하였던 것이다. 물론 여기에는 당시의 제국주의 열강의 침략으로부터 국가를 지키겠다는 위정척사(僞政斥邪 : 성리학이외의 모든 종교와 사상 배척)운동의 영향도 있었지만, 아무튼 한국이 스스로 개항 · 개화를 추진하지 못한 것은 그 후의 역사에 커다란 영향을 끼치지 않을 수 없었다.

(2) 개항기의 위기관리와 국권상실

(가) 동아시아 정세와 불평등조약체제의 성립

18세기 후반 영국에서 시작된 산업혁명은 서유럽과 북미지역으로 확산되었으며, 19세기 후반에는 동아시아에까지 충격이 미치게 되었다. 그리고 충격에 대응하는 방식과 결과는 한국, 중국, 일본 등 나라마다 크게 달랐다.

동아시아와 서양이 최초로 군사적으로 충돌한 것은 1840년 영국과 중국 청조(淸朝) 간에 벌어진 아편전쟁이었으며, 그 결과 영국은 청에 난징조약[20]을 강요하여 상하이 등 5개 항구를 개방하게 하고 홍콩을 할양받았

20) 난징조약 : 1842년 8월 아편전쟁(阿片戰爭)의 종결을 위하여 영국과 청(淸)나라가 체결한 강화조약으로 청나라 임칙서가 아편무역을 금지시키고 영국상인들의 아편을 몰수하여 불태우자 영국은 함대를 이끌고 양자강 하구를 봉쇄하면서 침략하였다. 무능한 청나라 군대는 연전연패를 거듭하면서 6백만불의 배상금을 지급하기로 하였고 양쪽 군대가 모두 철수한다는 광동협정을 맺었다. 하지만 이에 반발한 중국민들의 반발이 곳

다. 이후 영국은 프랑스와 연합하여 다시 청을 공격하여 텐진조약[21]을 맺었고, 뒤이어 1860년에는 베이징조약을 강요하였다.

한편, 미국은 1853년에 페리(Matthew C. Perry) 제독의 함대를 일본에 파견하여 1858년 통상조약을 강요함으로써 일본의 쇄국정책을 종식시켰다. 일본은 비록 타의에 의해 개항을 하였지만, 메이지 유신을 통해 근대국가를 지향하는 노력을 했기에 동아시아지역의 새로운 강자로 대두될 수 있었다.

동아시아의 정세가 소용돌이치던 즈음, 조선에서는 12세의 고종(高宗)이 즉위하였고(1864), 그의 아버지 흥선대원군(興宣大院君)[22]이 국정을 장

곳에서 일어났고 영국군 사상자가 생겨나게 되었다. 이를 빌미로 영국군은 1842년 6월 상하이를 점령하고 난징으로 진격했다. 청나라는 영국과 굴욕적인 협상을 할 수 밖에 없었고 당시 난징에 정박 중인 영국 군함 콘월리스호(號)상에서 청나라 전권대사 기영(耆英)·이리포(伊里布)와 영국 전권대사 H.포틴저(1789~1856)가 난징조약에 조인하였다(출처 : 네이버 지식백과).

21) 텐진조약 : 중국 텐진(天津)에서 청나라와 여러 나라 사이에 맺어진 일련의 조약들을 총칭들로 첫 번째는 1858년 6월 애로호사건 이후 청나라가 러시아·미국·영국·프랑스 등 4개국과 맺은 조약임. 텐진조약은 모두 편무적 최혜국조관(片務的 最惠國條款)을 명시함으로써 이후 불평등조약의 근간이 되었다. 두 번째는 갑신정변으로 야기된 청·일군의 충돌 문제를 타협하기 위해 1885년 리훙장(李鴻章)과 이토 히로부미(伊藤博文) 사이에 맺은 조약임. 그 내용은 청·일 양군의 조선에서의 동시철병, 조선의 변란으로 군대를 파병할 때는 먼저 상대방에 통보한다는 것 등이다. 이 조약으로 일본은 조선에서 청과 대등한 세력을 유지하여 조선에 대한 파병권을 얻게 되었으며, 후일 청·일 전쟁 유발의 한 원인이 되었다. 세 번째는 1885년 프랑스의 베트남 보호권을 인정한 청나라와 프랑스 간의 조약이다(출처 : 네이버 지식백과).

22) 흥선 대원군(1820 ~ 1898) : 이하응(李昰應)은 아들 고종의 즉위로 조선역사상 유일하게 왕의 자리에 오른 적이 없었으면서 살아 있는 왕의 아버지로 대원군에 봉해지고, 최고의 권력을 휘두르는 섭정을 맡게 되었다. 그가 정치를 주도했던 19세기 후반 조선은 여러 면에서 많은 변화를 겪었지만, 급변하는 세계정세를 따라잡지는 못했다. 서세동점이라는 새로운 세계사적 흐름과 세도정치로 피폐한 국가의 재건이라는 어려운 문제를 한꺼번에 해결해야 했던 흥선 대원군은 오늘날 한편에서는 개혁 정치가로, 다른 한편에서는 보수적인 국수주의자로, 엇갈린 평가를 받고 있다(출처 : 네이버 지식백과).

악하였다. 대원군은 전통적인 성리학적 질서에 저촉되는 사상이나 지배체제에 대한 도전을 용인하지 않았다. 1864년 동학의 교주 최제우가 혹세무민(惑世誣民 : 세상을 어지럽히고 백성을 속임)의 죄로 처형당했으며, 1866년에는 천주교에 대한 대대적인 박해가 시작되었다.

대원군의 천주교 박해로 프랑스인 선교사가 처형당한 것을 알게 된 프랑스는 1866년 10월 강화도를 점령하였지만 정족산 전투에서 기습을 당하여 다수의 사상자가 발생하자, 외규장각을 약탈한 후 철수하였다(丙寅洋擾).

같은 해 9월에는 미국의 상선 제너럴 셔먼호가 대동강을 거슬러 올라와 통상을 요구하다가 주민의 공격을 받아 불타버린 사건이 일어났다. 이에 미국은 1871년에 군함을 파견하여 통상조약을 강요하면서, 사죄와 배상을 요구하였고, 조선이 이를 거부하자 미국은 초지진 · 덕진진 · 광성보 등에서 조선군과 격렬히 교전한 뒤 철수하였다(辛未洋擾).

이처럼 프랑스와 미국은 조선왕조를 군사력으로 위협했지만 개항을 이끌어내지는 못했다. 대원군은 서양 열강과의 전쟁에서 승리한 것으로 여겨 척화비(斥和碑)[23]를 세우고 쇄국정책을 더욱 강화하였다.

한국을 개항시킨 것은 구미열강이 아니라 같은 동아시아 국가인 일본이었다. 서세동점(西勢東漸 : 서양세력이 동양으로 점점 밀려든다)의 위기를 맞아 일본은 1868년 메이지 유신[24]을 통해 도쿠가와 막부를 폐지하고 부국강병의 근대국가를 추구하는 신정부를 수립하였다.

---

23) 척화비 : 조선 고종 때 대원군이 양인(洋人)을 배척하기 위해 경향 각지에 세웠던 석비(石碑)(출처 : 두산백과사전).

24) 메이지 유신 : 일본 메이지 왕[明治王] 때 막번체제(幕藩體制)를 무너뜨리고 왕정복고를 이룩한 변혁과정(출처 : 네이버 지식백과).

메이지유신을 통해 국력을 키운 일본은 강화도에 군대를 보내 수교를 요구하여 1876년 2월에 강화도조약[25]을 체결하였다. 한편 1882년 7월에 임오군란(壬午軍亂)[26]이 발생하자, 청은 신속히 군대를 파견하였으며, 군란이 수습된 후에도 철수하지 않고 계속 조선의 내정과 외교에 간섭하였다. 조선은 이후 열강들과 일련의 불평등조약을 체결하게 되었는데, 영국(1883), 독일(1883), 러시아(1884), 이탈리아(1884), 프랑스(1886) 등과 체결한 것이 바로 그것이다.

(나) 개혁정책의 실패와 일본의 제국주의화

서세동점(西勢東漸)의 위기를 맞이하여 개항 이전부터 조선의 지배층에는 두 갈래의 대응이 나타났다. 하나는 서양을 오랑캐로 간주하여 그 문명을 배척함으로써 성리학에 기초를 둔 전통문명을 지켜야 한다는 위정척사(僞正斥邪)파이고, 다른 하나는 나를 보전하려면 서양의 문명을 받아들여 낡은 제도를 개혁해야 한다는 개화파이다.

개화파 중에서도 김옥규, 박영효 등 급진 개화파는 1884년 12월 우정국(郵政局)[27]의 축하연회에서 집권세력의 중심인물들을 살해하고 집권하는데 성공하였지만, 3일천하로 끝나고 말았다(갑신정변, 甲申政變). 갑신정변은 조선왕조의 정치·경제체제에 대한 근대적 개혁을 추구하였으나,

---

25) 강화도 조약이 체결됨에 따라 조선과 일본 사이에 종래의 전통적이고 봉건적인 통문관계(通文關係)가 파괴되고, 국제법적인 토대 위에서 외교관계가 성립되었다. 이 조약은 일본의 강압 아래서 맺어진 최초의 불평등조약이라는 데 특징이 있다. 대원군의 통상수교거부정책에 맞서 개화론자들은 부국강병을 위해서 개화사상을 도입하고 문호를 개방하여 대외통상을 해야 한다고 주장하였다(출처 : 두산백과사전).

26) 1882년(고종 19) 6월 9일 훈국병(訓局兵)들의 군료분쟁(軍料紛爭)에서 발단해 고종 친정 이후 실각한 대원군이 다시 집권하게 된 정변(政變)(출처 : 한국민족문화대백과).

27) 우정국 : 1884년(고종 21) 우편 사무를 관장하기 위하여 설치되었던 관서(출처 : 네이버 지식백과).

급진적인 개혁정책에 호응할 사회세력이 아직 성숙되지 않은 상태에서 무리하게 추진하여 결국 실패하였다.

갑신정변에서 일본에 우호적인 급진개화파가 정권을 장악하는데 실패하자 일본은 청과의 전쟁이 불가피함을 인식하고 군비를 대대적으로 확대하기 시작했다. 1894년 동학농민군이 봉기하자 이를 수습하기 위해 조선에 들어온 청과 일본은 충돌하였고, 이 전쟁에서 일본이 승리하여 주도권을 확보하게 되었다.

청의 패배로 1895년 체결된 시노모세키 강화조약[28]은 조선이 완전한 자주독립국임을 확인하고, 청에 대한 조공과 사대관계를 폐지하도록 규정하였다. 그렇지만 조선의 자주독립은 청에 대해서만 의미를 가졌고, 조선은 청을 대신한 일본의 영향권 내로 들어갔다.

(다) 대한제국의 성립과 일본의 외교권 장악

일본군의 지원에 의해 다시 집권에 성공한 개화파 정부는 청으로부터 독립과 혁신의지를 표현하고자 청의 연호 사용을 폐지하고 1894년을 '개국 503년'으로 정했으며, 국호도 '대조선국(大朝鮮國)'으로 칭하였다. 1896년부터는 태양력을 사용하기로 하고, 연호를 건양(建陽)으로 제정하였다.

---

28) 시모노세키 강화조약 : 청 · 일전쟁의 전후처리를 위해 1895년 4월 17일 청국과 일본이 일본 시모노세키에서 체결한 강화조약으로 주요내용은 ① 청국은 조선국이 완전한 자주독립국임을 인정한다, ② 청국은 랴오둥반도[遼東半島]와 타이완[臺灣] 및 펑후섬[澎湖島] 등을 일본에 할양한다, ③ 청국은 일본에 배상금 2억 냥을 지불한다, ④ 청국의 사스[沙市] · 충칭[重慶] · 쑤저우[蘇州] · 항저우[杭州]의 개항과 일본 선박의 양쯔강[揚子江] 및 그 부속 하천의 자유통항 용인, 그리고 일본인의 거주 · 영업 · 무역의 자유를 승인할 것 등이다. 이로써 일본은 한반도를 그 세력권에 넣어 대륙진출의 기반을 확고히 다졌다(출처 : 네이버 지식백과).

개화파는 정치 · 사회 · 경제 등 광범위한 개혁을 추진하였는데(갑오경장, 甲午更張, 1894), 동학농민봉기와 청일전쟁이 벌어지고 있는 상황에서 국왕의 지지나, 사회세력의 뒷받침이 없었기 때문에 소기의 성과를 거두기에는 처음부터 한계가 있었다. 그러나 갑오경장은 근대국가의 수립을 위한 불가결한 제도개혁으로서 조선왕조의 전통적인 국가체제에 적지 않은 변화를 불러왔다.

한편, 일본이 청일전쟁의 승리로 랴오둥 반도를 차지하자 1895년 러시아는 프랑스와 독일을 끌어들여 랴오둥 반도를 중국에 반환할 것을 일본에 요구하였다(3국간섭, 三國干涉).

이는 한국의 정계에도 큰 파문을 일으켰는데, 일본이 굴복하는 것을 목격하자 민황후를 중심으로 한 세력은 러시아의 힘을 빌려 일본의 세력권으로부터 벗어나려는 움직임을 보였다.

일본은 3국 간섭을 통해 한국을 보호국으로 만들려던 책동이 좌절되고, 나아가 친러파가 정권을 잡는 사태가 벌어지자 1895년 10월 명성황후를 시해하였다(乙未事變)[29]

3국 간섭과 을미사변의 여파 속에서 1896년 2월에 친러파 인사들이 고종과 세자의 거처를 러시아 공사관으로 옮기는 사건이 발생하였다(아관파천, 俄館播遷). 이후 고종은 러시아 공사관에서 러시아 군대의 보호를 받는 처지가 되었고 정부는 자연히 러시아의 간섭을 받게 되었다.

---

29) 을미사변 : 1895년(고종 32) 일본공사 미우라 고로[三浦梧樓]가 주동이 되어 명성황후(明成皇后)를 시해하고 일본세력 강화를 획책한 정변(출처 : 네이버 지식백과).

러시아 공사관에서 1년 만에 경운궁(慶運宮)으로 거처를 옮긴 고종은 1897년 8월에 연호를 광무(光武)로 고쳤으며, 10월에는 황제에 즉위하였다. 국호는 대한제국(大韓帝國)이라 하였다.

갑신정변의 실패로 미국에 망명했던 서재필은 1896년 개화파가 정권을 잡고 있을 당시 귀국하여 그해 4월에 독립신문을 창간하고, 7월에는 독립협회를 창립하였다. 독립협회는 법률에 의해 생명과 재산이 보장되고, 국민의 정치적인 의사를 표현할 수 있는 권리가 인정되고, 다른 나라에 대해 독립 자주하는 근대국가 건설을 목표로 하였다.

독립협회는 1898년 3월 종로에서 만민공동회(萬民共同會)를 개최하여 외국의 이권침탈에 반대하고 의회의 설립을 요구하였다. 그러나 고종황제를 둘러싼 보수세력은 독립협회가 군주제를 부정하고 대통령제의 공화정으로 바꾸려 한다는 익명서를 날조하였고, 이에 자극받은 고종황제는 독립협회를 해산시키고 말았다.

한편, 한반도에 대한 야심을 갖고 있던 러시아와 일본은 1905년 충돌하였고, 러일전쟁에서 승리한 일본은 대한제국에 대한 우월한 지위를 확보하였으며, 이를 국제법적으로 보장받고자 하였다.

일본은 열강의 간섭을 피하기 위하여 1905년 7월 한국지배에 대한 미국의 양해를 얻었으며(가쓰라 · 태프트 밀약)[30], 그해 9월에는 미국과 러시아, 일본이 체결한 포츠머스조약에서 러시아는 대한제국에 대한 일본의 독점적 지위를 인정하였다.

30) 가쓰라 · 태프트 밀약 : 1905년 7월 미국과 일본이 필리핀과 대한제국에 대한 서로의 지배를 인정한 협약으로 일본이 제국주의 열강들의 승인 아래 한반도의 식민화를 노골적으로 추진하는 직접적인 계기가 되었다(출처 : 두산백과사전).

이러한 치밀한 준비 후에 일본은 1905 11월 이토 히로부미(伊藤博文)를 파견하여 을사늑약(乙巳勒約)[31]을 강요하였다. 무력시위 상황에서 체결된 이 조약은 일본 정부가 대한제국의 외교관계를 계속 지휘 감독하며, 한국 정부는 독자적으로 어떠한 국제적 성격의 조약이나 약속도 할 수 없으며, 한국의 외교에 관한 사항을 관리하기 위해 통감을 둔다는 것이었다. 이 조약으로 한국에 주재하던 각국의 외교공관이 폐쇄되고 외교관도 모두 철수하였다.

(라) 국권회복운동과 좌절

을사늑약으로 외교권을 박탈당하자 고종은 1907년 헤이그에서 개최되는 제2회 만국평화회의에 이상설, 이준, 이위종을 파견하여 을사늑약의 불법성과 일본의 침략상을 폭로하려고 하였다. 그러나 도움을 줄 것으로 기대한 러시아가 냉담한 반응을 보였으며, 개최국인 네덜란드도 외교주권이 없는 대한제국의 참석을 인정하지 않았기 때문에 성과를 거둘 수 없었다.

열강의 간섭을 기대한 고종의 노력은 일본을 강경책으로 선회하도록 자극하였다. 결국 일본은 밀사파견의 책임을 물어 고종을 강제 퇴위시키고, 1907년 7월에 정미조약(丁未條約)을 강요하였으며, 이로 인해 군대도 해산되고 말았다.

이처럼 대한제국이 일본의 보호국으로 전락하자 무력으로 국권을 되찾으려는 의병운동이 일어났다. 초기에는 양반 유생이 의병을 주도하였으나, 군대해산 후 군인들이 의병운동에 참여하면서 상당한 전투력을 갖추

---

31) 을사늑약(乙巳勒約) : 1905년 을사년에 러 · 일 전쟁에서 승리한 일본이 대한 제국의 외교권을 박탈하기 위해 강제로 체결한 조약. 공식명칭은 한 · 일협상조약(韓日協商條約)이라 함(출처 : 한국사 개념사전).

게 되었다. 의병부대는 점차 군기도 엄정해지고 의병부대 간의 연합작전도 모색했지만, 1909년 진행된 일본군의 대대적인 진압작전으로 점차 소멸해 갔다. 이 중 일부는 만주와 연해주로 탈출하여 독립운동을 계속함으로써 향후 무장독립전쟁의 선구가 되었다.

한편 1909년 10월 26일에는 하얼빈에서 안중근이 한국 침략의 원흉인 이토 히로부미를 처단하였다. 안중근의 이토 처단은 세계를 놀라게 하여, 중국을 비롯한 아시아의 여러 약소 피침략국가에서는 이를 크게 찬양하였다.

안중근은 일본 측에 자신이 의병대장이라고 밝히며 전쟁포로로 대우하도록 요구하고, 이토의 처단이 동양평화를 이루기 위해서였다고 주장하였다. 그러나 일본 측은 안중근에게 살인죄를 적용하여 사형을 언도하였고, 1910년 3월 26일 여순감옥에서 순국하였다. 이 의거는 침체해 있던 민족운동에 큰 자극제가 되어 그가 활동하던 연해주지역의 의병운동이 크게 활성화되었다.

결국 일본은 1910년 8월 22일, 이완용 내각과 대한제국 황제가 갖고 있던 일체의 통치권을 완전히, 그리고 영구히 일본 황제에게 양도하는 병합조약을 체결하였다. 그리고 8월 29일에는 순종 황제가 나라를 넘긴다는 조칙(詔勅)을 내렸다. 이로써 나라를 잃은 우리민족의 고난에 찬 식민지 시대가 시작되었다.

다. 일제강점기 민족의 고통과 독립전쟁

(1) 일제의 지배체제와 탄압

일제는 한국을 영구히 일본 영토에 편입하고 동화시킬 계획을 세웠다.

일제는 일본의 법률과 제도를 한국에 도입했으며, 조선인을 일제의 충실한 신민으로 만드는 교육을 실시하였다.

일제는 병합 직후부터 1910년대 내내 무단통치로 일관하였다. 친일성향의 단체까지 모두 해산하고, 총독부와 종교계에서 발간하는 잡지 외에 모든 한글신문과 잡지를 폐간하였다. 한국인을 위협할 목적으로 헌병경찰은 물론 일반 관리와 학교 교원까지 제복과 제모를 착용하고, 착검까지 하였다.

무단통치에 대한 한국인의 불만은 마침내 1919년 3·1운동이라는 민족적 항쟁으로 폭발하였다. 이에 놀란 일제는 총독을 경질하고 이른바 문화정치로 전환하였다. 그러나 문화정치의 본질은 한국인의 불만을 누그러뜨리고, 한국인을 더 교묘한 방식으로 포섭하고 지배하려는 것이었다.

일제는 또한 한국인의 일상생활과 정신에 대해서도 전체주의적 통제를 가하였다. 일본과 한국은 하나라는 구호 아래 한국인의 민족적 정체성을 말살하려 하였다. 각급 학교, 관청, 기업의 행사에도 "우리들은 대일본 제국의 신민이다"로 시작하는 '황국신민서사(皇國臣民誓詞)'를 암송하게 했으며, 일본 황궁을 향한 요배(遙拜)[32]와 신사참배도 강요하였다. 학교, 관청, 기업에서 한국어 사용을 금지하고, 가정에서까지 일본어를 쓰도록 압박하였다. 또한 한국인의 성과 이름을 일본식으로 바꾸는 창씨개명(創氏改名)을 강요하였다.

태평양전쟁(1941)[33]으로 전선이 확대되면서 인력이 더욱 부족해지자

32) 궁성요배(일본어 : 宮城遥拝 규조 요하이[*])는 일본 제국과 그 식민지들의 주민들이 고쿄(궁성)가 있는 방향으로 고개를 숙여 절을 하던 예법을 가리킨다(출처 : 위키백과).

일제는 지원병제(1938), 징용령(1939), 학도지원병제(1943), 징병제(1944) 등을 실시하여 우리 청년들을 전쟁터로 내몰았고, 여성들을 위안부로 동원하는 등 인적 자원 수탈에 광분하였다.

(2) 항일 민족독립운동과 해방

(가) 3 · 1 운동과 의의

일제의 가혹한 통치가 10년 동안이나 계속되면서 우리 민족은 엄청난 고통을 겪어야 했고, 이에 민족독립에 대한 의식이 광범위하게 퍼지면서 거족적인 독립운동이 일어날 수 있는 바탕이 마련되었다. 우리 민족이 독립을 위해 노력하고 있을 때, 독립에 대한 희망을 주는 소식이 들려왔다. 제1차 세계대전이 끝난 뒤의 문제를 처리하기 위한 파리 강화회의[34]를 앞두고 미국 대통령 윌슨이 각 민족의 운명은 그 민족 스스로 결정해야 한다는 민족자결주의를 제창한 것이다.

그러던 중에 고종황제가 서거하자 일제가 독살하였다는 소문이 퍼져 국민들이 분노하게 되었고, 도쿄 유학생들이 2 · 8 독립선언서[35]를 발표하였다는 소식이 전해졌다. 국내에서는 기독교계의 이승훈, 천도교계의 손

---

33) 태평양 전쟁(太平洋戰爭, 영어 : Pacific War, 일본어 : 太平洋戦争 たいへいようせんそう)은 1941년 12월 7일 일본의 미국 침략으로 시작되어 1945년 9월 2일까지 계속된 미국과 일본 사이의 전쟁으로 제2차 세계 대전의 일부이다. 당시의 일본 정부는 '대동아전쟁'(일본어 : 大東亜戦争 だいとうあせんそう)이라고 칭하기도 하였다(출처 : 위키백과).

34) 파리 강화 회의(Paris Peace Conference)는 1919년에 제1차 세계 대전의 승전국들이 연합국과 동맹국 간의 평화 조약을 협의하기 위해 개최한 국제회의이다. 회의는 1919년 1월 18일 개최되어 1920년 1월 21일까지 간격을 두고 지속되었다(출처 : 위키백과).

35) 2 · 8 독립선언서(二 · 八獨立宣言書)는 1919년 2월 8일 동경의 기독교청년회관에서 한국 학생들이 조선청년독립단(朝鮮青年獨立團) 명의로 발표한 독립선언서이다(출처 : 위키백과).

병희, 불교계의 한용운, 문화계의 송진우 등의 지도자들이 도쿄에서 발표된 독립선언서를 입수하고, 국내에서도 독립선언을 발표하기로 결정하였다.

각계에서 모인 민족대표 33인은 대중운동, 통합된 지도부, 비폭력운동의 세 가지를 운동의 기본원칙으로 채택하였다. 1919년 3월 1일 오후 2시 민족대표 33인은 서울시내의 태화관에서 독립선언서를 낭독하고 경찰서에 출두하여 투옥되었다. 탑골공원에 모인 군중은 "조선독립만세"를 외치며 종로 거리를 쏟아져 나왔다. 서울의 만세시위는 삽시간에 전국으로 번져 나갔고, 3월말부터 4월초에는 전국이 만세시위로 뒤덮여 3·1 운동이 절정에 달했다.

3·1 운동의 기본이념은 민족주의였다. 이 민족주의는 제국주의 침략과 억압에 저항하는 평화주의에 입각한 인권운동의 성격이 강하였다. 3·1 독립선언서는 한국 민족의 독립이 "인류가 가진 양심의 발로에 뿌리박은 것"으로서 "전 인류 공동생존의 정당한 발동"이라고 주장하였다.

그 점에서 3·1 운동은, 인간은 태어날 때부터 타인에게 양도할 수 없는 인권의 주체라는 민권사상과 깊은 연관이 있었다. 3·1 운동은 천부인권에 기초한 자유민주주의의 이념이 한국인의 정치의식에 널리 수용되는 중대 계기가 되었다.

(나) 대한민국 임시정부 수립

3·1 운동 이후 국내외 독립운동 세력은 여러 임시정부를 수립하였다. 만주와 소련에서는 대한국민의회가 세워졌고, 국내에서도 13도 대표의 국민회의를 거쳐 한성임시정부가 세워졌으며, 상하이 프랑스 조계에서는 대

한민국임시정부가 수립되었다.

뒤이어 상하이임시정부의 내무총장 안창호[36]의 주도로 이들 세 임시정부를 하나로 통합하는 작업이 추진되었다. 1919년 9월 11에는 통합 대한민국임시정부의 임시헌법이 공포되었다. 임시헌법 제2조는 "대한민국의 주권은 대한인민 전체에 있음"이라고 하여 국민주권의 원리를 선포하였다. 임시헌법은 국민의 평등권, 종교의 자유, 언론·출판·결사의 자유, 거주이전의 자유, 재산권의 보장을 선언하였다.

이처럼 민주공화제로 출범한 임시정부의 정치체제는 1948년에 건국된 대한민국의 국가체제로 결실을 맺었다.

(다) 독립전쟁과 해방

한편, 1932년 1월 이봉창[37] 의사가 일본 도쿄에서 일왕의 행렬에 수류탄을 던졌다. 이어 4월에는 윤봉길[38] 의사가 중국 상하이에서 열린 일본군 전승기념식에서 폭탄을 던져 일본국 수뇌부 여러 명이 죽거나 다쳤다. 1925년 이후 침체상태에 있었던 상하이임시정부는 이 두 사건으로 활력을 되찾았다.

1940년 임시정부는 중국국민당 정부를 따라 충칭(重慶)에 자리를 잡고, 그해 9월 한국광복군을 창설하였다. 태평양전쟁기에 광복군의 군사활

---

36) 안창호(1878 ~ 1938) : 호는 도산, 한말의 독립운동가·사상가. 독립협회(獨立協會), 신민회(新民會), 흥사단(興士團) 등에서 활발하게 독립운동활동을 하였다. 1962년 건국훈장 대한민국장이 추서되었다(출처 : 두산백과사전).

37) 이봉창(1901 ~ 1932) : 금정청년회(錦町青年會), 한인애국단(韓人愛國團) 등에서 활약한 독립운동가. 히로히토에게 수류탄을 던졌으나 실패하고 체포된 후 사형당했다. 1962년 건국훈장 대통령장이 추서되었다(출처 : 두산백과사전).

38) 윤봉길(1908 ~ 1932) : 일제강점기의 독립운동가. 1932년 4월 29일 일왕의 생일날, 행사장에 폭탄을 던져 일본 상하이파견군 대장 등을 즉사시키는 거사를 치르고 현장에서 체포되어 총살되었다(출처 : 두산백과사전).

동은 더욱 활발해졌다. 1943년 광복군은 영국군의 요청으로 인디아 · 미얀마 전선에서 일본군을 상대로 한 대적 방송, 일본군 문서번역, 정보수집, 포로 심문 등에 종사하였다. 1945년 임시정부는 중국에 주둔한 미군의 지원을 받아 미국전략정보처(OSS)의 특수훈련을 받은 광복군을 국내에 침투시킬 계획을 세웠으나, 일본의 패망으로 무산되고 말았다.

전쟁이 연합국에 유리하게 전개되던 1943년 11월 미국, 영국, 중국의 연합국 정상들은 카이로[39]에서 상호 협력문제를 놓고 회담을 개최하였다. 이들 정상들은 회담 후 발표된 선언문에서 "한국 민중의 노예상태에 유의하여 적당한 시기에(in due course) 한국이 자유롭게 되고 독립하게 될 것을 결의 한다"고 하였다.

1945년 8월 6일과 9일에 미국은 일본 히로시마와 나가사키에 원자폭탄을 투하하였고, 8월 15일 일본은 무조건 항복을 선언하였다. 이로써 8년간 지속된 중일전쟁과 태평양전쟁이 종식되었을 뿐 아니라 35년간 일제 식민지였던 한국이 마침내 해방되었다.

지금까지 살펴본 것처럼 우리민족의 역사는 참으로 유구하고 찬란하다. 개괄적으로 역사의 흐름만 정리했지만, 고조선과 삼국시대, 그리고 발

---

39) 카이로 회담 : 제2차 세계 대전 때 카이로에서 개최된 두 차례의 회담을 카이로 회담이라 한다. 1943년 11월 22일부터 같은 달 26일까지 열린 제1차 회담에서 연합국 지도자 윈스턴 처칠과 루스벨트는 노르망디 상륙 작전을 논의하였다. 이 회담은 제2차 세계 대전 중의 연합국 수뇌 회담으로 대일 항전과 전후 처리에 대하여 구체적으로 검토한 최초의 회담이다. 이집트의 카이로에서 미국 대통령인 루스벨트, 영국 총리인 처칠, 중국 총통 장제스가 참석하여 대(對) 일본 전쟁 수행 협력과 전후의 영토에 대하여 의논하여 27일 '카이로 선언'을 발표하였다. 선언은 태평양상 일본령 제도의 박탈, 일본이 중국에서 빼앗은 모든 영토의 반환, 한국의 독립과 연합국은 일본의 무조건 항복까지 협력하여 싸울 것 등을 표명하였다. 카이로 선언은 1945년 7월의 포츠담 선언에서도 확인하여, 일본의 항복에 관한 기본 방침이 되었다(출처 : 네이버 지식백과).

해의 융성과 남북국시대만 해도 중국대륙의 상당부분까지 지배할 정도로 강대한 국가를 형성했음을 알 수가 있다.

즉, 5천년 역사 중에서 우리 조상들은 만주대륙을 4천년 이상 지배했으며, 중국이 이 지역을 지배한 것은 발해가 멸망당한 이후부터 불과 1천여 년에 불과하다. 그리고 중국 중심의 동아시아 질서가 오랫동안 유지되어 오는 동안 수많은 나라들이 중국화 되었지만, 우리 민족은 동화되지 않고 독자적인 문화를 발전시켜 왔다.

이렇게 훌륭한 역사를 갖고 있으면서도 그동안 사대주의(事大主義)[40]와 식민사관(植民史觀)[41]에 의해 왜곡되고, 그것이 오늘날에 이르기까지 잘못된 역사인식을 초래하고 있다면, 이는 국가적 · 민족적 불행이 아닐 수 없다.

더구나 이웃나라 일본이 역사왜곡을 지속하고 있는 가운데, 중국도 '동북공정'을 통해 우리의 고대사를 자기들 역사에 편입시키는 작업을 국가적 차원에서 진행하고 있는데도, 우리가 우리역사를 지키려는 노력을 하지 않는다면 어떻게 될 것인가?

따라서 우리는 유구한 역사의 흥망성쇠를 통해 우리 민족의 찬란한 영광과 함께 외세에 의해 국권을 상실했던 쓰라린 경험의 교훈을 되새기면서 21세기 지구촌시대를 열어나가야 한다.

---

40) 사대주의 : 사대주의의 사전적 의미는 '주체성 없이 세력이 큰 나라나, 강한 자에게 붙좇아 복종하고 섬기며, 자신의 존립을 유지하거나 빌붙고자 하는 의식'을 이른다. 사대(事大)란 본래 큰 것을 섬긴다는 뜻이지만, 그 뜻이 바뀌어 대외 의존적 성향을 지칭하는 의미로도 사용되고 있다(출처 : 두산백과사전).

41) 식민사관 : 일제가 한국침략과 식민지배의 학문적 기반을 확고히 하기 위하여 조작해 낸 역사관(출처 : 두산백과사전).

3. 대한민국의 시작

1945년 8월 15일 일제 식민통치에서 해방됨으로써 한국사는 새로운 장을 열게 되었다. 조국의 광복으로 국권을 되찾아 민주주의를 향한 힘찬 발걸음을 시작했으며 이로써 현대사를 펴나가게 되었던 것이다.

한국의 광복은 한민족의 줄기찬 항쟁으로 얻어진 결과였다. 일제 식민통치 하에서 온 민족은 항일운동을 계속하였고, 해외에서는 대한민국 임시정부가 국권회복을 위한 독립운동을 전개하였다. 그러나 한국의 해방이 우리의 자력만으로 얻어진 것이 아니라 일제에 대한 연합군의 승리라는 외부적 요인이 작용하였고, 이는 장차 해방 이후의 역사를 규정짓는 중요한 변수로 작용하였다.

이후 남과 북은 서로 다른 방향으로 국가를 건설해 왔는데, 반세기가 넘도록 갈등과 대립으로 점철된 한국 현대사는 남과 북에 각기 존재하고 있는 두 개의 정부가 갖고 있는 정통성의 충돌을 야기하였고, 이 정통성은 우리 민족의 역사적 과업인 통일의 방향과 통일이후의 체제를 규정짓는데도 중요한 기준이 될 것이다.

정통성(正統性, legitimacy)이란 국민에 대한 통치권 행사의 합법성과 정치체제의 정당성을 제시하고 전통과 문화에 대해 올바르다고 인정하는 논리적 근거를 말한다. 즉 정통성은 어떤 정치체제 또는 국가권력의 정당성과 합법성의 준거가 되고 구성원들의 자발적 복종을 이끌어낸다는 점에서 역사를 해석하고 현재와 미래를 준비하는 입장에서 결코 소홀히 다루어져서는 안 될 것이다.

이 장에서는 해방 직후 대한민국의 건국된 과정을 살펴보고, 대한민국이 왜 북한보다 정통성이 있는지를 역사적 맥락과 정치적 결과, 국제사회에서의 인정, 그리고 전통문화의 계승과 발전이라는 측면에서 살펴보고자 한다. 그리고 오늘날 우리가 누리고 있는 자유민주주의체제의 소중함을 인식하고 체제수호에 대한 각오를 다지자고 한다.

가. 해방과 대한민국의 건국

(1) 대한민국 정부수립

(가) 민족의 분단과 미 군정(軍政)의 전개

제2차 세계대전은 1945년 5월 9일 독일이 동·서독으로 분리되고 8월 15일 일본이 연합국의 요구대로 무조건 항복을 선언함으로써 끝났다. 전쟁이 연합국의 승리로 끝난 이후 연합국내에서는 미국을 위시한 자유주의 진영과 소련을 위시한 공산주의 진영 간의 갈등이 표면화하기 시작했다.

열전(hot war)의 끝은 평화가 아니라 냉전(cold war)이었다. 두 진영 간의 냉전으로 독일은 분단의 아픔을 겪었고, 그리스에서는 내전이 벌어졌다. 불행히도 한국은 전쟁과 분단을 모두 겪은 나라가 되었다. 제2차 세계대전 중이던 1945년 2월 연합국 지도자들은 얄타에서 회담을 열어 전후 한국을 '적당한 시기에' 독립시키겠다던 카이로회담의 결정을 재확인하였다. 얄타회담에서 미국은 소련에 일본과의 전쟁에 참여할 것을 요청했고, 소련은 이를 수락하였다.

기회를 엿보던 소련은 일본이 항복하기 직전인 1945년 8월초 일본과의 전투에 돌입하면서 지리적 이점을 활용하여 한반도 동북지역에 진입하였다. 그리고 미국과 소련은 북위 38도선을 일본군의 무장해제를 위한 군사분계선으로 정하였다. 그에 따라 미군과 소련군은 각각 38도선의 남쪽과 북쪽에 진주하여 군정(軍政)을 펼쳤다.

해방 후, 남한은 일본이 항복했으나 미군은 아직 진주하지 않은 힘의 공백상태에 있었다. 이러한 공백을 선점한 것은 여운형[42]을 중심으로 한 건국준비위원회였다. 그 다음으로 세력을 결집한 것은 공산주의자들이었다. 두 세력은 미군이 진주하기 전에 '조선인민공화국'이라는 나라를 급조하였다. 그렇지만 9월 8일 남한에 진주한 미군은 조선인민공화국을 비롯한 그 어떤 조직의 정부적 성격도 인정하지 않았다.

미군이 진주한 후 우파 정치세력도 결집하기 시작하였는데, 대표적인 것이 한국민주당이었다. 이 즈음 해외에서 활동하던 독립운동 세력도 차례로 귀국하였다. 미국에서 외교적으로 독립운동을 펼쳤던 이승만[43]은 10월 16일 귀국하여 독립촉성중앙협의회[44]를 결성하였다. 중국에서 활동하던 대한민국임시정부는 1945년 11월과 12월에 나누어 귀국하였다.

이러한 상황에서 1945년 12월 말 모스크바로부터 한반도 신탁통치(信託統治)안이 전해졌다. 카이로회담에서 연합국이 합의했던 '적당한 시기에'라는 표현이 모스크바에서 열린 미 · 영 · 소 3국 외무장관회담에서 신

---

42) 여운형(1886 ~ 1947) : 한국의 독립운동가 · 정치가. 초당의숙(草堂義塾)을 세우고, 신한청년당(新韓青年黨)을 발기하였다. 고려공산당(高麗共産黨)에 가입하여 한국의 사정을 세계에 알리는 역할을 하였다. 2005년 건국훈장 대통령장에 이어 2008년 건국훈장 대한민국장이 추서되었다(출처 : 두산백과사전).

43) 이승만(1875 ~ 1965) : 한국의 정치가 · 독립운동가, 초대 대통령. 독립협회, 한성임시정부, 상하이임시정부에서 활동했다. 광복 후 우익 민주진영 지도자로 1948년 대한민국 초대 대통령에 당선되었다. 4선 후, 4 · 19 혁명으로 사임했다(출처 : 두산백과사전).

44) 독립촉성중앙협의회(獨立促成中央協議會)는 1945년 10월 23일에 한국민주당, 한국국민당, 조선공산당, 건국동맹 등 각 대한민국의 정당 단체 200여 명이 모여 조직한 대한민국의 단체이다(출처 : 위키백과).

탁통치로 구체화하였다. 이 소식은 남한의 정치상황을 커다란 소용돌이로 몰아넣었다. 임시정부, 한국민주당, 독립촉성중앙협의회 등의 우파 정치세력은 즉각 반발하면서 반탁(反託)을 결의하였다. 조선공산당, 조선인민당 등 좌파도 처음에는 반탁에 동조했으나 곧 입장을 바꾸어 신탁을 지지하였다.

이로 인해 남한과 북한의 정치세력은 처음부터 심하게 대립하였다. 또한, 냉전에 들어간 미국과 소련 사이에도 협력의 여지는 처음부터 없었다.

(나) 좌우합작의 실패와 유엔의 개입

제1차 미·소공동위원회가 아무런 성과 없이 끝나자 미 군정은 온건한 중간파 세력으로서 김규식[45], 여운형 등이 중심이 된 좌우합작운동을 지원하였다. 그렇지만 현실적으로 중간파 세력이 크지 못한 상태에서 미군정의 지원만으로 합작운동이 성공하기는 어려웠다.

그런 가운데 1947년부터 동서냉전이 본격화하자 미국은 공산주의 국제세력을 봉쇄하는 방향으로 한반도 정책을 바꾸었다. 그에 따라 미 군정이 지원했던 좌우합작운동은 추진력을 잃고 말았다.

그해 11월 유엔은 한반도에서 인구비례에 따른 총선거를 실시하여 통일정부를 수립하며, 이 선거를 감시하기 위해 유엔한국임시위원단을 파견

---

45) 김규식(1881 ~ 1950) : 대한제국의 종교가, 교육자이자 일제강점기의 독립운동가, 통일운동가, 정치가, 학자, 시인, 사회운동가, 교육자였다. 언더우드 목사의 비서, 경신학교의 교수와 학감 등을 지내고 미국에 유학하였다. 1918년 파리강화회의에 신한청년당, 대한민국 임시정부 대표로 파견되어 이후 10여 년간 외교무대에서 종횡무진으로 활약하며 한국의 독립운동이 국제 승인을 받도록 하기 위하여 심혈을 기울였다(출처 : 위키백과).

한다고 결의하였다. 이 결의에 따라 1948년 1월 유엔한국임시위원단이 남한에 들어왔으나, 소련의 거부로 북한에는 들어갈 수 없었다. 결국 그해 2월 유엔은 '선거감시가 가능한 지역', 즉 남한에서만 총선거를 실시하기로 하였다.

한반도 문제가 유엔으로 이관되면서 남한 내의 정치쟁점도 신탁통치를 둘러싼 찬반에서 단독정부 수립에 대한 찬반으로 바뀌었다. 그동안 우파는 반탁으로, 좌파는 찬탁으로 양분되었으나, 단독정부 문제로 옮아가면서 우파는 분열하는 모습을 보였다.

김구[46]와 김규식은 1948년 4월 단독선거를 막고자 평양을 방문하였다. 그러나 북한은 이미 별개의 공산주의 정부를 수립하기 위한 준비를 마친 상태였기에, 이들의 노력은 아무런 성과를 거두지 못하였다.

(다) 대한민국 정부 수립

1948년 5월 10일에 실시된 총선거는 보통, 평등, 비밀, 직접선거라는 4대 원칙이 지켜진 민주적 선거로서 역사상 한국인이 경험한 최초의 민주주의 정치제도의 실험이었다. 5·10 선거는 4·3 사건[47]으로 선거가 제대로 치러지지 못한 제주도를 제외하고는 전국에서 비교적 평온한 분위기 속에서 순조롭게 진행되었다.

---

46) 김구(1876 ~ 1949) : 한국의 정치가·독립운동가. 상하이[上海]로 망명, 대한민국임시정부 조직에 참여하고 1944년 대한민국임시정부 주석에 선임되었다. 신민회, 한인애국단 등에서 활발하게 활동하였다. 1962년 건국훈장 대한민국장이 추서되었다(출처 : 두산백과사전).

47) 제주 4·3 사건(濟州四三事件)은 1947년 3월 1일 경찰의 발포사건을 기점으로 하여 1948년 4월 3일 발생한 봉기사태와 그로부터 1954년 9월 21일까지 제주도에서 발생한 무력충돌과 진압과정에서 양민들이 희생당한 사건"으로 《제주 4.3 사건 진상규명 및 희생자 명예회복에 관한 특별법》에서 규정하고 있다(출처 : 위키백과).

5 · 10 선거를 통해 구성된 국회가 가장 먼저 착수한 것은 헌법을 만드는 작업이었다. 5월 31일 헌법을 만들기 위한 최초의 국회가 소집되었으며, 초대 국회의장에 이승만이 선출되었다. 제헌헌법은 7월 17일에 공포되었다.

헌법은 대한민국임시정부의 법통을 이어받아 대한민국의 주권이 국민에게 있는 민주공화국으로 규정하였으며, 모든 국민에게 평등권 · 자유권 · 재산권 · 교육권 등의 기본권을 인정하였다.

헌법이 규정한 대통령 · 부대통령의 선거방식은 국회의 간접선거였다. 국회는 국회의장 이승만을 초대 대통령으로 선출하였으며, 이승만 대통령은 이범석[48]을 총리로 하여 초대 내각을 구성하였다. 그리고 1948년 8월 15일 드디어 대한민국 정부가 수립되었다. 그날 중앙청 광장에서 정부수립을 선포하는 기념식이 열렸다.

북한은 그보다 조금 뒤인 9월 9일 조선민주주의인민공화국 정부 수립을 선포하였다. 이승만 정부는 대한민국이 한반도에서 유일 합법정부임을 천명하고, 국제적으로 승인받기 위해 노력하였다. 같은 해 12월 제3차 유엔총회는 한국을 "선거감시가 가능했던 지역에서 합법적으로 수립된 정부"로 승인하였다. 이 결의안 이후 1950년 3월까지 미국을 비롯하여 26개국이 대한민국을 승인하였다.

---

48) 이범석(1900 ~ 1972) : 본관은 전주(全州). 호는 철기(鐵驥). 다른 이름으로 인남(麟男), 철기(哲琦) 등을 사용하기도 했다. 서울 출신. 아버지는 이문하(李文夏)이며, 어머니는 연안 이씨(延安李氏)이다. 8세 때 김해 김씨를 새어머니로 맞이하였다. 중국지역에서 독립운동을 전개했으며, 해방 후 조선민족청년단(朝鮮民族青年團) 창설하여 청년 교육에 힘썼다. 초대 국무총리 및 국방장관 등을 역임했다(출처 : 두산백과사전).

(2) 건국초기의 시련과 과제

(가) 좌우익의 대립

해방 직후 남한 내의 정치세력들은 그들이 추구하는 기본노선의 차이에 따라 크게 좌익, 우익, 중도로 분리되어 있었으며, 이들 정치세력의 분열과 대립은 통일정부 수립을 어렵게 만들었다.

특히, 1945년 12월 모스크바에서 열린 미 · 영 · 소 3국 외상회의에서 한국에 대해 향후 5년간 신탁통치를 실시한다는 결정이 내려지자, 처음에 좌우익 할 것 없이 거족적인 반탁운동을 전개하였으나, 좌익세력이 소련의 지시에 의해 찬탁으로 돌변하는 등 사사건건 대립과 충돌이 발생했다.

또한 남조선노동당(남로당)을 중심으로 한 좌익세력은 대한민국의 성립에도 끊임없이 방해하였다. 그 대표적인 사건이 1946년 10월 '대구폭동사건'[49], 1948년 4월 '제주 4 · 3 사건', 그리고 1948년 10월 '여순 10 · 19 사건[50]' 등이다 이러한 사건은 극심한 인명피해를 초래했을 뿐만 아니라, 이후 이념적 적대감과 대결구도를 심화시킨 요인으로 작용하였다.

(나) 반민족행위자 처벌과 한계

건국 초기에 해결해야 할 또 하나의 어려운 과제는 친일 반민족행위자를 처벌하고 민족정기와 사회정의를 바로 세우는 일이었다. 국회는 헌법에 근거하여 1948년 9월 반민족행위 처벌법을 만들고, 반민족행위특별조사위원회(반민특위)를 설치했다.

---

49) 대구폭동사건 : 1946년 좌파 세력과 민중이 대구를 시작으로 남한 전역에서 미군정의 실정을 비판하고 시정을 요구하며 일으킨 사건(출처 : 두산백과사전).

50) 여순 10 · 19 사건 : 1948년 10월 전남 여수에 주둔하고 있던 국군 제14연대 내의 좌익 세력이 대한민국 정부 수립에 반대하며 일으킨 반란사건(출처 : 두산백과사전).

반민특위는 1949년 1월부터 친일혐의자에 대한 조사활동을 시작하여 같은 해 8월까지 559명을 특별검찰에 송치하였다. 그런데 반민특위의 활동은 처음부터 순조롭지 못하였다. 이승만 대통령을 비롯한 우파 집권세력은 좌파의 체제위협 상황에서 친일파 청산보다는 내부단결과 반공태세가 더욱 시급하다고 생각한 것이다.

반민특위의 활동에 불만을 품은 경찰이 반민특위 사무실을 습격하여 위원회의 요원들을 연행하는 폭력사태가 발생하는 분위기에서, 국회는 반민족행위처벌법의 공소시효를 1949년 8월 31일로 제한하는 법을 통과시켰고, 이로써 반민특위의 활동은 8월말로 끝을 맺었다.

결국 친일파 청산이라는 시대적 과제는 유야무야 끝나버렸고, 친일파 중에는 광복 후에도 자신의 과거를 숨긴 채 사회지도층으로 변신한 사람이 많았던 반면, 독립운동을 한 사람 중에는 가산을 탕진하여 광복 후에도 어려운 삶을 살아가야 했던 사람들도 적지 않았다.

(다) 농지개혁과 그 역사적 의의

해방 당시 남한 인구의 7할 이상은 농업에 종사하였는데, 농민 가운데 순수 자작농은 14%에 불과했다. 지주와 소작인의 관계는 형식적으로 평등한 계약관계지만 실질적으로는 불평등한 지배와 예속의 관계였다. 인구의 다수가 예속적인 생산관계에 매여 있어서는 온전한 형태의 근대국가라고 말하기 어려웠다.

이에 제헌헌법은 "농지는 농민에게 분배한다"라는 규정을 두어 농지개혁의 법적 근거를 마련하였다. 그리하여 1950년 3월 농지개혁법이 만들어졌고, 이 법에 따라 같은 해 3월부터 5월 사이에 분배대상 농지의 70~

80% 정도가 소작농에게 유상으로 분배되었다. 농지개혁은 한국의 정치·사회발전에 지대한 영향을 미쳤다. 우선 농지개혁은 신생 한국이 정치적으로 안정되는데 크게 이바지하였다. 당시 정치적 갈등의 핵심은 농지문제였고, 좌파 정치세력은 '무상몰수·무상분배'의 토지개혁을 주장하였다.

그러나 북한이 실시한 토지분배는 무상이기는 하나 소유권의 분배가 아니라 경작권의 분배에 불과하였다. 그 점에서 한국의 농지개혁이 유상이기는 하나 소유권 자체를 분배한 것과 큰 차이가 있었다. 대부분 농민은 그러한 차이를 이해하지 못하였기에 무상으로 분배한다는 좌파의 주장은 상당히 그럴듯하게 들렸다. 그렇지만 이승만 정부가 농지를 분배한 덕분에 자신의 농지를 갖게 된 농민들은 6·25 전쟁이 끝난 이후 북한의 선전 공세에도 불구하고 자본주의 경제질서에 잘 적응함은 물론 경제발전의 주체가 될 수 있었다.

나. 대한민국의 정통성

(1) 역사적 정통성

우리나라의 헌법 전문에서 "3·1 운동으로 건립된 대한민국 임시정부의 법통을 계승하고"라고 적시되어 있어 3·1 운동을 민족사적 정통성의 근간으로 하고 있음을 분명히 했다. 즉 임정의 수립은 3·1 운동 정신의 민주적 건국이념과 그 사상에서 출발하였다는 사실을 보여주고 있는 것이다.

1919년 4월 11일 상하이에서 임시의 정원(오늘날의 국회) 초대 의장 이동녕은 처음 10개조의 민주헌법을 심의 통과시켰는데, 이것이 곧 제헌 성문헌법이며, 이틀 뒤인 4월 13일에 임정수립이 선포된 것이다.

여기서 민주공화제라는 자유민주주의 이념이 생성되었는데, 3권 분립의 자유민주주의가 이때 개시된 것이다. 지금으로부터 90여 년 전에 있었던 역사적 사건이었다. 또한 모든 국민은 평등하다는 점을 명기하고, 종교 · 언론 · 출판 · 집회 · 결사 · 거주 · 신체의 자유를 보장하고 교육 · 납세 · 병역의 의무를 포함시켰다. 그러나 북한은 3 · 1 운동을 '자본가 이익을 대변한 부르주아의 계급투쟁'이라고 규정함으로써 민족운동이 아닌 계급투쟁사의 입장에서 보고 있다. 그러면서 김일성에 의한 항일무장투쟁사 위주로만 독립운동의 정당성을 주장한다.

이처럼 우리 민족사에 있어서 최대의 거족적인 운동이라고 평가받는 3 · 1운동에 대한 남과 북의 각기 다른 규정은 민족사의 정통성을 구분 짓는 중요한 기준이 될 수밖에 없다.

(2) 정치적 정통성

대한민국은 자유민주주의 정치체제로서 민주공화국을 성립하였으며, 국민의 재산권과 경제활동의 자유를 보장하는 시장경제체제로 출발하였다. 이 같은 건국의 방향을 둘러싸고 당시 한국인의 생각이 다 같지는 않았다. 공산주의가 더 훌륭한 체제라고 믿는 사람도 적지 않았다. 따라서 자유민주주의와 시장경제를 신봉하는 사람들은 대한민국 건국에 적극적으로 참여하였고, 반면에 공산주의가 옳다고 믿는 사람들은 북한 건국에 참여하였다.

광복된 지 70여 년의 역사가 흐른 오늘날, 어떤 선택이 정당했는가를 판정하기는 어려운 일이 아니다. 지난 70여 년간 세계사는 개인의 자유와 재산권을 존중하고, 그것을 국가체제의 기본원리로 채택한 자유민주주의와 시장경제체제가 인간의 물질적 복지와 정신적 행복을 증진하는 올바른 방향이었음을 입증하고 있다.

모두가 골고루 잘산다는 공산주의 이상은 자유와 이익을 추구하는 인간의 본성에 맞지 않았다. 계급, 당, 국가를 우선하는 전체주의 관료제적 지배체제하에서 개인의 자유로운 정신과 창의성은 억압되었으며, 결과적으로 모두가 빈곤해지고 말았다.

공산주의체제는 1980년대 이후 소련·중국과 같은 주요 공산주의 국가들이 시장경제체제로 전환함에 따라 해체되고 말았다. 그러나 북한은 아직도 공산주의 체제를 고수하고 있으며, 그에 따라 정치적 억압과 경제적 빈곤이 계속되고 있다.

대한민국은 혼란 속에서 어렵게 출발했지만 지금까지 세계가 주목하는 물질적, 정신적 발전을 성취하였다. 정치적으로는 국민의 기본권이 확고히 정착되고, 보통선거로 정권을 평화롭게 교체하는, 세계에서 몇 안 되는 민주주의국가에 속하게 되었다. 경제적으로는 세계 최빈국 수준에서 1995년 선진국 클럽인 경제협력개발기구(OECD)에 가입하는 위업을 달성하였고, 2007년에는 국민소득 2만 달러를 돌파하는 등 세계 10위권의 경제규모를 가진 나라로 발전하였다.

대한민국의 이 같은 발전은 1948년 제헌헌법에 담긴 건국의 이념과 방향이 정당했기 때문에 가능한 것이었다. 즉 대한민국은 민주주의와 시장경제라는 건국의 기초이념을 충실히 발전시킴으로써 오늘날과 같은 안정과 번영을 이룬 것이다.

(3) 국제적 정통성

광복 후 남북한에는 각기 다른 두 개의 정부가 수립되었다. 하나는 1948년 8월 15일 수립된 대한민국이고, 다른 하나는 1948년 9월 9일 수립된 조선민주주의 인민공화국이다. 남북한 두 정부는 국제사회에서 정통성을 얻기 위해 경쟁을 벌였는데, 대한민국은 국제기구인 UN으로 이관시켜 대한민국 정부의 정통성을 제공해주려는 노력을 전개하였다. 제3차 UN총회가 열려기 전부터 회원국들로 하여금 대한민국을 한반도의 유일한 합법정부로 승인하도록 강력한 영향력을 행사한 것이다.

마침내 1948년 12월 12일 UN총회는 미국의 주도아래 한국에 관한 결의문을 48대 6(기권1)의 압도적인 다수로 채택하였다. 이 결의문에 의하면, "UN임시위원단이 관찰하고 협의할 수 있었던 전체 한반도 사람의 대다수가 살고 있는 한반도의 한 부분위에 효과적인 통치와 관할권을 갖는 합법적 정부가 수립되었다."는 것이다.

UN결의안의 내용 중에는 자유선거가 한반도의 다른 부분, 즉 북한지역에서는 실시되지 않았음을 내포하고 있으며, 그 후 대한민국은 유엔감시하의 선거가 북측지역을 포함하여 실시되어야 한다고 계속 주장하였다.

그런데 북한의 경우는 UN으로부터 이러한 승인을 받지 못했으므로 대한민국은 그 정통성 면에서 북한 보다 우위에 있다. 이 결의는 오늘날에 이르기까지 대한민국 정부에게 정치적 정통성과 합법성을 부여하는 근거가 되어 대한민국이 한반도에 유일 합법정부라는 법적 근거가 되고 있다.

대한민국은 UN 승인 이후 미국을 비롯한 자유 우방 50여 개국으로부터 각각 승인받음으로써 그 정통성을 보다 확고히 하게 되었으며, 1950년 북한의 불법남침으로 시작된 6 · 25전쟁 당시 UN은 북한을 침략자로 규정하고 대한민국과 자유민주주의체제 수호를 위해 16개국을 파견하여 북한군을 무찌름으로써 북한정권의 비정통성을 국제적으로 확인시켜 주었다.

(4) 문화적 정통성

(가) 우리 민족의 전통문화 계승 발전

5천년의 단일문화를 형성해 온 우리 민족은 해방 후 분단과 전쟁, 그리고 이념적 대립과 갈등으로 인해 남북 사이에 문화적 이질감을 심화시켜 왔다. 여기서 우리의 전통문화를 간략하게 몇 가지 중요한 특징들만을 소개함으로써, 그것이 오늘날 남북 사이에 어떻게 전승되고 있는지 살펴보고자 한다.

우리 민족은 종교적 정서에 있어서 중국인과 다른데, 특히 하늘을 숭배하는 경천신앙(敬天信仰)이 강하다. 단군신화에는 환인 · 환웅 · 단군이 삼신일체의 신격으로 자리 잡고, 삼신이 인간의 생명 · 곡식 · 질병 · 선악 · 형벌을 주관하면서 인간에게 골고루 복을 내려 준다는 홍익인간(弘益人間)의 도덕정신이 깃들어 있다.

우리 민족은 또한 음양오행(陰陽五行)사상을 깊이 받아들였는데, 그것은 천지자연의 이치로서만 아니라, 인간사회의 원리로서 구석구석에 영향을 미치고 있다. 우리 민족의 음양관은 모든 사물을 대립적으로 보지 않고 포용적 조화관계로 보고 있으며, 음양이 합하여 이루어진 태극은 조상들이 예로부터 건물, 가구, 일상용품에 애용하는 문양이다.

우리 민족은 가족과 마을 그리고 국가공동체에 대한 충성심이 매우 강하다. 부모에 대한 효(孝)와 국가에 대한 충(忠), 그리고 이웃에 대한 헌신적 사랑과 믿음의 윤리는 유교를 받아들이기 이전부터 민족의 행동양식으로 자리 잡았고, 그래서 중국은 우리나라를 '동방예의지국(東方禮儀之國)'으로 불렀다.

한국문화의 특성을 이해하는데 있어서 비상한 교육열을 빼놓을 수 없다. 공부하는 것을 인생 최고의 즐거움으로 생각하고 교육받은 선비가 정치를 이끌어야 한다는 것은 유교의 특성이다. 교육과 관계되는 목판인쇄술과 금속활자를 세계 최초로 발명한 것도 바로 우리 조상들이었다.

지금까지 언급한 우리 민족의 종교와 사상, 사회적 가치, 교육문화 등은 오늘날까지 대한민국의 사상적 기반을 이루고 있으며, 국가발전의 원동력으로 이어지고 있다.

단군시대의 홍익인간 사상은 역사적으로 우리 조상들이 구현해 온 최고의 가치였으며, 근세에 이르러 3·1 운동과 임시정부의 독립전쟁을 통해 이어지다가 해방 후 대한민국 정부의 헌법정신에 그대로 반영되었고, 지금도 교육의 목표로 설정되어 면면히 계승 발전되어 가고 있다.

음양오행의 조화정신은 민족화합의 전통으로 이어지고 있고, 조선시대의 다양한 공동체는 오늘날 다변화된 사회상을 반영하여 여러 가지 단체들로 되살아나 풀뿌리 민주주의 기초를 다지고 있다.

특히, 성취의 수단으로 학문을 중요시하는 전통 역시 지금까지 이어져 한국인의 교육열은 세계 어느 나라보다도 높은 수준이며, 해외의 동포들도 마찬가지의 성향을 보이고 있다. 그러나 오늘날 북한의 문화적 특성에서 우리의 전통문화를 발견한다는 것은 쉽지 않다. 북한은 『사회주의 헌법』 제43조에서 "후대들을 사회와 인민을 위하여 견결한 혁명가로, 지덕체를 갖춘 공산주의적 새 인간으로 키운다."라고 교육의 목적을 명시하고 있다. 따라서 학교는 혁명의 본거지이자 거점으로 간주되고 있다. 이를 위해 북한은 학생들로 하여금 주체사상[51]을 몸에 익히도록 하기 위해 당 정책교양과 더불어 혁명전통교양을 강화해 왔다.

특히, 인류의 역사를 계급투쟁의 역사로 파악하는 마르크스 · 레닌주의[52]의 사상적 전통을 계승하여 북한식 사회주의, 즉 주체사상을 확립한 북한에게 있어서 조화와 상생이라는 민족 고유의 전통을 상상하기는 어려우며, 상부상조와 도덕질서를 지탱해 주던 사회적 공동체를 기대하는 것은 더더욱 어렵다.

(나) 국가상징물의 계승

한 나라의 상징물은 일반적으로 국기(國旗), 국가(國歌), 국화(國花) 등 3가지를 일컫는다.

우리나라의 국기인 태극기는 1882년 박영효[53]가 일본 수신사로 갔을

---

51) 주체사상(主体思想)은 조선민주주의인민공화국의 공식 이념으로, 김일성주의(金日成主義)라고도 하는데, 엄밀히 말해 주체사상 자체가 김일성주의는 아니며, "주체사상을 핵심으로 하는 사상 · 이론 · 방법의 전일적 체계"를 김일성주의라고 한다(출처 : 위키백과).

52) 마르크스-레닌주의(러시아어 : Марксизм-ленинизм, 영어: Marxism-Leninism) 또는 소비에트주의(러시아어 : советизм, 영어: Sovietism)는 공산주의의 경제 · 철학 · 정치 · 사회를 마르크스에서 레닌까지 계승하면서 최종적으로 계승 또는 발전한 공산주의이며, 제정 시대, 근대 산업화 시대의 보편적인 공산주의 사상이다(출처 : 위키백과).

53) 박영효(1861 ~ 1939) : 한말의 정치가. 급진개화파로 1884년 갑신정변을 주도했다. 유대치를 중심으로 김옥균 · 홍영식 · 서광범 등 개화당 요인들과 결속, 정치적 혁신을 주창했다. 일본 세력을 이용하여 청나라의 간섭과 러시아의 침투를 억제하는 데 주력했다(출처 : 네이버지식백과).

때 처음 사용되었고, 이듬해인 1883년에 고종임금이 태극 4괘가 그려진 기를 국기로 사용한다고 왕명으로 공포함으로써 태극마크가 우리나라 국기로 확정되었다.

이 국기는 처음엔 '조선국기'로 불렸으나, 한일합방 이후 일제의 탄압으로 쓰지 못하다가 3 · 1 운동 당시에는 일본이 알아차리지 못하도록 하기 위해 '태극기'로 불렸고, 상해 임시정부 시절에도 사용되다가 오늘에 이르게 된 것이다.

북한 사회주의자들도 일제시대 때 태극기를 앞세우고 독립운동을 벌였고, 해방 직후까지도 국기로 사용하다가 소련에서 인공기[54]를 제작하여 로마넹코 사령부에 하달하자 그동안 사용하던 태극기를 버리고 인공기를 쓰게 되었다.

한편, 우리나라의 애국가는 1936년에 독일에 유학하였던 작곡가 안익태[55] 선생이 작곡하였고, 대한민국 정부가 수립되면서 국가(國歌)로 제정하게 되었다.

애국가는 일제의 억압으로부터 조국의 독립과 자주의식을 함양하기 위해 불리다가 오늘에 이르기까지 대한민국의 국가로서 국민들에게 애창되고 있지만, 북한의 경우 김일성 부자에 대한 충성심을 고취하기 위해 만들

---

54) 조선민주주의인민공화국의 국기는 1948년 7월 인민회의 제5차 회의에서 태극기를 폐지하면서 정한 국기이다. 별칭으로 홍람오각별기(紅藍五角星旗), 람홍색공화국기(藍紅色共和國旗)라고도 부르며 대한민국에서는 인공기(人共旗, 인민공화국기(人民共和國旗)의 줄임말)라고도 부른다(출처 : 위키백과).

55) 안익태(1906 ~ 1965) : 작곡가이자 지휘자. 대한민국의 국가인 <애국가>를 작곡하기도 했으나, 일제 시대의 친일 행적으로 친일인명사전에 수록됨. 대표 작품으로 <한국환상곡>이 있음(출처 : 네이버지식백과).

어진 노래를 국가로 부르고 있는 만큼, 북한의 국가에서 민족사적 정통성을 발견하기는 어렵다.

무궁화는 예로부터 상당히 광범위한 지역에 관상수로 재배되어 왔고, 우리 겨레의 민족성을 나타내는 꽃으로 인식되면서 자연스럽게 나라꽃으로 인정받고 있다. 또한 무궁화는 우리 국민과 애환을 같이하며 겨레의 얼과 민족정신을 상징하는 꽃으로 확고히 부각되었고, 고통 속의 민족에게 꿈과 희망을 심어주며 역사와 더불어 자연스레 겨레의 꽃으로 자리 잡게 되었다.

이에 반해 북한은 김일성이 좋아했다는 이유 하나만으로 목란을 국화로 지정하였는데, 우리 민족의 그 어떤 애환이나 소망과는 아무런 관계가 없다는 것을 알 수 있다. 인간의 삶은 개인적으로든, 국가적으로든 선택의 연속이다. 그리고 그 선택에 대한 결과는 분명하게 드러난다.

개항기(開港期)에 유입되기 시작한 민주주의는 민족 항일기(抗日期)를 거치는 동안 장기간의 내면적인 침잠(沈潛)과정을 거쳐서 광복 이후 미군의 진주에 의하여 본격적으로 수용되는 성격을 보여주게 되었다. 그런데 이 시기는 일제 식민지배로부터 벗어난 직후였기 때문에 대다수의 국민들에게 '무상몰수 · 무상분배'를 구호로 내세운 사회주의가 자본주의보다 매력적으로 받아들여질 수도 있었다.

그러나 우리 국민은 공산주의자들의 선전에 현혹되지 않고 자본주의 경제체제와 민주주의를 선택하였고, 북한은 사회주의 체제를 선택하였다. 그 선택에 따라 대한민국은 여러 가지 역사적 질곡(桎梏)은 있었지만 전통과 문화를 계승 발전시키면서 민주주의와 시장경제를 꽃피우게 되었지만, 북한은 정치적 탄압과 기아의 고통 속에서 신음하고 있다. 민족사적으로나 국제적으로, 그리고 결과론적으로 볼 때 대한민국의 정통성은 부정할 수 없는 역사적 사실이다.

6 · 25전쟁 이후에는 북한의 군사적 위협에 대처하면서 국가를 재건해야하는 시대적 과제와 함께 민주주의를 향한 여정은 끊임없이 진행되었고, 그 결과 오늘날 우리는 구체적인 삶의 방식으로서 민주주의를 정착시켜왔다. 인권을 최고의 가치고 삼고, 자유 · 평등 · 복지를 구현하면서, 평화적인 민족통일을 지향하는 대한민국으로 자리매김한 것이다.

4. 자유민주주의 체제의 우월성

1970년대 후반 공산권 나라의 강대국인 중국이 실용주의 노선을 선택하면서 경제특구를 개방하고, 1980년대 중반 공산주의의 종주국인 소련이 개혁(페레스트로이카)과 개방(글라스노스트)정책을 추진하기 시작하자, 제2차 세계대전 이후 지속되어 온 냉전체제가 허물어지기 시작했다.

그러자 철옹성처럼 여겨졌던 독일의 베를린 장벽이 무너지고(1990. 10. 3), 동유럽공산권 나라들도 도미노처럼 붕괴되었다. 이로써 반세기 가까이 지속되어 온 동서 양 진영의 이념과 체제 대결은 사실상 종말을 고했다.

그 후 20여 년 동안, 세계는 급속한 정보화 시대를 맞이하여 단일경제권을 형성하고, 상호 경쟁과 협력을 지속시켜왔다. 그러나 한반도에는 동서냉전의 결과로 형성된 남북분단이 세계적인 냉전체제가 끝났음에도 불구하고 여전히 존속하고 있다.

오늘날 남과 북의 체제경쟁은 사실상 끝이 났다. 자유와 인권, 국민들의 삶의 질 등 모든 부문에서 자유민주주의와 시장경제를 기반으로 한 대한민국이 공산주의의 또 다른 변종인 주체사상을 기반으로 하는 북한공산체제에 비해 월등히 앞서 있다.

그럼에도 우리 사회에서는 한 동안 주체사상이 학원가에서 학생운동권의 이념적 중심이 되었고, 오늘날에도 그 여진이 사회 곳곳에 남아 있다. 우리는 같은 민족으로서 비참하게 살고 있는 북한 동포를 포용하고 도와주는 것과 북한의 주의 · 주장을 신봉하는 것은 분명히 다르다는 점을 인식해야 한다.

이에 본 장에서는 자유민주주의의 이념, 특징과 함께 그 이념이 정치적 현실 속에서 어떻게 제도화되어 있는가를 이해하고, 이를 바탕으로 자유민주주의체제의 우월성과 북한 공산주의의 허구성에 대해 살펴 볼 것이다.

가. 이념으로서의 자유민주주의

자유민주주의는 인간의 존엄성에 대한 믿음을 전제로 하여 자유 · 평등 · 사회정의 및 복지의 가치를 정치 · 경제 · 사회의 각 분야에서 최대한으로 실현하고자 하는 정치이념이며 제도다. 이를 보다 구체적으로 살펴보면 다음과 같다.

(1) 자유(自由)

(가) 자유의 개념과 구분

자유라는 용어는 민주주의라는 용어처럼 포괄적이고 다의적(多義的)인 용어이다. 자유라는 용어가 포괄적이고 다의적인 이유는 이 용어가 영어의 'Freedom, Liberty' 등의 여러 가지 의미로 사용 되고 있기 때문이다. 통상적인 구분을 한다면 'Freedom'은 자유라는 용어의 가장 일반적이고 광범위한 뜻을 내포하고 있으며 사회적 · 정치적 의미로서 자유를 지칭할 때는 'Liberty'라는 용어를 사용한다.

자유를 논할 때, 대략 다음 세 가지의 질문을 던지게 된다. 즉 '누구를 위한 자유인가?', '무엇으로부터의 자유인가?', '무엇을 할 수 있는 자유인가?'이다.

첫째, '누구를 위한 자유인가'에서의 자유는 개인을 위한 기본적 자유를 말한다. 이는 개인의 독립성과 사생활의 비밀을 철저히 보장하는 것을 의미한다. 개인이 자유롭다 함은 개인의 독립성을 말하는 것으로서 자기생활에서 여러 가지 결심을 하고, 그 결심한 바를 실행해 나가는 데 있어서 아무런 제약이나 구속을 받지 않거나 가장 적게 받는 상태를 의미한다.

둘째, '무엇으로부터의 자유인가'이다. 이를 사회적 · 정치적 의미로 표현한다면 개인은 타인으로부터의 강요, 구속, 억압 또는 간섭 등을 받지 않을 자유를 의미하고, 이것들이 법적으로 보장을 받았을 경우에 인간의 기본권 보장이라고도 한다.

셋째, '무엇을 할 수 있는 자유인가'이다. 이러한 측면의 자유의 구성요소는 힘이나 능력으로서, 자기의사에 따라 무엇을 선택하고 행동하는 힘과 능력의 소유뿐만 아니라 이를 사용할 수 있는 기회를 가지는 것까지도 포함한다.

그러나 자유라고 해서 개인의 무엇이나 자기 마음대로 할 수 있는 무제한의 자유를 의미하지는 않는다. 무제한의 자유는 타인의 자유와 갈등을 빚게 되고 기본권 불가침의 법칙에 스스로 모순되기 때문이다. 따라서 자유민주주의의 기본이념이 개인 지향적이라 하더라도 자유의 속성상 사회적 · 정치적 제약이 불가피하고, 이러한 제약 속에서 사회의 법과 질서가 유지되면 개인의 자아실현이 가능하게 된다.

(나) 자유에 대한 제약

자유민주주의가 추구하는 자유는 통상 다음과 같은 두 가지 요인에 의해서 제약을 받는다. 첫째, 자유는 평등의 원리에 의하여 제약을 받으며, 둘째, 자유롭게 선택한 행위의 결과에 대한 사회적 책임에 의하여 제약을 받는다.

자유는 오직 타인의 자유를 자기의 그것과 마찬가지로 인정하고 존중하는 평등과 호혜균등의 원칙 아래서만 향유될 수 있다. 자유로운 인간은 입장을 바꾸어 생각하는 역지사지(易地思之)의 합리성과 관용의 정신으로 자기행위를 스스로 절제할 수 있어야 한다.

진정한 자유는 책임이 수반된다. '~을 할 수 있는' 자유를 허용하되 그 선택된 자유행위에 대한 책임을 물음으로써 무책임한 자유, 즉 방종을 제약할 수 있다. 여기서 우리는 자유의 양면성으로서 개인주의적 특성과 사회성을 동시에 볼 수 있다. 이러한 자유의 양면성은 자유가 평등의 원리와 사회적 책임에 의해서 제약됨으로써 극복될 수 있다.

결국 자유민주주의가 추구하는 자유는 인간의 존엄성과 자율성을 존중하면서 타인의 권리를 침해하지 않는 범위 내에서 자기 자신의 권리를 최대한 추구하는 것임을 알 수 있다.

(2) 평등(平等)

(가) 평등의 개념

민주주의는 역사적으로 평등이념에서 출발하였다. 민주주의를 대중의 통치라고 규정할 때 대중은 빈부의 격차, 학식의 유무, 신분의 귀천 등을 고려하지 않는 일반대중을 의미한다.

평등은 인간의 존엄성에 대한 평등으로 인간은 누구를 막론하고 자기의 고유한 인격과 다른 사람이 침해할 수 없는 존엄성을 가지고 태어났기 때문에 수단으로 취급되지 않고 목적 그 자체로 대우를 받아야 한다는 것이다. 일반적으로 민주주의에서의 평등은 정치적 평등, 법 앞에서의 평등, 기회균등, 경제적 평등과 사회적 평등 등으로 구분된다.

첫째, 정치적 평등은 모든 국민이 정치에 참여할 수 있는 평등한 기회를 요구하는 것으로서, 선거권과 피선거권에 대한 평등을 의미한다.

둘째, 민주주의는 '법 앞의 평등'을 요구한다. 법은 특수한 몇 사람이나 소수 지배층을 위하여 만들어진 것이 아니라, 모든 국민을 위하여 제정되었기 때문에 만인은 법 앞에서 평등한 대우를 받아야 한다. 이는 민주주의가 실현되지 않는 사회에서 법제도가 특정인이나 특정계층의 이익을 위해 제정되고 운용되는 것과 비교될 수 있다.

셋째, '기회균등'은 개인이 각자의 능력과 소질에 따라 계층변동이 가능하고 자아실현이 가능해야 함을 요구한다. 개인의 소질을 계발하고 성취하는 데 있어서 종족이나 혈통, 종교 등이 인위적 장애가 되어서는 안 된다는 것이다.

넷째, '경제적 평등'은 누구나 동일한 수입을 보장받아야 하는 절대적 평등이나 분배가 아니라 각 개인이 안정된 경제생활을 영위할 수 있는 최소한의 수준이 보장되어야 함을 의미하며, 국민 각자에게 노동과 직업선택의 균등한 기회를 부여하고 동일 한 일에 대하여 동일한 보수로 대우를 받는 것을 요구하는 평등이다.

다섯째, '사회적 평등'은 좁은 의미로는 종족, 가문, 종교 등에 의해 사회적으로 차별을 받지 말아야 하며 인위적 장애에 의해 개인의 자아실현이 제한되지 않아야 함을 뜻한다.

(나) 자유와 평등의 관계

민주주의는 자유의 이념과 평등의 이념을 축으로 해서 다양성을 추구하고 발전하는 인본주의적 사회를 지향한다. 자유주의와 평등주의가 각각 극단화 되었을 경우는 어떤 문제점이 발생할까? 자유로부터 파생되는 두 극단은 독재와 무정부상태이다. 독재는 개인의 자유에 대한 과도한 통제나 억제의 상태인 반면, 무정부상태는 개인의 자유를 무한정 허용함으로써 오는 혼란과 무질서이다.

한편, 평등의 두 극단은 획일과 특권이다. 획일은 능력과 소질 등 개인적 특성을 무시하고 모두를 동등하게 취급하는 절대적 평등의 상태이고, 특권은 소수의 불평등이나 불이익을 통하여 소수가 이익의 독점이나 절대적 자유를 누리는 불합리하고 정의롭지 않은 상태이다. 독재와 무정부상태, 그리고 획일과 특권은 모두 자유민주주의의 적이다. 자유민주주의를 가능하게 하려면 극단을 피한 중용점에서 자유와 평등이 상호 견제하여 조화를 이루어야 한다.

(3) 복지의 이념과 사회정의

(가) 복지의 이념

현대 민주주의 사회에서는 자유주의를 그 도덕적 기초로 삼으면서 자본주의 경제체제를 운용하여 국민의 복지를 해결한다. 복지를 추구하는 자본주의 경제체제하에서 발생할 수 있는 빈부의 격차는 상대적 박탈감을 초래할 수 있다.

따라서 자유와 평등의 이념을 어떻게 조화시키고 국민 모두가 물질적 풍요를 누림으로써 모두가 인간답게 살 수 없는가 하는 문제가 남는다. 이 문제는 결국 자유주의와 공리주의[56]가 어떻게 조화를 이루어 복지문제를 해결하느냐 하는 문제를 귀결된다.

자유와 평등을 이념적 바탕으로 한 민주주의가 초기에는 자유방임형 개인주의 형태로 발전하면서 정치적 불안정, 빈부격차의 심화, 사회적 연대감의 붕괴, 리더십의 결핍 등을 초래하여 파시즘 및 공산주의 등장 같은

---

56) 공리주의(功利主義, Utilitarianism)는 19세기 이래 영국을 중심으로 발달한 윤리적 사상이다. 인간 행위의 윤리적 기초를 개인의 이익과 쾌락의 추구에 두고, 무엇이 이익인가를 결정하는 것은 개인의 행복이라고 하며, '도덕은 최대 다수의 최대 행복을 목적으로 한다'고 주장한다. 이를 최대행복의 원리(Greatest Happiness Principle)라고 부른다. 이 사상은 근대 시민사회의 윤리적 기준이 되었을 뿐만 아니라 영국 고전경제학의 사상적 기초와 자본주의 질서 구축의 토대가 되었다.그러나 공리주의의 제1원리인 개개인의 사익추구가 공익의 보장과 직결되는 것은 아니며 오히려 배치될 수도 있다는 점에서 비판을 받고 있다. 벤담(1748년 ~ 1832년), 존 스튜어트 밀(1806년 ~ 1873년) 등이 대표적 공리주의자들이다(출처 : 위키백과).

전체주의의 도전을 받았다.

따라서 현대 민주주의는 국가의 기능과 역할을 강화하고 자유와 평등을 공리주의의 원리에 따라 조화시킴으로써 사회의 빈곤, 불결, 무지, 질병, 나태 등을 해결해야 하는 과제를 안게 되었고, 이러한 배경 속에서 복지의 이념이 대두되었다.

국가권력의 간섭이나 통제로부터의 해방을 의미하는 자유 개념에서 출발하였던 근대 민주주의가 현대에 와서는 국가의 기능과 역할을 통해 자유와 평등을 조화시키고, 사회전체의 공동선(共同善)을 추구하지 않을 수 없게 된 것이다. 이처럼 복합적 요인과 배경을 지니는 복지의 개념은 통상 다음과 같은 다섯 가지의 내용을 지니고 있다.

첫째, 자유와 평등의 실현을 기본적 목표로 삼는다. 둘째, 공리주의가 내세우는 이른 바 '최대다수의 최대행복'을 추구한다. 셋째, 혼합경제의 원리를 도입, 산업을 국가가 통제하고 대량실업을 예방한다. 넷째, 사회보장의 원리를 채택, 사회가 구성원의 삶에 대한 공동의 책임을 진다. 사회사업, 사회정책, 사회보장 및 사회개발사업 등을 국가기능 속에 수렴한다. 다섯째, 노사 간의 민주적 의사결정방식을 도입하여 노동조합의 역할과 그에 따른 산업민주화를 달성한다.

이상의 복지이념을 실현하기 위해서는 국가권력의 권위와 기능을 강화하면서도 어떻게 개인의 기본적 자유가 침해되지 않고 모두가 풍요롭게 살 수 있는가 하는 문제가 남는다.

이 문제를 해결하기 위한 하나의 대안으로서 미국의 사회학자인 존 롤스

(John Rawls, 1921. 2. 21 ~ 2002. 11. 24)의 사회정의의 이론에 대해서 살펴보기로 한다.

(나) 사회정의의 원리

롤스는 자유주의의 입장을 고수하면서 최대다수의 최대행복을 추구하는 공리주의를 수정하는 새로운 사회정의의 원칙을 제시한다. 공리주의의 치명적 약점은 최대다수의 최대행복을 위하여 무고한 소수의 기본권을 유린할 위험성이 있다는 점이다.

예컨대 노예제도를 시행하는 것이 다수의 이익을 위하여 도움이 된다고 할지라도, 자유와 평등의 원칙에 위배되어 정당화될 수 없다는 것이다. 따라서 그는 자유주의의 원칙에 합당하도록 시민의 기본적 자유에 관해서는 만인평등을 보장하고, 사회 · 경제적 가치의 분배에 있어서는 공리주의의 원칙에 따라 차등을 두는 방향으로 조정하는 것이 정당화될 수 있다고 본다.

그렇게 되면 사회의 자유를 신장하면서 평등에로의 지속적인 경향성을 가지게 되어 빈부의 격차가 점차로 감소하게 된다고 본다. 이러한 입장을 롤스는 다음과 같은 정의의 두 원리로 표현하고 있다.

첫째, 모든 사람은 다른 사람의 자유와 상충되지 않은 범위 내에서 가장 광범위한 자유에 대한 동등한 권리를 가진다.

둘째, 사회 · 경제적 불평등은 다음 두 가지 원칙을 만족시킬 수 있도록 조정되어야 한다. 즉 불평등이 모든 사람을 위하여 이익이 되리라는 것이 합리적으로 기대될 수 있어야 한다는 것과, 불평등의 근원이 되는 직위와 직무는 모든 사람에게 균등하게 개방되어야 한다는 것이다.

결국 롤스는 최대다수의 최대행복을 위해서라면 무고한 소수의 인권이 침해될 수 있는 공리주의의 약점을 극복할 수 있는 사회정의의 원리를 제시함으로써 현대 복지국가이론을 제시했다고 볼 수 있다.

나. 정치제도로서의 자유민주주의

지금까지 우리는 민주주의의 본질을 그 내용적인 측면에서 고찰해 보았다. 그러나 민주주의는 그것이 추구하는 이상과 사상의 이해만으로 완전히 실현될 수 없다. 즉 그 이상과 사상을 실현할 수 있는 형식적·제도적 측면도 중요시해야 한다.

내용적인 측면에서 민주주의는 국민을 위한 정치이나, 그 형식적 측면에서는 국민에 의한 정치라고 할 수 있다. 따라서 아무리 국민을 위한 정치라 할지라도 정책결정이나 수행과정이 국민의 의사를 무시하고 이루어졌을 때는 결코 민주주의라고 할 수 없다.

그렇다면 정치제도로서의 민주주의가 갖는 특징은 무엇일까?

(1) 국민주권주의

국민주권주의라 함은 주권이 군주라든지 그 밖의 일부 지배자에 있는 것이 아니라 전체 국민에게 있다는 것이다. 다시 말하면 정치권력의 정당성이나 정통성의 근거가 국민 또는 국민의 동의에 있음을 뜻한다.

따라서 왕권신수설[57]이나 세습에 의한 권력의 승계 등은 모두 국민주

57) 왕권신수설(王權神授說, Divine Right of Kings)은 절대주의(絕對主義)시대에 왕권의

권주의에 배치되는 것이다. 그러면 국민주권이 실제에 있어서 어떻게 나타나는가? 오늘날 대부분의 민주국가는 대의(代議)제도라는 간접 민주정치에 의해서 국민이 주권을 행사한다. 즉, 모든 국민이 직접적으로 일상적인 행정사무에 참여하지는 않는다.

국민은 정치결정권의 일부를 그들이 선출한 사람들에게 일임한다. 따라서 국민은 어느 종류의 결정권이 어느 누구에게 얼마동안 위임되어야 하는가를 결정하는 권한이 있기 때문에 국민은 주권자이다.

(2) 대표의 원리와 다수결의 원칙

국민주권주의를 구체적으로 실현하는 제도가 대의정치이고 이는 의회정치 혹은 정당정치라는 방식으로 나타난다. 대의정치(代議政治)는 우선 국민의 대표를 선출하고 그 다음에는 통일된 하나의 국가의사를 결정하는 방식으로 운용된다. 전자와 관련되는 것이 대표의 원리이고 후자와 관련되는 것이 다수결의 원리이다.

대표자는 위임받은 사람들의 다양한 의사를 전제하면서도 대표자 자신이 독립된 판단과 의사에 따라 전체의사의 형성에 참여하고, 대표자의 참여에 의해서 성립된 정체의사는 그대로 구성원 전체를 구속하는 타당성을 가져야 한다.

따라서 대표의 원리는 대표자가 국민의 다양한 의사를 존중하면서 공적인 국가의사를 결정하기 위하여 국민을 통합하는 것이다. 다수결의 원리

절대성을 주장한 이론이다. 이에 따르면 국왕의 권력은 신(神)으로부터 받은 것이며, 지상의 여하한 것으로부터도 주어진 것이 아니라고 하여, 국왕권력의 정당성의 근거를 직접 신에게서 구하였다(출처 : 위키백과).

란 대표자들의 상이한 의견을 자유토론과 협상을 통하여 상대적 진리를 확인하고 다수의 의견을 전체 성원의 대표의사로 확인하는 원리를 말한다.

그러나 국가정책의 중요한 결정이 대다수의 의사에 의하여 결정된다 하더라도 이 대다수가 소수에게 다른 의사를 갖는다고 강제로 벌을 주는 것이 허용되지는 않는다. 정치적으로나 사회적으로 소수 집단에 속하는 개인의 생명, 자유, 행복의 추구를 위한 권리는 보장되는 것이 바로 민주주의의 장점이다.

(3) 3권 분립에 의한 견제와 균형

권력분립의 목적은 국가의 권력을 입법 · 행정 · 사법의 3권으로 나누어 각각 독립된 기관으로 하여금 상호 견제와 균형의 원칙을 보유하게 함으로써 정치권력이 절대화 되는 것을 막고 개인의 정치적 권력으로부터의 자유를 확보하고자 함에 있다.

왜냐하면 인간은 천사가 아니기 때문에 만일 권력을 장악하면 그것을 자기의 야심을 실현시키는 도구로 사용하기 쉽기 때문이다. 이 점을 영국의 역사학자인 액튼 경(Lord Acton)은 "모든 권력은 부패될 경향을 갖는다. 절대적 권력은 절대적으로 부패한다."라고 경고한 바 있다.

일찍이 고대 그리스의 아리스토텔레스가 정부의 권력을 공사(公私)를 심의하는 심의권, 권위를 행사하는 집행권, 법을 적용하는 사법권으로 나눈 이래 17세기에 와서 영국의 존 로크(John Locke, 1632. 8. 29. ~ 1704. 10. 28.)에 의해 입법부와 행정부간의 상호견제와 균형의 이론적 기초가 제시되었고, 18세기 중엽에 몽테스키외((Charles-Louis de Secondat, Baron de La Brède et de Montesquieu. 1689. 1. 18. ~ 1755. 2. 10)의

『법의 정신』에서 입법 · 행정 · 사법의 3권 분립 이론으로 발전되었다.

그리하여 1789년 프랑스의 인권선언에 "권력의 분립이 정해지지 않는 사회는 헌법을 갖는 것이 아니다"라고 규정했고, 1787년의 미합중국 헌법과 1791년 프랑스 헌법, 그리고 우리나라의 헌법도 권력의 엄격한 분립을 채택하였다.

(4) 법치와 기본권 보장

민주주의의 발전의 역사는 어떤 면에서 볼 때 개인의 권리와 자유를 확보하기 위해서 싸워 온 역사라고 볼 수 있다. 따라서 민주주의는 개인의 기본권을 보장하는 제도적 장치이다 이를 보장하기 위해서는 권력분립주의와 함께 요청되는 것이 법치주의이다. 법치주의는 일찍이 있었던 전제정치 하에서의 사람에 의한 지배를 배제하는 법의 지배를 뜻한다.

이 경우의 법은 국민의 대표가 모인 의회에서 재정된 법을 의미하므로 본질적으로 국민의 이익과 모순될 수가 없다. 법치주의는 위정자에 전제나 독재에 의해서 국민의 권리와 자유가 침해당하지 않도록 법에 따라 정치를 하자는 것이다.

다. 자유민주주의체제의 우월성

민주주의는 인간의 존엄성에 대한 믿음을 전제로 하여, 자유 · 평등 · 복지의 가치를 정치 · 경제 사회의 각 분야에 최대한으로 실현하고자 하는 정치이념이며 실천적 제도이다. 19세기 마르크스의 '공산당 선언'[58] 이후 인

58) 공산당 선언(共産黨 宣言, 독일어 : Manifest der Kommunistischen Partei, 러시아어 : Манифест коммунистической партии, 영어 : The Communist

류는 공산주의의 도전으로 큰 시련을 겪었으나 20세기 말에 이르러 자유민주주의가 체제경쟁에서 승리하고 공산주의는 몰락하게 되었다. 이로써 체제경쟁은 끝나고 자유민주주의는 인간의 존엄성과 자유·평등·복지라는 보편적 가치의 실현에 가장 이상적인 이념이라는 사실이 분명히 입증되었다.

그렇다면 오늘날 우리가 누리고 있는 자유민주주의체제는 북한 공산주의체제와 비교할 때 어떤 차이가 있을까?

(1) 이념적·윤리적 우월성

(가) 인간적 가치의 추구

자유민주주의는 물질적 가치보다 인간적 가치를 추구한다. 물질적 가치는 가격으로 환산되고 교환이 가능하나 인간적 가치는 존엄한 것이고 인격으로 표현된다. 이러한 인간적 가치를 제거하는 사람은 사람으로서의 자격과 특징을 상실한다.

민주주의가 추구하는 정신적·인간적 가치는 사랑, 인애, 자비, 우의, 신의, 정직, 친절, 충성, 정의, 협동, 관용, 자유, 평등, 효성, 성실, 경천 등으로 나타난다. 그러나 북한 공산체제는 주체사상을 통치이념으로 내세우면서 말로는 인간중심 사상이라고 주장하지만, 실제로는 수령의 지도에 의해서만 인민대중의 주체성이 확립될 수 있다고 하면서 사실상 인민대중을 피동적인 존재로 전략시켰을 뿐 아니라, 인간적·정신적 가치를 부정하고 있다.

Manifesto, Manifesto of the Communist Party)은 공산주의 사상가인 카를 마르크스와 프리드리히 엥겔스에 의하여 집필된 공산주의자들의 최초의 강령적 문헌으로, 1848년 2월 21일 첫 출판되었다(출처 : 위키백과).

(나) 자연법칙에의 순응

민주주의는 자연에 운행과 인간생활을 지배하는 원리가 있다고 믿는다. 따라서 인간은 그 법칙에 순응해야만 하며, 그에 역행할 수 없다고 생각한다. 자연법칙에 순응하려는 인간의 태도가 준법정신의 기본이 된다.

그렇다면 민주주의가 신봉하는 자연법칙은 무엇인가? 인간은 자유를 갈망하는 선천적 욕구를 갖고 있다, 이것이 자연법칙으로서 우리가 인위적으로 무시 할 수 없는 것이다. 또한 인간은 자기 자신의 행복을 추구하려는 천부적인 욕망을 가지고 있다.

이러한 자연법칙이 자아보존의 원리이며 자연권이다. 미국의 독립선언서에 명시된 것처럼 "자유와 평등 그리고 행복을 추구하는 것이 인간이 나면서부터 받은 권리요. 이 권리는 다른 사람에게 양도할 수 없고 이를 다른 사람이 침해할 수도 없는 것"이다.

그러나 북한 공산체제는 이와 같은 자연의 법칙을 무시하고 인위적으로 이를 말살하려고 한다. 이들은 사람을 기계로 보며, 당의 부품이나 이데올로기를 실현하는 도구로 다룬다. 그리하여 자연의 원리에 입각하여 향유 할 수 있는 자유를 박탈하고 행복을 추구하려는 자연적 욕구를 부도덕한 이기심으로 간주하여 억압하고 있다.

(다) 개인주의적 휴머니즘

민주주의는 개인주의적 휴머니즘이다, 이기주의와 구별되는 개인주의는 인간이 사회의 주인이요, 지배자이며, 개인의 발전이 사회나 집단의 발전의 근간이 된다는 신념을 표방한다. 그리하여 모든 것이 인간을 위하여 존재하고 인간의 복지와 번영추구에 기여하는데 있음을 밝히고 있다. 따라서 인간은 언제나 목적으로 대우해야지 결코 수단으로 취급해서는 안된다는 신념이 자유민주주의의 입장이다.

그러나 북한 공산주의 사회에서는 이데올로기[59]가 주인이 되고 인간이 하인이 되는 전도현상을 빚는다. 따라서 인간의 이데올로기가 명하는 바에 따라서 맹종하는 동안에는 그 생명을 보전할 수 있으나, 이에 항거할 때는 곧 숙청의 대상이 된다.

이처럼 이데올로기는 인간이 만든 인위적 산물임에도 불구하고 북한 공산주의 사회에서는 신격화되어 버림으로써 주객이 전도된 인간소외의 현상을 낳게 했다.

(라) 다원화된 개방사회

민주주의는 다원화되어 진보하는 개방사회이다. 그리고 민주주의는 인간을 살아있는 독립적 존재로 이해하고 개인의 개성과 창의력을 존중한다. 합리적이고 평등하며 자유로운 개인의 의지 모두를 자기가 결정하고 그 책임을 스스로 진다.

또한 개인의 능력과 이상에 적합한 생을 영위 할 수 있는 권리를 갖고 있으며, 타인의 그것과 충돌하지 않는 범위 내에서 자아실현이 가능하다. 그러므로 우리가 자유민주주의를 수호해야만 하는 당위성은 우리가 우리 자신을 위해 제정한 제도를 우리 스스로가 지킨다는 필요성에서 나온다.

---

59) 이데올로기(독일어 : ideologie, 영어 : ideology) 또는 이념은 일반적으로 사람이 인간 · 자연 · 사회에 대해 규정짓는 현실적이며 이념적인 의식의 형태를 가리킨다. 또한 정치경제학적으로는 상부구조의 하나를 의미한다(출처 : 위키백과).

그러나 북한사회에서는 패쇄된 사회로서 하나의 가치관이 신봉되고 획일주의가 지배하는 억압적 통제사회이다. 그리하여 개인의 창의력이 발동되지 않으며 타율적인 삶이 강요된다.

북한사회에서는 개인의 욕구충족과 자아실현이 불가능하고 오직 당과 수령의 과업수행에 매진하는 것만이 허용되고 권장됨으로써 성취욕이 감소되고 일하는 즐거움을 상실하고 있다. 그리하여 주민들은 타율적인 관행에 익숙해졌고 삶의 질적 향상을 꾀하지 못하고 있으며, 창조적 지성 또한 계속 둔화되고 있는 실정이다.

(2) 현실적 · 제도적 우월성

(가) 평화적 수단으로 문제해결

민주주의는 평화적 수단으로 문제를 해결하는 제도이다. 평화를 사랑하는 정신은 인간존중과 조화의 태도로 나타난다.

민주주의는 개인의 다양한 욕구와 개성들 간의 마찰과 갈등을 해소하는 방법이 평화적이며, 국제적인 관계에 있어서도 전쟁의 참화로부터 인류를 보호하려는 염원을 갖고 있다. 인도주의에 의거하고 사회질서의 건설적 해결을 지향하는 민주주의의 방법은 대화와 토론을 통한 의견수렴이다.

또한 민주정치는 폭력에 의한 지배가 아니고 이성적 토론에 의한 정치인 것이다. 토론은 치열한 전투가 아니라 사상과 이론의 해결이며 마음과 마음을 결합하는 사랑의 행위이다. 왜냐하면 대화를 통하여 합의에 도달하려면 상대방의 존재를 인정하고 상대방의 입장을 이해하려는 노력과 상대적 가치를 인정해야만 하는 역지사지(易地思之)와 관용의 정신이 필요하기 때문이다. 이러한 평화적 방법에 의해서 대의정치와 법치주의, 다수

결의 원칙 등이 가능한 것이다.

그러나 북한 공산주의의 수단은 폭력이요 혁명이다. 나라를 통치하는 데도 무력이나 무력의 위협에 의한 탄압에 의존한다. 그들은 혁명으로써 자본주의를 말살하려는 의도를 공공연히 선언한 지 오래고, 내부적으로는 반대의 의견을 무시하고 탄압과 숙청이라는 무기로 국가를 통치해 왔다. 인간의 지성을 믿고 토의와 협상에 의한 평화적인 문제해결을 하는 민주주의의 방식과, 폭력을 무기로 삼고 있는 북한 공산주의의 방식을 비교함으로써, 우리는 왜 자유민주주의를 수호해야 하는지를 명쾌히 이해할 수 있을 것이다.

(나) 정치적 안정과 정통성 보장

민주주의는 정치적 안정과 정통성을 보장해 준다. 민주주의는 복수 이익집단간의 자유로운 득표경쟁을 통하여 정권을 획득, 유지하는 정치적 제도이다. 이것은 다양한 가치가 공존하면서 자율과 공정한 경쟁 속에서 모두가 승리하는 체제인 것이다. 그러나 북한 공산체제는 단일의사, 단일세력 그리고 1인에게 집중된 권력 기구를 가짐으로써 정치적 결정을 빠르고 쉽게 할 수는 있으나, 이는 단기적 안목에서만 타당할 수 있다. 다수 집단간의 자유로운 토의와 자율적인 합의를 거치지 않는 정책결정은 졸속으로 흐르게 되고 그것이 체제의 능률성을 저해하는 원인이 되기 때문이다.

북한 공산체제는 국민적 지지를 겨냥하는 복수 지도집단간의 자유로운 경쟁을 통해서 권력 승계가 이루어지지 않기 때문에 권력쟁탈전을 위해 집단 간의 치열한 음모, 계략, 테러, 살인, 보복 등이 계속되며, 일단 권력을 장악한 세력(김일성 · 김정일 · 김정은 집단)은 모든 수단과 방법을 동원해서 반대세력을 숙청 · 제거하였다. 따라서 북한 공산체제 내에서의 정치적 안정과 정통성이란 아무 의미가 없는 것이다.

그러나 민주주의는 개인들이 스스로 행위의 원칙을 내세워 행동하기 때문에 사람들은 일하는 즐거움과 성취감을 맛볼 수 있고, 성공과 실패에 대해 모두 개인이 책임을 지기 때문에 획일화되고 폐쇄화된 북한사회 안에서 보다는 소외현상이 적게 된다.

지금까지 살펴 본 자유민주주의체제와 북한 공산주의체제의 특징을 표로 제시하면서 다음과 같다.

구	분	자유 민주주의	북한 공산주의
이념적/윤리적측면	가치추구	정신적 가치 추구	물질적 가치 추구
	자연법칙	자연법칙에 순응	자연법칙 무시, 또는 말살
	휴머니즘	인권, 복지, 번영 추구	인권유린, 인간소외 현상
	사회특성	다원화된 개방사회	폐쇄적 통제사회
현실적/제도적측면	문제해결	평화적 방법으로 갈등 해소	군사적 방법으로 문제해결
	정치특성	다양한 가치 공존, 자율과 공정한 경쟁	단일의사와 단일세력 강조 1인에게 권력 집중

지난 60여 년간 대한민국의 역사는 현대 세계사에서 비견할 예를 찾기 힘들 정도로 큰 성공을 거두었다. 경제적으로는 6 · 25 전쟁의 참혹한 피해를 복구하고, 1960년대부터 고도의 경제성장을 이룩하여 1996년에는 선진국 경제단체인 OECD에 가입하였다. 한국의 국내총생산은 작은 영토와 빈약한 자원에도 불구하고 세계 10위권의 지위에 있으며, 이를 뒷받침하는 세계 1 ~ 5위 국제경쟁력을 자랑하는 산업들을 다수 확보하고 있다.

정치적으로도 선진적인 민주주의 질서가 정착하였다. 1987년까지 권위주의 정부를 거친 다음, 지금까지 평화적으로 정권이 교체되는 가운데 국민의 기본권이 선진국 수준으로 강화되었다. 지방자치제도도 착실히 운영되고 있다.

사회적으로는 가정과 사회에서 인간관계가 가부장적이고 집단주의적 무화에서 민주적이고 개인주의적 문화로 바뀌었다. 수많은 영리단체와 자선 · 우애 단체가 발달하여 정치로부터 상대적으로 자율적인 시민사회가 성립하였다. 문화적으로는 외래문화의 도입과 전통문화의 보존 · 개발을 통해 국민의 삶이 질적으로 더욱 다양하고 고급스러웠다.

이 모든 것은 대한민국이 자유민주주의체제를 수립하고 이를 발전시켜 왔기 때문에 가능했다. 해방 후 건국과정에서부터 내외의 공산주의 세력의 도전을 물리치고 국가의 이념과 기초제도를 자유민주주의로 확고히 하면서 이를 더욱 확대 발전시켜 왔던 것이다.

역사의 주체는 자유를 본성으로 하는 개별 인간이다. 역사는 그 인간들이 사랑과 신뢰로 결성하는 가족, 촌락, 학교, 회사, 공장, 교회, 우애단체의 역사에 다름 아니며, 나아가 이들 단체가 하나의 정치적 질서로 통합하는 국가의 역사인 것이다. 따라서 우리는 자유민주주의체제의 우월성에 대한 확신과 자부심을 견지한 바탕으로 북한 공산주의자들의 도전을 물리치고 대한민국을 지키는 그 역할을 다해야 할 것이다.

5. 올바른 민주시민

현대사회는 급격하게 변하고 있다. 하루가 멀다 하고 신기술이 출현하고, 인구와 도시가 폭발적으로 늘어가며, 새로운 조직과 제도가 생겨나고 있다. 현대인은 과도한 물질문명과 다양한 조직 생활 속에서 삶의 의미를 찾지 못하고, 무엇이 옳고 무엇이 그른지 판단하기 어려운 상황에 빠지기도 한다.

산업과 기술이 발달함에 따라 여러 가지 부작용들이 생겨나고, 다양한 이해집단의 출현은 사람들 사이의 공동체 의식을 약화시켜 새로운 도덕 문제들을 일으키고 있다. 특히, 개인과 집단 상호간에 대립과 갈등, 집단 이기주의 등 사회적 문제들이 발생하고 있고, 질서의식과 책임의식도 약화되고 있다.

또한 미디어 환경의 급격한 변화로 익명성을 악용한 스팸 메일, 거짓과 부정확한 정보의 확산은 감성적 비판문화를 확산시키고, 우리 사회의 합리적 이성과 신뢰까지 위협하는 일이 빈번해지고 있다. 이러한 상황에서 우리는 현대 시민사회의 구성원으로서 민주시민의식을 함양하는 문제는 정의롭고 살기 좋은 공동체를 지향하는 데 있어서 매우 중요한 과제임을 인식해야 한다.

이 장에서는 이러한 문제의식을 바탕으로 현대 시민사회의 특징과 민주시민의 기본정신을 살펴 본 후, 젊은이로서 민주시민의식을 어떻게 생활화할 것인지에 대해 논하고자 한다.

가. 현대시민사회와 민주시민

(1) 시민사회의 성장

시민사회가 등장하기 이전의 사람들은 주로 혈연이나 지연 등을 중심으로 공동생활을 영위하였고, 따라서 공동체의식을 자연스럽게 형성할 수 있었다.

그러나 18세기 이후 산업혁명[60]이 일어나면서 서구에서는 상공업의 발달과 함께 도시가 번창하고 이를 바탕으로 한 새로운 시민사회가 나타나기 시작하였다. 그리고 이러한 시민사회에서는 사람들이 이익과 손해를 분명히 따지는 이해 타산적인 생활모습이 나타나게 되었다.

산업혁명 이전에 서구 유럽의 여러 나라에서는 정치·경제적으로 봉건제도[61]를 타파하고 근대적 체제로 나아가려는 시민혁명이 일어났다. 시민혁명은 시민이 중심이 되어 특권을 가진 왕이나 귀족에 의해 모든 것이 이루어지던 정치제도를 없애고, 모든 사람이 주인이며 자유롭고 평등하다는 신념을 바탕으로 민주정치를 확립하려는 것이었다.

---

60) 산업 혁명(産業革命)은 18세기 중반부터 19세기 초반까지 영국에서 시작된 기술의 혁신과 이로 인해 일어난 사회, 경제 등의 큰 변혁을 일컫는다. 산업 혁명은 후에 전 세계로 확산되어 세계를 크게 바꾸어 놓게 된다. 산업 혁명이란 용어는 아놀드 토인비가 《Lectures on the Industrial Revolution of the Eighteenth Century in England》에서 처음으로 사용했다(출처 : 위키백과).

61) 봉건 제도(封建制度)는 고대 중국 및 중세 유럽 등에서 시행된 지방 행정 제도이자 정치·사회 체제이다. 중국과 유럽의 봉건제도는 일부 공통성이 있지만 서로 상이한 제도이나, 한자문화권에서는 유럽에서 시행되었던 Feudalism을 중국의 봉건 제도로 번역하여 같은 용어로 사용하고 있다. 중앙 정부가 지방을 직접 행정관을 파견하여 통치하는 중앙집권적인 군현제와 달리 중앙 정부는 수도와 일부 요충지만 직접 통치하고 다른 지방에는 제후나 영주를 임명하여 세습하여 다스리게 하는 제도이다(출처 : 위키백과).

이러한 시민혁명이 성취될 수 있게 된 것은 16세기 유럽에서 일어난 종교개혁에 의해 사람들이 좀 더 자유롭고 합리적인 생각을 할 수 있게 되었기 때문이다. 특히, 프랑스의 신학자 칼뱅(Jean Calvin, 1509. 7. 10. ~ 1564. 5. 27.)은 종교적인 입장에서 '근검, 절약과 기업정신'을 통해 사람들이 각기 자기가 맡은 일에 성실하고 최선을 다하여 재산을 모았다면 그것이 죄악이 아니라 신의 은총이라는 사상을 강조하여 자본주의 경제활동을 활발하게 하였다.

결국, 서구의 시민사회는 16세기의 종교개혁[62], 17세기의 시민혁명[63], 18세기의 산업혁명 등의 영향으로 형성되었다. 그리고 이러한 시민사회의 등장과 함께 서구에서는 이에 적합한 새로운 시민윤리가 발달하게 되었다.

이러한 서구 민주주의와 시민윤리가 우리나라에 도입된 지는 거의 얼마 되지 않은 일이다. 근대 개화사상가나 선각자들에 의해 서구의 민주주의 사상이 일부 도입되다가 8 · 15 광복 이후 대한민국 정부가 출범하면서부터 본격적으로 시도되었다.

---

62) 종교개혁(宗敎改革, 영어 : Protestant Reformation)은 1517년 마르틴 루터가 당시 로마 가톨릭 교회의 부패와 타락을 비판하는 내용의 95개조 반박문을 발표하여 시작된 사건으로, 부패한 교회를 성경의 권위와 하나님의 은혜와 믿음을 강조함으로써 새롭게 변혁시키고자 했던 신학운동이다. 종교개혁 운동의 결과, 기독교는 종교개혁 이전의 통칭 구교라고도 불리우는 로마 가톨릭교회와 동방정교회와 신교 혹은 개신교로 불리우는 루터교, 침례교, 성공회, 개혁교회, 장로회 등의 교파로 분리되었다(출처 : 위키백과).

63) 시민 혁명(市民革命)은 봉건제 또는 절대군주제를 타도하고 법률상 자유 · 평등한 시민계급이 지배하는 사회를 건설하는 정치적 · 사회적 변혁이다. 부르주아 혁명이라고도 부른다. 시민 혁명은 시민이 중심이 되어, 특권을 가진 왕이나 귀족에 의해 모든 것이 이루어지던 정치 제도를 없애고, 모든 사람이 주인이며 자유롭고 평등하다는 신념을 바탕으로 민주 정치를 확립하려는 데 그 목적이 있었다(출처 : 위키백과).

그러나 우리는 민주주의의 경험도 짧은데다가 급격한 경제발전을 이룩하려는 독특한 상황에서 서구의 시민윤리를 도입, 적용하는 과정에서 많은 어려움을 겪었다.

(2) 시민사회의 특징

원래 시민사회는 유럽에서 18~19세기에 성립한 사회를 의미했으나, 지금은 자유민주주의를 실천하고 있는 대부분의 나라에서 신분적 구속 없이 자유롭고 평등하게 살아가는 개인들이 모여 사는 사회를 뜻한다.

시민사회가 추구하는 가장 대표적인 민주주의의 이념은 인간의 존엄성이다. 인간의 존엄성은 사람을 가장 중요하게 생각할 뿐만 아니라, 모든 사람의 인권을 동등하게 존중한다. 『UN 세계 인권선언』에도 "사람은 누구나 날 때부터 자유롭고 동등한 존엄성과 권리를 가지고 있다."고 규정하고 있다.

이러한 이념을 갖춘 시민사회는 인간의 능력을 믿고 각자의 개성을 존중하는 다원사회로 나타난다. 사람들은 획일성을 강요하는 전체주의 사회와는 달리 개인의 가치관에 따라 자유롭게 생각하고 행동한다. 자신이 하고 싶은 일을 하고, 자신의 색깔과 목소리로 개성적인 삶을 살아가며 자신이 원하는 사회를 만들어가는 데 참여한다.

한편, 다양한 이해관계에 얽힌 개인과 집단들이 같이 모여 살면서 갈등과 대립을 일으키기도 한다. 사람들이 권리를 주장하는 정도가 지나치면 사회 전체가 혼란스러워지므로 권리의 남용과 충돌을 막을 책임과 의무가 필요하다. 그래서 시민사회에서는 법치주의를 통해 각 개인의 권리와 의무를 규정하고 국가의 권력에도 한계를 정하게 된다.

나. 민주시민의 기본 조건

(1) 생명을 존중하는 정신

생명이란 고귀한 것이다. 자신의 생명이 귀하다고 생각하는 사람은 내 생명이 고귀한 만큼 다른 사람의 생명도 소중하게 생각하고 나아가 자신을 존재하게 하는 생태계의 모든 생명체의 중요성을 알게 된다. 만일 세상 사람들이 자신의 생명만 귀하게 여기고 남의 생명을 가볍게 여긴다면, 우리는 이 세상에서 항상 공포에 떨며 살아야 할 것이며, 사회를 이루고 살 수도 없을 것이다.

그런데 최근 우리 사회는 어떠한가? 생명을 위협하는 범죄들이 사회 곳곳에서 일어나고 있다 납치, 유괴, 살인, 강간, 낙태 등 생명을 쉽게 앗아가고, 심지어는 마약에 중독되어 자신을 파멸시킬 뿐만 아니라 스스로 목숨을 끊는 자살을 선택하는 경우도 빈번하게 발생하고 있다. 사람의 생명은 그 무엇과도 바꿀 수 없는 존재인 것이다. 자신의 것이든 타인의 것이든 함부로 해치면 안 되는 천부적인 것임을 우리는 명심해야 한다.

이와 함께 우리는 사회의 잘못된 편견과 제도들을 개선하려는 노력도 병행해야 한다. 올바른 시민이라면, 모든 인간은 정당한 대우를 받아야 하며, 성별, 종교, 인종, 사회적 지위 등에 의해 차별받아서는 안 된다는 것을 알아야 한다.

또한 우리는 자신이 속한 집단만 잘 살면 된다는 이기주의적 자세를 버리고 지구상에서 굶주림으로 죽어가는 사람들, 지진과 수해 등으로 인해 고통 받는 사람들에게 관심을 가지고 도움으로써 인간에 대한 존중을 실천해야 한다.

나아가 사람의 생명이 소중한 만큼 모든 생태계의 모든 생명도 소중하다는 점을 인식하고, 자연을 사랑하고 환경을 보호하는 자세를 가져야 한다. 특히 환경 문제는 지구와 인류의 미래를 결정한다는 점을 명심해야 한다. 지구온난화로 인한 자연재해가 곳곳에서 발생하고 있는 현상을 보면서 환경은 인류생존의 절대적인 조건임을 알고 이를 가꾸고 지켜나가는 노력을 해야 할 것이다.

(2) 규범을 지키는 정신

우리가 규범을 지킨다고 하는 것은 다른 사람들과 조화로운 공동체를 어울리기 위한 기본 조건이다. 그렇다면 우리가 법이나 도덕 같은 규범을 지키기 위해서는 어떤 정신을 가져야 할 것인가?

첫째, 각 개인의 권리를 존중하고 누구나 평등하게 대우하는 정신을 들 수 있다. 모든 시민은 기본적인 권리를 누리는 동시에 다른 사람의 권리를 존중해야 한다. 우리가 자신의 권리를 다른 사람으로부터 침해당하는 것을 원하지 않는 것처럼 다른 사람의 권리도 함부로 침해해서는 안 된다.

둘째, 준법정신과 질서의식이 있어야 한다. 우리가 법과 질서를 지키는 것은 사회적 안정과 함께 더불어 사는 삶의 공동체를 유지하는데 있어서 무엇보다도 긴요하다. 많은 사람들이 모여 살고 사회가 복잡해질수록 질서는 필수적인 것이 되고, 그래서 인간은 사회적 존재로서 반드시 공중도덕을 지켜야 한다. 그러나 여러 가지로 복잡하고 개인의 이익을 중시하는 현대사회에서는 단순히 개인들의 양심에만 호소해서는 질서가 유지되기 어렵다. 그러한 한계를 보완하고 사회생활의 질서를 유지하기 위해 만들어 놓은 것이 법이다.

법은 국민들의 의견이 반영되고 모아져서 만들어진, 공동생활의 질서 유지를 위한 최소한의 도덕이다. 따라서 우리는 사회의 질서 유지뿐만 아니라 다른 사람들에 대한 배려를 위해 법을 준수하는 준법정신을 지녀야 한다. 준법정신이란 사회구성원들의 권리와 의무를 규정하고 상호간의 편안한 삶을 보장해 주는 법을 지키려는 마음가짐을 말한다.

셋째, 사회의 공공선을 위하는 정신이 필요하다. 우리는 개인의 이익을 추구하면서 동시에 사회 전체의 공익을 고려해야 한다. 이 둘 사이에 갈등이 발생할 경우 조정을 해 나가되, 그것이 어려울 경우 각 개인의 피해를 최소한으로 줄이면서 사회의 공익을 추구하는 방향으로 문제를 해결해야 한다.

(3) 책임과 의무를 다하는 정신

민주사회는 그 구성원들인 시민이 가급적이면 많은 자유를 누릴 수 있게 만들어진 사회이다. 자유란 스스로의 의지로 원하는 것을 선택할 수 있는 것을 말한다. 그러나 자유에는 반드시 책임이 따른다. 왜냐하면 나의 자유로운 행동이 주변의 다른 사람들에게 많은 영향을 끼치기 때문이다.

따라서 나의 자유만큼 다른 사람의 자유도 항상 생각해야 한다. 이렇게 다른 사람의 권리까지 생각하고 배려하는 것이 바로 책임의식의 출발점이다. 그리고 이러한 책임의식은 반드시 실천을 통해 완성되어야 한다.

다음으로, 우리가 어떤 행위를 하든지 항상 그 행위의 결과를 생각해 보고 행동해야 한다. 그래야만 자신의 결정에 따른 결과에 대해 책임지려는 의식도 생겨나는 것이다.

책임이 따르지 않는 자유는 방종이고 무질서이다. 또한 책임이 따르지 않는 권리주장은 사회적 갈등만을 증폭시킬 뿐이다. 엄밀한 의미에서 그것은 자유라고 할 수 없다. 각자가 맡은 일을 성실하게 수행하고 그 결과에 대해 겸허하게 책임지는 자세가 절실히 요구된다. 따라서 민주사회에서는 시민이 자유를 누리면 누릴수록 그에 따르는 책임이 커진다는 점을 인식해야 한다.

한편, 우리는 민주시민이자 국민의 한 사람으로서 헌법에 규정된 의무를 성실히 수행해야 한다. 국가에 충성하고 법을 지키는 것은 민주국가의 시민으로서 당연히 이행해야 할 기본적이고 일반적인 의무이다.

그리고 우리에게는 이러한 일반적인 의무 외에도 납세의 의무, 국방의 의무, 교육의 의무, 근로의 의무, 환경보전의 의무, 재산권 행사의 공공복리의 의무 등이 헌법에 명시되어 그 의무를 이행하도록 되어 있다. 이러한 의무들은 국가를 유지하고 성장 · 발전시키며, 국가구성원들이 더불어 살아가는 삶의 공동체를 만들어 나가는데 필수적인 요소로서, 우리는 이를 자발적으로 이행해야 할 것이다.

(4) 민주적 절차를 따르는 정신

우리 사회는 사람의 몸과 비슷하다. 사람의 몸에서 극히 작은 부분 하나라도 제 기능을 다하지 못하면 몸 전체가 제대로 움직일 수 없는 것처럼, 우리 사회도 각자가 자신의 역할과 책임을 다하지 못하면 제대로 유지되지 못한다. 그러면 우리가 사회의 여러 가지 문제에 참여하는 과정에서 지켜야 할 정신은 무엇인가?

첫째, 합리적 사고에 의한 자율성이다.

개인은 사회를 이루는 귀중한 하나의 존재로서, 한 사람의 올바른 사고와 판단은 사회적 결정을 이루는 기초가 된다. 따라서 그 과정은 자신의 자율적인 판단에 의해 이루어지되, 감정에 치우쳐 경솔한 판단을 하거나 흑백논리에 휩쓸려 합리적 사고를 무시해서는 안 된다.

둘째, 대화와 설득을 통한 타협의 정신이다.

이 정신은 이해관계가 복잡하게 얽혀 있는 현대사회에서 갈등을 조정하고 해결하는데 있어서 없어서는 안 될 중요한 요소이다. 정치적 갈등, 노사갈등, 세대갈등 등 우리 사회에서 발생할 수 있는 모든 문제를 풀어나감에 있어서 대화와 타협의 정신은 무엇보다도 존중되고 발휘되어야 한다.

셋째, 다수결의 원칙이 지켜지고 소수 의견도 존중하는 정신이다.

어떤 사회에서든지 간에 모든 사람들의 의견이 완전히 일치하기는 어렵다. 민주 사회에서는 다수의 의견을 존중하여 그것을 전체의 의견으로 보고 결정을 내린다. 투표가 그 대표적인 예다. 그러나 소수의 입장도 합리적일 경우 존중받아야 하며, 그래야만 조화로운 사회를 발전시켜 나갈 수 있다.

넷째, 관용의 정신이다.

민주시민은 자신의 이익만을 위하지 않고, 자신의 신념만을 우선으로 생각하지 않는다. 다른 사람도 나와 동등한 권리를 가지고 있고, 자기 나름대로 생각을 하기 때문에 타인을 존중해야 한다. 비록 나와 의견을 달리하더라도 그 사람을 너그럽게 받아들이고 인격을 존중함으로서 자기도 존중을 받게 된다.

결론적으로 대한민국의 청년들은 올바른 민주시민으로서 국가발전을 이끌어갈 미래의 주역이다. 따라서 청년들은 민주시민으로서의 품성을 갖추는 노력을 다해야 한다.

6. 통일조국의 미래

2015년은 우리민족이 광복된 지 70년이 되는 해이자 남북이 분단된 지 70년이 되는 해이다. 반만 년 배달의 겨레로, 그리고 1천년 이상 한반도에 단일민족국가를 구성하며 살아오던 우리 한민족은 분단과 전쟁으로 대립과 반목을 키워왔다.

그리고 이 순간에도 남북은 정전체제의 불안정한 질서 속에 휴전선을 사이에 두고 군사적 대치를 하고 있으며, 자칫 긴장이 고조될 경우 언제든 전쟁이 재발할 수 있는 상황에 놓여 있다.

그러나 그동안 분단체제를 극복하고 통일을 지향하는 노력이 없었던 것은 아니다. 1972년 『7 · 4 남북공동성명』[64]과 1992년 『남북기본합의서』[65]가 있었고, 2000년 『6 · 15 남북공동선언』[66], 그리고 『2007 남북정상선언』[67]도 있었다. 이로 인해 남북관계에 의미 있는 진전이 있었고 교류협력이

---

64) 7 · 4 남북 공동 성명은 1972년 7월 4일 대한민국과 북한 당국이 국토 분단 이후 최초로 통일과 관련하여 합의, 발표한 공동성명이다. 1972년 박정희의 지시로 이후락이 조선민주주의인민공화국에 파견되어 김일성과 만나 자주, 평화, 민족대단결의 3대 통일 원칙을 제정하였다(출처 : 위키백과).

65) 남북 기본합의서(南北基本合意書)는 1991년 12월 13일에 분단국가인 대한민국과 조선민주주의인민공화국이 한국의 재통일과 관련하여 합의한 뒤 이듬해 1992년 2월 18일 정식으로 효력을 발생시킨 문건이다(출처 : 위키백과).

66) 6 · 15 남북 공동선언은 2000년 6월 15일 평양에서 대한민국의 김대중 대통령과 조선민주주의인민공화국의 김정일 국방위원장이 정상회담을 통해서 발표한 공동 선언이다(출처 : 위키백과).

67) 남북정상회담에서 대한민국의 16대 대통령 노무현과 조선민주주의인민공화국 국방위원장 김정일이 합의한 선언이다. 흔히 10 · 4 남북정상선언 또는 2007 남북정상선언으로 불리며, 10 · 4 선언으로 간추리기도 한다(출처 : 위키백과).

확대된 것도 사실이다.

그러나 1999년 제1연평해전 → 2000년 6 · 15공동선언 → 2002년 제2연평해전 → 2011년 천안함 피격 · 연평도 포격 도발사건에서 보듯이 남북 간에는 정상들이 '평화'를 합의하고 선언해도 언제든지 '교전'이 일어날 수 있는 이중적 구조를 안고 있다.

우리에게 있어서 통일은 남과 북이 같은 역사와 문화를 공유해 온 같은 민족이라는 점 때문에 자칫 감상적이거나 정서적으로 다가오기가 쉽다. 그러나 한반도의 분단이 냉전(冷戰)이라는 냉엄한 국제질서 속에서 형성되었고, 북한이 대남적화전략을 포기하지 않고 있으므로, 냉철하고 현실적인 눈으로 통일문제를 바라보아야 한다.

따라서 본 장에서는 통일은 왜 필요하며, 외국의 통일사례에서 배울 교훈은 무엇인가? 지금까지 남북 간에는 통일을 위해 어떤 노력들이 있었으며, 바람직한 통일방향과 통일된 조국의 미래상은 어떠해야 하는지에 대해 살펴보고자 한다.

가. 통일은 왜 필요한가?

(1) 민족공동체 형성으로 대결구도 청산

우리에게 통일은 무엇을 의미하는가? 5천년 동안 민족적 · 역사적 · 문화적 동질성을 강하게 갖고 있는 우리 민족의 특성으로 볼 때 지난 70여년의 역사는 매우 비정상적이고 왜곡된 상태임은 분명하다. 70여년에 걸친 남북분단은 민족구성원간 상호 불신, 반목과 갈등을 부추기며 민족통합을 저해하는 주된 요인이 되어 왔다.

1992년 2월 19일에 발효된 『남북사이의 화해와 불가침 및 교류·협력에 관한 합의서』[68] 전문에도 "남과 북은.....나라와 나라 사이의 관계가 아닌 통일을 지향하는 과정에서 잠정적으로 형성되는 특수 관계라는 것을 인정"한다고 명시하였다. 이는 남북한이 함께 하나의 민족에 토대한 국가사회를 지향한다는 것을 합의한 것이다.

그러나 현실은 이러한 합의와는 동떨어져 있다. 무엇보다도 오늘날 한반도의 현실은 지난 세월 동안 적대관계의 역사 속에 겹겹이 쌓여 있는 기억들에 의해 철저하게 규정되고 있다. 6·25전쟁이라는 동족상잔을 통해 300만 명 이상이 죽고, 크고 작은 충돌을 수없이 경험했으며, 국제무대에서 같은 민족이라는 사실이 무색할 만큼 적대적인 대립관계를 이어오면서도, '통일을 지향하는 특수 관계'라고 천명했던 것이다.

이러한 남북관계의 특수성과 이중성을 감안할 때 통일에 의한 민족공동체의 건설로 완성되지 않으면, 교류와 협력을 하면서도 언제든지 대결구도로 회귀할 수 있는 불안정한 상태에 있다. 따라서 통일은 분단으로 굴절된 역사를 바로잡고 민족의 역량을 극대화하는 조화로운 민족공동체를 구현시킬 것이다.

(2) 민족적 정체성 확보

미완의 민족국가를 통일로 완성함으로써 민족의 정체성을 회복하는 것도 우리가 통일을 지향하는 또 하나의 이유다. 그런데 민족적 정체성은 5천년이라는 역사적 공간과 시간 속에 공유해 온 언어 및 문화·관습을 통해 형성되어 온 것인데, 우리는 지난 70여 년간 각기 다른 체제와 이념 속

---

68) '남북사이의 화해와 불가침 및 교류 협력에 관한 합의서'는 남북한 당국 간에 체결, 발효된 합의문서로서 국가 간의 조약에 준하지 않는다(출처 : 위키백과).

에서 분단국가로 살아오면서 5천년이라는 시·공간적 공유가 무색할 정도로 서로 다른 생활양식과 가치관을 갖게 되었다.

비록 언어와 역사, 상징의 동질성을 견지하고 있으면서도 세계관을 포함한 문화적 측면에 대해서는 상이한 해석과 정서를 갖는 두 개의 민족이 형성되었다고 볼 수 있을 정도로 극심한 이질화(異質化)를 초래한 것이다.

따라서 통일을 이루어 민족적 정체성을 회복하되, 남북한만이 아니라 세계 각국에 흩어져 있는 교포들까지 확대하여 이를 기반으로 세계 속에 뿌리내리는 문화민족으로서 자긍심을 세워 나가야 한다.

(3) 무한경쟁시대에서 민족생존과 번영 추구

우리에게 있어서 통일은 선택이 아니라 민족생존과 번영을 위해 필요한 민족사적 과업이라고 할 수 있다. 세계는 국익을 위해 무한경쟁체제로 질주하고 있는 가운데 같은 민족끼리 대결상태를 지속하면서 분단체제로 질주하고 있는데, 같은 민족끼리 대결상태를 지속하면서 분단체제로 남는다면 국가적·민족적 경쟁력은 발휘할 수 없고 우리가 꿈꾸는 선진화된 일류국가를 구현할 수도 없다.

통일은 한반도에 단일 경제권을 형성시킴으로써 내수시장의 확대와 함께 남북한 인적·물적 자원의 상호보완성을 높여 경제의 효율성을 가져올 것이다. 남북이 통합된 한반도는 대륙과 해양을 연결하는 교량의 역할을 수행하며 동북아 시대의 번영을 주도할 것이다.

바야흐로 우리나라는 '발전과 통합'의 시대정신을 바탕으로 '선진화를 통한 세계 일류국가' 건설이라는 국가비전을 실현하기 위해 앞으로 전진하고 있다. 이를 바탕으로 민족의 평화적인 통일을 실현함으로써 21세기 무한경쟁 시대에 우리 한민족이 생존함은 물론, 평화와 번영을 누려나가야 할 것이다.

(4) 인도적 차원에서도 통일은 필요하다.

한반도에는 남북분단과 6·25전쟁으로 인해 1천만 이산가족이 발생하였고, 그중 고령자들은 하나 둘씩 세상을 떠나고 있는 상황에서, 반세기가 넘도록 생사를 알지 못하는 이산가족들의 한을 풀어주는 것이야 말로 가장 우선적이고 시급한 과제이다.

따라서 통일이 이루어지기 전까지는 생사확인, 서신교환, 상봉행사, 화상면회 등 다양한 방법으로 교류의 폭을 넓혀 나가되, 궁극적으로는 통일을 통해 이산가족의 문제를 완전하게 해결해야 한다. 만성적인 식량난에 따른 북한사회의 기아와 빈곤을 해결하는 문제 역시 인도적인 차원뿐만 아니라 북한주민의 인권적 측면에서도 시급히 해결해야 할 과제이다. 이는 단순히 세계식량계획(WFP : World Food Programme)의 대북지원만으로 해결될 수 없는 북한사회의 구조적인 문제이다.

이는 결국 탈북자를 양산함으로써 한중간 외교적인 문제뿐만 아니라 남북간에도 불필요한 소모전을 낳게 하고 있다. 최소한의 사회적 안전망조차 만들지 못한 북한체제에서 우리의 동포들이 신음하고 있는 현실을 더 이상 외면하는 것은 같은 민족으로서 도리가 아니며, 이 또한 통일을 실현함으로써 해결이 가능하게 될 것이다.

따라서 통일은 이산가족 문제와 북한주민의 생활고, 그리고 탈북자 문제 등 민족 내부의 문제들을 근원적으로 해결할 수 있는 시대적 소명이라고 할 수 있다.

나. 외국의 통일 사례 및 교훈

(1) 역사적으로 본 외국의 통일 사례

분단된 국가가 통일된 사례로는 예멘과 독일, 그리고 베트남을 들 수 있다. 예멘은 처음에는 남북 예멘 간 합의에 의해 연방제 형태로 통일했으나, 종국에는 자본주의 체제의 북예멘이 사회주의의 남예멘을 무력으로 흡수통일 하였다.

독일과 베트남의 경우는 서로의 이념과 체제의 상이함을 대화와 타협이 아닌 자본의 힘과 무력을 통해서 해결한 경우라고 할 수 있다. 그러나 독일이 평화적인 방식으로 국제사회의 지지를 통해서 흡수통일을 이룩한 경우라면, 베트남은 북베트남이 무력을 동원하여 전쟁으로 남베트남을 강제 통합시킨 경우이다.

통일된 국가의 체제를 보면, 독일은 자본주의 서독이 공산주의 동독을 흡수한 결과로, 전 독일에 걸쳐서 자본주의의 확대를 가져 온 통일이었으며, 예멘도 2차 통일이 무력을 통해 북예멘이 남예멘을 제압함으로써 자본주의적인 북예멘의 제도가 전 예멘에 걸쳐 확립되었다. 반면에 베트남은 공산주의 북베트남이 자본주의 남베트남을 제압함으로써 사회주의를 확립한 예에 속한다.

(2) 우리가 배울 교훈들

앞에서 살펴 본 것처럼 베트남과 예멘(2차통일)[69]은 무력에 의한 통일

---

69) 예멘은 과거에 오스만 제국으로부터 독립한 북예멘(예멘 아랍 공화국)과, 영국으로부터 독립하여 사회주의 국가가 된 남예멘(예멘 인민 민주 공화국)으로 분리되어 있었다. 1990년에 양측의 합의로 통일정부가 구성되었으나, 얼마 후 권력분배에 관한 갈등이

이었는데, 이는 전쟁의 상흔을 안고 살아가는 우리 민족이 선택할 방식은 아니다. 그렇다고 해서 독일통일처럼 급작스럽게 이루어진 흡수통일도 최선의 방책은 아니다.

다만 여기서는 독일통일이 전쟁에 의하지 않고 이루어졌다는 점, 그리고 통일독일의 체제가 민주주의와 시장경제를 취하고 있다는 점에서 우리에게 시사하는 바가 크며, 또한 통일 이후의 독일의 모습에서 우리가 교훈으로 삼아야 할 것이 무엇인지에 대해 살펴보는 것도 의미 있는 일일 것이다.

1989년 11월 9일 베를린 장벽이 붕괴되고 나서 1990년 10월 3일 독일이 국가적 통일을 이룩하는 데는 1년도 걸리지 않았다. 분단 45년이 지난 뒤 독일은 갑작스럽게 정치적 통일을 이룬 것이다.

통일을 이룩한 독일은 대외적으로 국가의 입지가 크게 향상되었다. 그러나 분단으로 갈라져 있던 민족이 하나가 되었다는 기쁨도 잠시였을 뿐, 안으로는 많은 후유증을 앓을 수밖에 없었다. 체제의 통일이 이루어졌다고 통일이 완료되는 것은 아니다. 45년간 이질적인 체제에서 살아온 동서독 주민들이 같은 민족이라고 해서 하루아침에 동화될 수는 없기 때문이다.

우선 구동독의 사회주의 경제체제를 자본주의 시장경제체제로 전환하는데 많은 어려움이 따랐다. 구동독의 산업시설은 그야말로 낙후되어 마

촉발하여 내전으로 비화했다. 내전은 군사력에서 우위에 있던 북예멘 군대가 남예멘의 수도 아덴을 점령하며 북예멘의 승리로 끝나, 비로소 완전한 통일이 이루어졌다. 하지만 통일된 지 22년 만에 내부갈등으로 인해 재분열의 조짐이 보이고 있다.[1] 2013년 1월 14일에는 예멘 남부에서 분리독립을 요구하는 대규모 시위가 벌어졌다(출처 : 위키백과).

치 제2차 세계대전 이전의 공업박물관과도 같았다. 서비스 부문은 거의 발달되지 못했고, 도로나 운송체계, 전화나 통신체계 같은 산업 인프라도 근본적으로 현대화해야만 되었다.

이런 상황에서 구서독은 구동독 지역의 경제를 재건하고 구서독의 사회보장제도를 구동독에 확대 실시하며 증가하는 실업률을 줄이기 위한 노력 등으로 막대한 규모의 통일기금을 고스란히 부담하지 않을 수 없었다.

구동독 지역의 생활환경 개선을 위한 노력도 중요한 분야였다. 통일될 당시 구동독 지역의 생활환경 파괴는 유럽에서 최악의 상태였다. 물, 토양, 대기 중 어느 하나 제대로 된 것이 없었다. 강과 하천의 경우 당지 3퍼센트만 생태학적으로 온전했을 뿐 42퍼센트는 생물학적으로 완전히 죽었고, 36퍼센트는 심각하게 오염된 상태였다.

통일 후유증은 경제나 체제에만 국한되지 않는다. 사회생활, 문화, 성격과 언어 등 여러 가지 측면에서 구서독과 구동독 주민은 많은 차이점을 드러내었다. 베를린 장벽이 무너졌는데도 통일 이후 독일 국민들은 정서적으로 또 하나의 '베를린 장벽'을 마음속에 쌓고 있었다.

구서독의 막대한 투자와 독일인들의 노력으로 점점 나아지고 있지만, 통일을 대비하는 우리 민족에게 있어서도 독일 통일의 경험은 유사한 경험이 될 수도 있다. 어떠한 형태로 통일이 되더라도 침체된 북한경제와 북한주민들의 참담한 삶을 외면할 수 없을 것이기 때문이다.

통일은 분단의 끝이긴 하지만 통합의 시작이라는 또 다른 측면을 가지고 있다. 물론 분단된 국가가 하나로 된다는 점에서 민족사적 의의가 크지만, 통일된 국가 안에서 발생 가능한 갈등을 미리 예측하고 철저히 대비하는 자세가 필요하다.

다. 우리의 통일정책 추진과정

(1) 남북적십자회담 및 7 · 4남북공동성명

박정희 대통령은 조국 근대화를 통일의 첩경이라고 주장하였으며, 따라서 통일보다는 근대화를 보다 상위의 목표로 내걸었다.

그러나 1970년대 초반 미 · 중의 화해와 신 데탕트 분위기 속에서 남북한도 직접 대화와 협상을 하게 되었고, 1971년 8월 우리 측의 제의에 따라 정전협정 체결 28년 만에 『남북적십자회담』이 개최되면서 인도적 분야에서 남북대화가 시작되었다.

이후 남북한은 고위 당국자간의 비공개 접촉과 방문을 통해 1972년 7월 4일 분단 이후 최초의 남북 간 합의문서인 『7 · 4 남북공동성명』을 발표하였다.

그러나 이 당시 통일정책은 일정한 근대화의 기반 하에 북한과의 경쟁을 공식화하고 대화와 협상을 인정하는 데까지 나아갔지만, 남북 각기 정치적인 상황 때문에 더 이상 추진되는 못했다.

(2) 남북기본합의서

제6공화국은 1987년 6월 항쟁 이후 국민들의 직접선거로 출범한 만큼, 이전의 정권보다는 정통성의 시비에서 상대적으로 자유로울 수 있었고,

이는 통일정책에서도 보다 적극적인 자세를 가능케 하였다. 또한 1980년대 말부터 불어 닥친 동유럽 사회주의권 대변혁의 물결과 냉전체제의 해체라는 유리한 객관적 대외환경을 맞이하게 되었다.

그리하여 노태우 대통령은 1988년 『7 · 7 선언(민족자존과 통일번영을 위한 특별선언)』을 통해 북한을 선의의 동반자로 간주하고 상호교류와 이산가족 문제, 교역의 민족내부화 및 국제무대에서의 협력 등을 제시하였다. 나아가 1989년 9월에는 통일의 중간단계로서 '남북연합'을 담고 있는 『한민족공동체 통일방안』[70]을 발표하였는데, 여기서 통일의 원칙으로는 자주 · 평화 · 민주를, 미래 통일국가상으로는 자유 · 인권 · 복지사회를 제시하고 있다.

우리 정부는 북한으로 하여금 협상에 나서도록 하여, 8차례에 걸친 고위급(총리급)회담을 통해 1991년 12월 3일 역사적인 『남북사이의 화해와 불가침 및 교류협력에 관한 합의서(남북기본합의서)』와 『한반도 비핵화를 위한 공동선언』이 채택되었으며, 체육교류 및 이산가족 상봉, 적십자회담 등이 계속 이어졌다.

『남북기본합의서』에서는 남북한 화해 · 불가침 · 교류협력이 한민족의 공동번영을 위한 과정임을 전제하고 남북관계 개선과 평화통일을 향한 기본 틀을 제시하였으며, 『한반도 비핵화 공동선언』[71]은 1980년대 중반 이

---

70) 한민족공동체통일방안은 1989년 9월 11일 대한민국의 국회에서 노태우 대통령 특별선언을 통해 발표되었다. 1982년 발표된 '민족화합민족민주통일방안'을 보강한 것이다. 자주, 평화, 민주를 3대 원칙으로 한다. 발표 당시 조선민주주의인민공화국의 연방제 통일안에 가장 근접시켰다는 평가를 받았다.
김영삼과 김대중의 통일안도 노태우의 통일안과 거의 차이가 없다. 세 사람은 1987년 헌법 제정 당시 8인 위원회의 멤버였으며, 노태우는 김영삼과 김대중의 의견을 많이 수용했었다. 통일안도 헌법안 처럼 세 사람이 거의 차이가 없다(출처 : 위키백과).

후 점증하는 북한의 핵무기 개발 의혹에 대한 우리 정부의 해결 노력의 일환으로써 북한이 핵안전조치협정에 서명하고 국제사찰을 회피하지 않고 핵을 포기하도록 유도하였다.

『남북기본합의서』의 채택은 7 · 4남북공동성명 이후 보다 구체적인 남북한의 통일에 대한 원칙과 내용을 담고 있는 역사적인 사건이라고 할 수 있으며, 이후 통일운동의 기본적인 원칙이 되었다는 점에서 커다란 성과라 할 수 있다.

그러나 이러한 소중한 합의는 북한의 거부로 시행되지 못했고, 1992년부터 대두된 북한의 핵문제로 남북관계는 경색국면으로 이어졌다.

(3) 민족공동체 통일방안

한편, 문민정부 출범 시 김영삼 대통령은 '어느 동맹국도 민족보다 나을 수는 없다.'라는 요지의 취임사를 통해 민족의 이익을 우선적으로 놓고 통일문제를 풀어 갈 것을 천명하고, 이후 '한민족공동체 통일방안'의 기초 위에서 『민족공동체 통일방안』을 제안했다.

---

71) 1980년대에 소련의 서기장 미하일 고르바초프는 '개혁', '개방'을 주장하고 이에 추진하였고, 당시 공산권 국가들이 점차 붕괴되기 시작하고 있었다. 그렇게 냉전체제가 해체됨에 따라 조선민주주의인민공화국에도 변화가 일어나게 되었다. 이에 따라 대한민국 노태우 정권은 공산권국가들과 외교 수교를 맺는등 이른바 '북방외교' 정책을 추진하였는데 이 과정에서 1990년에 남북한 고위급 회담을 가졌다. 1991년 9월에는 남북한이 유엔에 동시에 가입하였다. 이를 배경으로 12월에는 남북한 기본합의서를 채택하게 된 것이다. 이 기본합의서의 주요사항은 남북한 상호 체제인정과 상호불가침, 남북한 교류 및 협력 확대안이 특징이다. 1992년 9월 16일부터 9월 17일까지 열린 제8차 남북고위급회담에서 양측은 남북합의서 이행과 관련한 3가지 부속합의서에 합의했다. 3가지 부속합의서는 남북화해의 이행과 준수를 위한 부속합의서, 남북불가침의 이행과 준수를 위한 부속합의서, 남북교류협력의 이행과 준수를 위한 부속합의서이다(출처 : 위키백과).

이 방안은 통일을 단계적인 과정으로 나누고, 첫 단계로서 화해 · 협력 단계, 둘째 단계로서 남북연합 단계, 마지막 단계로서 통일국가를 상정하였고, 공존 · 공영 · 공리의 통일 3대 기조를 내세움으로써 3단계 3기조 통일방안으로 불리기도 한다.

그러나 이러한 통일방안의 진전에도 불구하고, 남북정상회담을 앞두고 김일성의 갑작스런 사망(1994.7.8.)과 이후 김영삼 정부의 대북강경책, 미 · 북간의 첨예한 핵 공방 등 내외적 여건으로 실천되지 못하였다.

(4) 대북화해협력정책 및 평화번영정책

국민의 정부는 집권 초기부터 통일의 달성보다는 남북관계 개선이 우선적으로 실천되어야 한다는 시각에서 일병 '햇볕정책'이라는 『대북화해협력정책』을 추진하였다.

이 정책은 통일정책이라기 보다는 북한을 상대하는 '대북정책'으로서의 성격을 가진다. 즉, 통일은 일단 먼 미래의 일로 남겨두고 당면의 과제를 우선적으로 해결해 가는데 주안점을 두었던 것이다. 그리고 그것은 '평화 · 화해 · 협력'의 실현을 통한 남북관계의 개선과 분단의 평화적 관리를 목표로 하고 있음을 의미했다.

김대중 대통령은 대북정책 3원칙을 천명하였는데, 그것은 '무력도발 불용 · 흡수통일 배제 · 화해협력 적극 추진' 등이다. 구체적인 추진방향으로 남북기본합의서의 이행과 실천, 정경분리 원칙에 입각한 남북경협의 활성화, 이산가족 문제의 우선적 해결, 대북지원, 경수로 지원사업을 설정하였다.

국민의 정부의 대북정책은 비교적 일관성 있게 추진되어 왔고, 마침내

2000년 6월 13일부터 15일까지 평양에서 역사적인 제1차 남북정상회담을 개최하여 『6 · 15남북공동선언』을 발표하게 되었다. 남북한의 두 정상이 서명한 공동선언은 통일문제, 이산가족과 비전향 장기수 문제, 경제협력, 당국 간 대회 및 김정일 위원장 답방 등에 대한 남북한 간의 합의를 담고 있다.

남북정상회담 이후 다양한 분야에서 남북 당국 간의 대화가 진행되었다. 장관급회담, 적십자회담, 경제협력추진위원회 등 대화가 진행되면서 남북한 간의 실질적 문제들이논의되고 실천방안들이 모색되었고, 특히 분단이후 최초로 남북의 최고 군사당국자들이 만나 국방장관회담을 개최하기도 하였다(2000. 9. 24 ~ 26. 제주). 이후 남북군사실무회담을 개최하여 경의선과 동해선을 연결함으로써 반세기 동안 끊어졌던 민족의 혈맥을 다시 잇고, 개성공단 건설과 금강산 관광이 시작되는 계기를 마련하였다.

국민의 정부에 이어 2003년 출범한 참여정부는 이전의 대북화해협력정책을 계승하여 통일 · 외교 · 안보 분야 전반을 포괄하는 『평화번영정책』을 제시하였다.

평화번영정책은 '한반도 평화증진과 공동번영 추구'를 목표로, 대화를 통한 문제해결, 상호신뢰우선과 호혜주의, 남북당사자 원칙에 기초한 국제협력, 국민과 함께하는 정책 추진 등 4가지 원칙을 내세웠다.

2007년 10월 2일부터 4일까지 평양에서 개최된 남북정상회담에서 『2007남북정상선언(남북관계 발전 및 평화번영을 위한 선언)』이 발표되었다. 이 선언문을 통해 남북은 상이한 체제에 대한 상호존중을 토대로 정치, 군사, 경제, 사회문화, 인도주의, 외교 등의 영역에서 통일을 위한 공동사업들을 추진한다는데 합의하였다. 정상회담 이후 평양에서 제2차 국방장관회담을 개최하여 남북 군사적 신뢰구축 및 긴장완화 방안에 대해 논의하였다.

이명박 정부의 대북정책은 북한이 핵을 포기하고 개방에 나서면 대북투자를 통해 북한의 1인당 국민소득을 10년 후 3000달러로 끌어올린다는 '비핵 · 개방 · 3000 구상'으로 추진했다. 그러나 대체로 이명박 정부의 대북정책은 참여정부, 국민의 정부보다 보수적인 것으로, 야당 측에 의해 '대북 강경 정책'이라는 명칭이 사용되기도 했다.

이처럼 남측이 비핵 · 개방 · 3000을 강력하게 주장하자 북측에서는 이에 반발하여 로동신문을 통해 이명박 대통령을 '역도'로 표현하며 천안함 폭침사건, 연평도 포격도발, 해상 미사일발사, 개성공단 남한 당국자 추방, 금강산 관광객 피살 사건이 발생하면서 남북관계가 더욱 악화되었다

라. 상생과 공영의 대북 정책

(1) 남북관계의 미래와 비전

(가) 북한의 변화와 남북관계 발전

남북관계에 있어서 가장 핵심적인 문제는 북한 핵 문제이다. 이 문제가 해결되지 않고는 진정한 의미의 평화가 오기는 어렵다. 평화가 보장될 때 남북관계의 성숙한 발전을 기대할 수 있는 것이다. 북한이 핵을 포기하고 국제사회의 책임 있는 일원으로 행동할 때 경제회복이 가능하고, 북한주민의 행복도 추구할 수 있다. 북한은 우리 정부를 상생의 협력자로 대우하고 남북경제협력에 호응해야 한다. 북한이 핵을 포기하고 이러한 발전적 변화를 추구한다면 남북관계를 한 단계 도약시키는 계기가 될 것이다.

(나) 상생과 공영의 남북관계 발전

또한 북한의 핵 폐기와 남북 간 군사적 긴장완화를 실현하여 상생과 공영의 남북관계를 발전시켜 나갈 것이다. 이는 북한의 핵 폐기 과정에 상응하여 북한의 경제발전과 국제사회와의 협력을 지원하기 위한 구상이다. 이를 통해 북한의 자립경제 실현을 돕고 우리 경제의 선진화에도 기여하는 남북관계를 정립해 나갈 것이다. 남북한이 호혜적 협력관계를 구축함으로써 상생하고 공영하여 주민들의 행복을 추구해야 한다.

(다) 한반도 평화통일의 실질적 토대 구축

정부는 분단된 조국을 정치적 · 인위적인 접근이 아닌 실용주의적 접근을 통해 한반도의 새로운 평화구조를 창출하고자 한다. 20세기의 의제인 '냉전구조의 해체' 논리를 극복하고, 급변하는 21세기 전략 환경 변화에 적극 대처하여 '새로운 평화구조 창출'과 '통일의 비전'을 논의해야 할 시점이다.

1994년 국민적 합의에 의해 만들어진 '민족공동체 통일방안'을 계승하면서 화해와 협력, 평화공존, 점진적 통일을 지향해 나가야 한다. 한반도 평화통일의 기반을 다지기 위해서는 이념의 틀에 갇힌 좁은 시각을 지양하고 포괄적이고 열린 시각에 입각하여 국민여론의 통합과 국제사회와의 공조를 확보해 나가야 한다.

(2) 대북정책 추진원칙

(가) 실용과 생산성

남북관계는 이념의 잣대가 아니라 실용의 잣대로 풀어가면서 남북관계 발전과 평화증진 노력을 일관성 있게 추진해 나가야 한다. 즉 실용과 생산성을 판단하기 위한 구체적인 기준은 국민들이 동의하는가? 북한주민의 삶의 질 향상에 실질적으로 기여하는가? 비용 대비 성과가 있는가? 북한의 발전을 촉진하는가? 평화통일에 기여하는가? 등이다.

(나) 원칙에 철저하되, 유연한 접근

북한의 핵은 반드시 폐기되어야 하고, 진정성 있고 내실 있는 대화를 추진한다는 원칙을 철저하게 지키되, 접근방식은 현실을 고려하여 유연하게 해 나갈 것이다.

(다) 국민 합의

정책의 전 과정에서 다양한 형태의 국민 참여가 이루어지도록 한다. 국민의 의견을 폭넓게 수렴하고 국민적 합의에 기반하여 정책을 추진해 나가는 것을 의미한다. 즉 국민에게 최대한 정보를 공개하고 대북정책을 투명하게 추진해 나간다는 것이다.

(라) 국제협력과 남북협력의 조화

현실적으로 한반도 문제는 남북문제인 동시에 국제문제이다. 따라서 남북협력이 국제협력과 조화를 이루도록 하는 것이 중요하다. 특히 북핵문제가 발생한 이후에는 국제사회와의 협력이 더욱 중요해졌다.

6자회담을 통해 북핵문제를 평화적으로 해결하도록 노력하고, 아울러 남북관계가 북핵문제의 해결을 촉진하도록 한다. 국제사회가 우리의 통일을 지지하고 협력할 수 있도록 국제사회와의 신뢰를 쌓아나간다는 것이다.

(3) 중점 추진과제

(가) 진정성 있는 남북대화

남북대화는 문제를 해결하는데 실질적인 도움이 되어야 한다. 한반도 비핵화와 평화정착, 남북 경제공동체 형성, 민족 동질성 회복, 인도적 문제에 이르기까지 모든 현안 문제들을 대화로 풀어나갈 것이다. 또한 상호 존중과 비방 금지 등을 통해 서로 존중하는 회담문화를 정착시켜 나가고 이러한 토대 위에서 남북대화를 통해 정치적 신뢰를 쌓아나갈 것이다.

(나) 한반도의 평화정착

한반도 평화정착을 위해서는 무엇보다도 북핵문제가 평화적으로 해결되어야 한다. 이를 위해 남북관계가 6자회담의 진전을 지원하고 또 6자회담의 진전이 남북관계를 이끄는 선순환 구조를 만들어 나갈 것이다.

또한 확고한 안보를 바탕으로 군사적 긴장완화와 신뢰구축을 이루는 것도 중요하다. 자주 국방력을 강화하고 한미동맹을 튼튼하게 구축하며 주변국과의 협력을 증진시킴으로써 우리의 안보를 굳건히 지켜나갈 것이다. 확고한 안보를 기초로 정치 · 군사 · 경제 · 사회문화 등에 걸친 포괄적 긴장완화와 상회 신뢰구축을 추진해 나갈 것이다. 국토의 효율적인 이용을 막고 있는 비무장지대를 평화적이고 친환경적으로 활용하기 위한 노력도 전개해야 한다.

그리고 평화통일을 지향하는 새로운 평화구조를 만들어 나갈 것이다. 새로운 평화구조란 남북한이 진정성 있는 대화, 생산성 있는 교류협력 관계를 통해 만들어 가는 상생과 공영의 한반도 질서를 의미한다. 따라서 상생과 공영의 남북관계 발전과 국제협력을 토대로 한반도의 냉전구조를 종식하고 항구적인 평화를 정착시켜 나갈 것이다.

(다) 상생과 호혜의 남북경협

이제 남북 간 경제협력은 질적 도약을 모색해야 할 시점이다. 현재 진행 중인 경제협력 사업은 불합리한 점을 개선하면서 추진해야 한다. 즉 남북경협사업은 북핵문제의 진전, 경제적 타당성, 재정부담 능력, 국민합의의 네 가지 원칙에 따라 진행해 나갈 것이다.

'한반도 신뢰프로세스'는 박근혜 정부의 대북정책 중의 하나로 튼튼한 안보를 바탕으로 남북 간 신뢰를 형성함으로써 남북관계를 발전시키고, 한반도에 평화를 정착시키며, 나아가 통일의 기반을 구축하려는 정책이다. 특히 북한 핵문제의 진전에 따라 북한이 국제사회의 변화와 세계화의 흐름에 잘 적응할 수 있도록 돕고, 비핵화에 따라 북미, 북일 관계 정상화를 지원하면서 북한이 국제사회와 교육할 수 있는 환경을 조성할 것이다.

(라) 사회 · 문화 교류 활성화

남북 간 다양한 교류와 접촉은 서로에 대한 이해를 높이고 신뢰를 쌓아가는 통일의 밑거름이 될 것이다. 우리 고유의 역사와 문화, 학술, 종교, 체육 등 다양한 분야에서 소통과 교류를 높여 민족공동체 의식을 일깨워 나가는 것이 필요하다. 정부는 진행되고 있는 남북 간 교류를 정례화하고 제도화해 나가는 한편, 남북 당국 간 협의체를 구성하여 민간 차원의 사회 · 문화교류의 통로를 열어주고 안내함으로써 남북교류협력이 안정적으로 발전해 가도록 할 것이다.

(마) 인도적 문제해결

이산가족 · 납북자 · 국군포로 등 인도적 문제는 남북이 분단된 지 60년이 넘은 현재가지도 해결되지 못하고 있다. 이산가족 문제의 경우, 매년 3천~4천명의 이산가족이 유명을 달리하고 있어 무엇보다도 시급한 과제이다. 따라서 이산가족 상봉행사를 늘리고, 이 문제를 근본적으로 해결하기 위해 생사 · 주소 확인과 상봉의 전면적 실시, 서신교환, 고향방문 등을 단계적으로 추진해 나갈 것이다. 국군포로 · 납북자 문제도 자국민 보호라는 관점에서 우선적 과제로 추진해 나갈 것이다.

한편, 대북지원은 북한 주민들의 인도적 상황을 개선하기 위한 사업으로 동포애와 인도적 견지에서 추진해 나갈 것이다. 북한에 심각한 식량위기, 재난 등이 발생한 경우에는 국민적 합의를 바탕으로 적극 추진해 나가되, 다만 인도주의적 지원의 취지에 맞도록 분배의 투명성을 제고해야 할 것이다.

마. 통일조국의 미래상

(1) 사회 · 문화적 통합으로 민족적 정체성 회복

우리가 바라는 통일이 평화적이고 남북 양 사회의 발전적 수렴을 전제로 하는 것이라면, 제도적 통합 못지않게 민족구성원들의 심리적 · 상징적 통합의 과정도 중요하다. 독일 통일 직후의 과정에서 나타난 것처럼 남북간에도 심각한 정서적 · 문화적 괴리가 형성되면 내부적 갈등과 혼란을 치유할 수 없는 상처를 안겨줄 위험이 있다.

또한 이러한 사회문화적 혼란은 정치적인 불안정과 경제적인 비용도 증가시킴으로써 결과적으로 체제통합에 있어서도 부작용을 낳게 한다. 따라서 남북한의 통합은 서로가 공유할 수 있는 역사적 전통과 문화에 대한 올바른 인식과 함께 새로운 전통을 창조하는 과정에서 가능해 질 수 있다. 새로운 전통의 창조는 남북한이 공유하는 가치, 의식, 습관 등과 함께 중요하게는 민주시민의식의 확립과 사회적 시민권의 보장 등을 통해서 가능할 것이다.

(2) 세계화 · 정보화시대의 한민족공동체 건설

21세기 세계가 급속히 하나의 지구촌을 향하여 정치, 경제, 문화적인 문호를 개방하는 시대로 접어들면서, 한 민족이 한 영토 안에서 거주함을 원칙으로 하는 전통주의 · 민족주의적 국가의식도 이제는 발전적으로 수정되어야 한다.

따라서 통일 이후의 한민족 공동체를 건설하는 것도 한반도에 거주하고 있는 남북한 동포들만으로 국한되어서는 안 되며, 세계 각국에 거주하고 있는 해외교포들까지도 포함시켜야만 진정한 의미에서 한민족 공동체를 만들 수 있다. 한민족 공동체론은 전 세계에 흩어져 있는 한민족 성원들을 하나의 민족이라는 동질성과 교포의식에 기반해서 정서적으로 연대시키는 것이며, 나아가 그 같은 정서적 연대의 토대위에 세계화시대에 공동 대처하는 협조체제를 형성하는 것이다.

(3) 자유와 복지를 보장하는 선진 복지국가 구현

우리가 원하는 통일국가의 미래상은 민족 구성원 모두에게 자유와 복지 그리고 인간의 존엄성을 보장하는 선진 일류국가가 되는 것이다. 통일국가는 구성원들의 자율성과 창의가 존중되며 정치적 · 경제적 자유가 보장되는 사회이어야 한다. 또한 민족의 총제적 역량이 발현된 선진경제를 기반으로 풍요의 혜택이 구성원 모두에게 골고루 돌아가는 복지국가를 구현해 나가야 할 것이다.

지금까지 우리는 통일이 왜 필요하며, 외국의 통일사례에서 무엇을 교훈으로 도출할 것인지, 역대 우리정부는 어떠한 통일정책을 추진해 왔으며, 현재 우리 정부가 추진하고 있는 대북정책 방향은 무엇인지, 그리고 우리가 기대하는 통일조국의 미래상은 어떠해야 하는지에 대해 살펴보았다.

우리는 이미 88서울올림픽과 2002월드컵 4강 신화, 2008 베이징 올림픽 세계 7위 도약 등을 통해 대한민국의 잠재력을 유감없이 드러내 보였고, 민족통일을 향한 열정도 세계인들에게 각인시켜 준 바 있다.

이제 우리 민족에게 있어서 통일은 20세기에 일어난 분단의 불행을 21세기에 청산하고 새로운 시작을 알리는 민족사적 사건으로서, 새로운 도약의 발판을 마련해 줄 것이다 .이러한 민족사적 대전환기를 맞아 모든 민족구성원들의 힘을 결집하는 것이 진정한 한반도 통일의 숙원을 해결하는 첫 과정이 될 것이다. 그러나 통일이 우리 민족에게 절실한 염원이고 시대적 과제인 만큼, 이를 냉철하게 바라보고, 철저하게 준비하는 막중한 과제가 놓여 있다는 점을 한시라도 간과해서는 안된다. 통일은 거저 주어지는 것이 아니기 때문이다.

특히, 통일을 준비하는 역사적 책무 앞에서 국민은 정부를 믿고 국론을 통일하며, 군은정부의 정책을 힘으로 뒷받침함은 물론 한반도에서 어떠한 형태의 물리적 충돌 또는 전쟁이 발생하지 않도록 확고한 억제력을 확보하는데 혼신의 노력을 다해야 한다.

전쟁억제력은 적과 싸워 이길 수 있는 능력을 우리가 보유할 때 발휘된다. 단순히 의지만 가지고 되는 것은 아니다. 싸워 이기겠다는 의지와 함께 이를 물리적으로 뒷받침할 수 있는 군사적 능력이 있어야만 보다 군건한 군사대비태세를 완비할 수 있는 것이다.

II

안보관

1. 개 요

5천년 한반도의 역사를 통해서 볼 때, 우리 민족은 평화를 사랑했지만 시대적 상황에 따라 국가안보를 소홀히 했을 때마다 여지없이 주변 강대국들의 침략을 받았었다. 그 때마다 조국을 지킨 수많은 선조들의 희생으로 우리는 지금의 영광을 누리고 있지만 호시탐탐 대한민국을 노리는 북한 공산주의 세력과 주변 강대국들의 이해관계가 뒤얽혀 현재도 한반도의 안보상황은 그리 녹록하지 않다. 특히 수도 서울과 그 주변에 2천만의 인구와 정치 · 경제 · 문화 등 국가의 주요한 기능이 집중되어 하시라도 북한의 공격에 취약한 지리적 상황을 갖고 있는 현실에서 최근 국민들은 안보는 뒷전이고 오로지 생업에만 매달리고 있다. 즉 국가안보는 강 건너 불구경 하는 식의 안보불감증이 사회 저변에 널리 퍼져 있다.

민주정치는 여론정치라고 하듯이 여론은 안보정책에 중대한 영향을 미친다. 안보정책은 여론의 지지를 받아야 하고 문민통제의 원칙에 따라 국민의 대표들에 의해 군대가 이끌어지기 때문이다. 따라서 국민들은 안보문제에 관심을 가져야 하고 잘 알아야 한다. 그래야 사회적으로 건전한 안보여론이 형성되고 국가안보를 책임지고 관리할 능력이 있는 대통령과 국회의원들을 선출할 수 있다. 안보가 무너지면 가장 큰 피해자는 국민들이기 때문에 국민이 국가안보의 풀뿌리가 되어야 한다는 것이다.[72)]

따라서 본 장에서는 국가안보란 무엇인지 그 개념과 영역 등 이론적인 면을 우선 살펴보고, 21세기 안보환경으로부터 6·25전쟁, 북한군과 그들의 끊임없는 도발, 그리고 한미동맹의 역사와 미래를 통해 안보관을 확립하고자 한다.

---

72) 김충남·문충보, 『민주시대 한국 안보의 재조명』(서울 : 오름), 2012, p. 7.

2. 국가안보에 대한 이론적 기초

가. 국가안보의 개념과 대상[73)]

국가안보란 국가안전보장의 줄임말로서 어원적으로 '한 국가가 국내외의 위협으로부터 자유로운 상태'를 의미한다. 국방대학원(1991)에서 발간한 『안보관련 용어집』에 따르면 안전보장(security)이라는 말은 라틴어의 'se'와 'Curitas'의 복합어로서 'se'는 영어로 'free from' 즉, '무엇으로부터 자유로운 상태'를 뜻하고, 'Curitas'는 '걱정, 근심이 없는 자유로운 상태'를 의미한다.

그러나 상술한 국가안보에 대한 정의는 안보대상에 대한 위협과 취약성으로부터 자유만을 의미한다는 점에서 소극적 정의이다. 이에 반하여 적극적인 의미의 국가안보는 국가의 존립요소에 대한 위협의 배제뿐만 아니라 국가의 존립요소를 강화·발전시킬 수 있는 능력과 기회에 대한 자유(freedom to)를 의미한다(황병무, 2004).

구체적으로 국가안보를 정의한다면 '국내외의 위협으로부터 국가가 자유로운 상태' 및 '국가의 존립요소를 강화·발전시킬 수 있는 능력과 기회에 대한 자유'라는 의미 속에 국가안보의 개념과 대상, 그리고 범위와 성격이 포함되어 있다고 하겠다.

일반적으로 안보의 개념은 협의의 해석과 광의의 해석 또는 소극적인

---

73) 길병옥·박재필·조차현, 『국가안보론』(대전 : 충남대학교출판문화원), 2013, pp. 12 ~ 20.

정의와 적극적인 정의가 가능하다. 즉 외부의 군사적 위협에 대한 국가안전보장이라는 소극적인 협의의 개념을 적용하는 학파와 군사적 위협과 더불어 인간 및 환경위협에 대한 안보를 총괄하고 국가발전이라는 적극적인 광의의 개념을 따르는 학파 등이 그것이다(길병옥, 2010).

국가안보의 개념과 대상, 범위, 성격을 규명하기 위해서는 먼저 언급한 국가안보의 소극적 정의와 적극적 정의에 포함되어 있는 '위협', '국가', '자유', '국가존립요소' 등에 대한 개념을 이해하는 것이 중요하다. 그러한 다음에 단어에 대한 정리된 개념을 중심으로 국가안보의 개념과 대상, 범위, 성격 등을 규명하고자 한다.

(1) 위협

위협의 사전적 의미는 어떤 대상에 대해 으르고 협박한다는 것이다. 이를 군사적 측면에서 적용하면 가상 적의 공격기도, 군사적 능력, 국제환경으로 인해 받는 심리적인 긴장상태를 의미한다. 이러한 위협의 의미를 국가 간의 관계에 적용하면 한 국가가 대상국가에 대해 어떠한 수단을 가지고 으르고 협박하여 심리적인 긴장상태를 불러일으키는 상태라 정의 할 수 있다.

위협은 일국의 국가안보정책을 결정하는데 중요한 기본요소로 작용하여 왔고, 국가간의 힘의 정치에 기초한 패권항쟁을 목표로 하는 외교정책 수행에 있어서 유용한 수단으로서 이용되어 왔다. 특히 제2차 세계대전 후의 냉전체제하의 핵전쟁의 공포 속에서 생긴 핵 억제사상의 근간은 작은 전쟁에서 핵전쟁에 이르는 단계적 확대의 위협을 최대로 유지하는데 있으며, 이 위협을 미 · 소 강대국이 서로 보증하는 MAD(상호확증파괴)전략 등도 고안되어 왔다(이종학 · 길병옥, 2009).

그러나 일반적으로 억제력으로 억제력의 근저에 있는 것은 핵뿐만 아니라 침략에 대해서는 전쟁도 불사하겠다는 강한 의사와 자세에 있다. 이러한 의사와 자세에 의해 침략자가 생각하는 위협이 억제력으로서 작용하며 이 때문에 '위협의 신뢰성'을 어떻게 항상 확보할 것인가가 국가생존을 건 정책의 핵심이 되어왔다.

미국과 구소련의 외교·안전보장정책이 그러하였다. 따라서 냉전시대에 양 진영은 위협의 배경과 설정, 규모, 지향목표, 효과측정 등의 연구에 힘을 기울였으며 위협의 균형과 안정에 노력하였다.

위협의 원천인 힘의 최대기본요소는 군사력이었기 때문에 끝이 없는 군비확산과 경쟁에 빠지게 되며 정부의 엄청난 비용부담으로 작용한다. 때문에 국가재정의 파탄과 지역 군사적 기술의 경이적인 진보의 영향을 받아 억제사상도 크게 변용하게 되었다. 예를 들면, 걸프전쟁과 북한 핵 의혹에 대한 미국 중심의 군사력 행동과 제재는 이른바 위협론에 기초하고 있다.

(2) 국가

국가란 통치조직을 가지고 일정한 영토에 정주(定住)하는 다수인으로 이루어진 단체를 의미한다. 즉 일정한 지역(영토) 내에 거주하는 사람들로 구성되고, 그 구성원들에 대해 최고의 통치권을 행사하는 정치단체이자 개인의 욕구와 목표를 효율적으로 실현시켜 줄 수 있는 가장 큰 제도적 사회조직으로서의 포괄적인 강제단체이다(하정열, 2009).

국가의 역사는 인류의 역사와 그 궤를 함께 할 만큼 오래되었다. 국가가 하는 일은 시대마다 달라 그 형태에 있어서는 정형화 되어 있지 않지만 국가를 구성하는 요소는 변함이 없다. 국가의 어원은 스타토(stato)로 15세기 이탈리아의 도시국가를 가리키는 말이었는데 마키아벨리가 『군주론』(1513)[74]에서 사용한 이후로 각국에서 사용하게 되었다.

일반적으로 국가는 영토, 국민, 주권이라는 세 가지 요소에 의하여 정의된다. 이와 같은 어원으로 미루어 볼 때, 국가란 말은 대체로 동일민족을 중심으로 해서 형성되기 시작한 근세국가의 명칭으로 쓰인 것이라고 할 수 있지만 국가의 역할과 형태는 각 시대별 사람들의 생각과 통치형태의 변화에 따라 고대도시국가, 로마제국, 몽고제국, 중세 봉건국가, 근세 전제군주국가, 근대 자유주의국가, 현대 사회주의 국가 등 다양한 모습으로 발전했다.

국가의 역할과 관련하여 소극적 의미에서 오직 국민의 재산과 안전을 지키는 일만을 해야 한다는 야경국가론과 적극적 의미로 국민의 행복과 편안한 생활을 위한 노력을 강조하는 복지국가론으로 크게 대별되는데 오늘날 국가라는 개념은 일반적으로 모든 종류의 정체(政體)를 지니는 단체를 포괄해서 국가라 한다.

(3) 자유

자유는 여러 뜻을 가진 개념으로서 다양하게 정의된다. 그러나 자유는 일반적으로 무엇을 하는 데에 있어서 소극적으로는 외적인 강제 혹은 구속을

74) 당시 피렌체의 참주인 메디치에게 헌정하는 성격의 책으로, 교황 알렉산데르 6세의 사생아인 체사레 보르자를 군주의 모델로 지향했다. 군주의 자질로 권력에 대한 야심과 의지, 용기를 제시하여 정치적인 몰인정과 냉혹함을 군주가 사용할 수 있는 수단의 하나로 인정하였다. 당시 프랑스와 스페인의 침입과 정치적 간섭에 직면한 이탈리아의 도시국가에게 통일 이탈리아를 해결책으로 제시하면서 이탈리아 통일을 위해 강력한 군주가 필요하다고 주장하였다(출처 : 위키백과).

받지 않는 상태, 적극적으로는 자기의 의지에 따른 선택 · 결정이 가능한 상태를 의미한다. 한편 칸트[75]는 이성이 자신의 법칙에 따르는 것을 자유라고 하였는데 자유에 대한 다양한 견해를 종합하면, 자유는 선택과 결정의 주체인 인간의 의지에 따르는 행동이 외적 속박이나 타아(他我)의 의지에 의해서 제약받지 않고 행하여진다는 것을 의미하는 것으로 정의가 가능하다.

이러한 자유에 대한 정의에 상술한 위협과 국가의 정의를 더하면 국가가 대내외의 위협으로부터 자유로운 상태란 선택과 결정의 주체인 국가가 정책을 결정하거나 수행함에 있어 외부의 특정국가로부터 으르거나 협박에 의해 국가의 의지가 심리적 속박이나 제약을 받지 않고 행해지는 상태를 의미한다고 할 수 있다.

(4) 국가의 존립요소

국가의 존립요소는 국가의 구성요소와 동일시된다. 국가의 구성요소는 국가의 이념, 국가의 물리적 기반 및 통치를 위한 제도를 의미한다. 따라서 국가의 존립요건은 첫째, 인구와 영토 같은 물리적 기반 둘째, 이 기반을 통치하기 위한 제도 셋째, 국가의 정통성을 구성원 마음에 심어줄 수 있는 이념 및 국가를 다른 사회집단으로부터 구별해 주는 크기와 주권이 있어야 한다(황병무, 2004).

---

75) 임마누엘 칸트(Immanuel Kant [ɪ'ma： nu̯e： l kant][*], 1724년 4월 22일 ~ 1804년 2월 12일)는 근대 계몽주의를 정점에 올려놓았고 독일 관념철학의 기초를 놓은 프로이센의 철학자이다. 칸트는 21세기의 철학에 까지 영향을 준 새롭고도 폭 넓은 철학적 관점을 창조했다. 그는 또한 인식론을 다룬 중요한 저서를 출간했고, 종교와 법, 역사에 관해서도 중요한 책을 썼다. 그의 탁월한 저서 중 하나인 《순수이성 비판》은 이성 그 자체가 지닌 구조와 한계를 연구한 책이다. 이 책에서 칸트는 전통적인 형이상학과 인식론을 공격하고 있으며, 칸트 자신이 그 분야에 공헌한 점을 부각시키고 있다. 그가 만년에 출간한 다른 주요 저서에는 윤리학을 집중적으로 다룬 《실천이성 비판》과 미학, 목적론 등을 연구한 《판단력 비판》이 있다(출처 : 위키백과).

상술한 국가의 존립요소에서 국가의 이념은 조직 이데올로기와 통상 민족으로 지칭되는 구성원을 가진다. 국가는 이데올로기를 사용하여 국가의 구성원인 국민들로 하여금 국가의 권위에 복종하도록 설득한다. 이러한 측면에서 국가의 핵심적인 존립요소인 국가의 이념은 국가의 일체성과 목적을 유지하는 기반이라 할 수 있다.

국가의 이념이 약하거나 반대 이데올로기가 강하면 혁명이나 내란이 발생할 가능성이 높아지고 그 결과 국가는 소멸될 수 있다. 국가의 물리적 기반은 국가가 영유하고 있는 지역적 범위를 의미하며 통상 영토 · 영해 · 영공으로 구성된다. 영토 · 영해 · 영공은 국가권력의 발동 범위로서 국내법상으로는 영역의 보전이 중요시되는 한편 국제법상으로는 각 국가의 타 국가에 대한 영역불가침의 의무가 확립되어 있다.

국제연합 헌장은 "모든 연합국은 어떠한 국가의 영역보전이나 정치적 독립에 대해서도 무력으로 위협하거나 무력을 행사할 수 없다"고 규정하고 있다(유엔헌장 2조 4항). 그러나 영토 · 영해 · 영공은 점령이나 병합, 분리에 의해 항상 위협을 받는다. 국가 간 상호승인과 국제법상 국가의 물리적 기반에 대한 영역불가침이 의무가 되어 있는 오늘날까지도 지속적으로 영토와 이를 둘러싼 바다와 하늘의 영유권을 둘러싼 분쟁이 계속되고 있다는 점에서 국가의 영토와 부속 해역과 공역이 일정치 않고 가변적임을 보여주고 있다. 이러한 측면에서 국가의 물리적 기반은 국가존립의 기초가 된다.

국가통치제도는 국가의 강제력을 배경으로 국가의 질서와 안정을 도모하는 입법, 사법, 행정부 등 전체 정부조직과 이 운영에 기초가 되는 규범의 복합체를 의미한다. 그런데 이 규범의 복합체는 공권력을 수반하는 법률에서부터 정치제도, 경제제도, 교육제도, 가족제도, 종교제도와 막연한 약속과 같은 습속(習俗)이나 관습에 이르기까지 광범위하다. 이 규범은 국가와 사회질서의 유지에 핵심적 기능을 수행한다. 따라서 국가통치제도는 국가존립의 핵심적인 요소이다.

나. 국가안보의 영역

안보의 영역은 전통적 안조와 비전통적 안보의 개념으로 구분할 수 있다. 전통적 안보개념은 안보주체로서 국가를 중심에 두고 군사적 수단측면을 초점에 두면서 국가생존의 절대성을 강조한다. 이러한 측면에서 전통적 안보분야는 정치 · 외교 · 군사안보가 중심을 이룬다.

이에 반하여 비전통적인 안보개념은 전통적 안보개념에서 강조되던 국가와 군사영역, 안보가치의 절대성이라는 개념에서 비국가, 비군사적 영역과 안보가치의 상대성과 보편성을 강조하는 다른 양상의 안보개념 경향을 통칭한다. 따라서 비전통적 안보개념에서는 전통적인 안보영역에서 국가의 안보를 보장하는 수단으로 강조되던 군사안보 외에 공동안보 및 협력안보의 유용성에 주목한다. 비전통적 안보분야는 정치 · 외교 · 군사안보 이외의 문화 · 환경 · 과학기술 · 정보안보 등 다양하고 확장된 안보영역을 의미한다.

구 분	전통적 안보개념	비전통적 안보개념
행위주체	국 가	국가 / 비국가
안보영역	군사영역	군사 / 비군사 영역
안보가치	절대성	상대성, 보편성
안보유형	군사안보	공동안보, 협력안보

출처 : 전통적 · 비전통적 안보개념의 비교 (함택영 · 박영준, 2010)

탈냉전 이후 다양하게 확장된 안보영역의 개념을 정리하면 다음과 같다.

먼저 전통적 안보인 정치 · 외교 · 군사안보는 국가존립에 대한 위협이 부재한 상태를 의미한다. 한국 정치안보의 핵심은 한국의 존립과 안정이다. 앞에서 이미 언급한 바와 같이 국가의 존립요건은 국가의 이념과 통치조직, 물리적 기반으로서 국민과 영토이다. 이러한 관점에서 보면 한국의 정치안보의 대상은 헌법에 규정된 한국의 국가이념과 통치조직, 국민과 영토로 규정되며 이 세 가지의 존립과 안정이 정치안보의 핵심이 된다.

비전통적 안보영역인 사회 안보는 국민의 활동공간인 사회적 정체성에 대한 위협의 부재이며, 환경안보는 환경 · 인간 · 문명이 환경파괴라는 위협으로부터 안전한 상태를 말한다. 경제안보는 복지와 국력의 적절한 수준을 유지하는데 필요한 자원 · 금융 · 시장의 접근에 대한 위협과 취약성이 없는 상태를 의미하며 과학기술 · 정보안보는 국력증대에 필요한 과학기술 · 정보 발전을 저해하는 위협이나 취약성으로부터 자유로운 상태를 말한다(황병무, 2004).

다. 국가안보와 헌법

헌법은 국가의 통치 조직과 통치 작용의 기본원리 및 국민의 기본권을 보장하는 근본 규범이다. 한국의 헌법은 1948년 7월 17일에 제정되었고 9차례 개정되었으며 전문과 총강(總綱), 국민의 권리와 의무, 국회, 정부, 법원, 헌법재판소, 선거관리, 지방자치, 경제, 헌법 개정의 10장으로 나누어진 전문 130조와 부칙으로 되어 있다. 헌법은 국가 존립요소가 모두 포함되어 있다는 점에서 국가안보의 개념 · 대상 · 범위를 이해하는 매우 중요한 근거가 된다.

국내의 헌법학자와 헌법재판소들 역시 국가안보의 개념과 관련하여 다양한 정의를 내리고 있는데 "국가의 안전보장이란 국가의 존립, 헌법의 기본질서 유지 등을 포함하는 개념", "국가의 독립과 영토의 보전, 헌법과 법률의 규범력, 헌법기관의 유지 등 국가적 안전의 유지"등이 그것이다(김철수, 2011).

또 다른 국가기관인 헌법재판소는 구가안보의 대상과 범위와 관련하여 "헌법 제37조 2항에서 기본권 제한의 근거로 제시하고 있는 국가안전보장의 개념은 국가의 존립, 헌법의 기본질서의 유지 등을 포함하는 개념으로서 결국 국가의 독립, 영토의 보전, 헌법과 법률의 기능, 헌법에 의하여 설치된 국가기관의 유지 등의 의미로 이해 될 수 있을 것이다"라고 해석하고 있다(헌법재판소, 1992. 2. 25. 선고 89헌가 104 결정).

상술한 헌법학자들과 헌법재판소의 견해에 따르면 국가의 존립, 헌법의 기본질서 유지가 국가안보의 핵심적 대상이 된다. 국가의 존립은 다른 말로 하면 국가구성요소의 존립을 의미하므로 국가의 구성요소인 국가의 이념, 국가의 물리적 기반인 인구와 영토, 통치를 위한 제도는 국내외의 위협으로부터 보호해야 할 국가안보의 핵심적 가치라 할 수 있다.

대한민국 헌법은 전문에서 "우리들과 우리들의 자손의 안전과 자유와 행복을 영원히 확보할 것을 다짐 한다"라고 명시하여 국가안보를 대한민국이 추구하는 최고의 가치로 표현한 바 있으며, 이와 동시에 헌법 제3조에 "대한민국의 영토는 한반도와 그 부속도서로 한다" 제66조에 대통령의 책무와 관련하여 "대통령은 국가의 독립 · 영토의 보전 · 국가의 계속성과 헌법을 수호할 책무를 진다"고 하여 국가안보의 전통적 개념으로서 정치 · 외교 · 군사안보가 국가안보의 핵심적 영역임을 밝히고 있다.

또한 헌법은 다른 한편으로 비전통적 안보영역도 국가안보의 핵심적 영역임을 나타내고 있는데 헌법 제10조에 "모든 국민은 인간으로서 존엄과 가치를 가지며, 행복을 추구할 권리를 가진다. 국가는 개인이 가지는 불가침의 기본적 인권을 확인하고 이를 부장할 의무를 진다"의 조항과 헌법 제11조의 "모든 국민은 법 앞에 평등하다. 누구든지 성별 · 종교 또는 사회적 신분에 의하여 정치적 · 경제적 · 사회적 · 문화적 생활의 모든 영역에 있어서 차별을 받지 아니 한다"는 조항이 그것이다. 헌법 제10조와 제11조는 전통적인 안보개념인 정치안보와 비전통적 안보개념인 경제 · 사회 · 문화안보의 핵심가치를 언급한 것이다.

이외 헌법은 경제안보의 기본가치와 과학기술 및 정보안보의 핵심가치에 대해서도 언급하고 있는데 헌법 제9장 제119조 대한민국의 경제 질서 및 균형 있는 국민경제의 성장 및 안정, 적정한 소득의 분배, 유지, 경제의 민주화에 대한 내용과 헌법 제124조 건전한 소비행위, 헌법 제127조 과학기술의 혁신과 정보 및 인력개발 등에 관한 내용이 그것이다. 국가안보의 영역이 전통적 안보영역에서 비전통적 안보영역으로의 확장되고 있다는 것은 그만큼 국가안보에 대한 개념정립과 국가안보를 달성하기 위한 제 방책수립이 쉽지 않음을 의미한다.

지금까지의 국가안보에 대한 개념과 대상 범위에 대한 논의를 종합하면 국가안보의 구성개념은 국가, 위협, 안보역량이다. 이 중 국가는 전통적으로 안보대상이며 국가의 구성요소가 국민, 영토, 주권임을 고려할 때, 이 세 가지는 국가안보의 직접적인 대상이 되는 것이다. 이 안보대상을 위협하는 요인은 정치, 외교, 군사안보 등 전통적 영역뿐만 아니라 사회, 경제, 문화, 환경, 과학기술 및 정보안보 등 비전통적 영역에서 비롯된다. 안보역량은 안보분야의 상호 조화와 연계를 통한 통합적인 힘을 구축하는데 발휘된다는 점에서 국력과 동일시 할 수 있다. 결국 국력은 국가의 존립요소에 대한 위협의 배제뿐만 아니라 국가의 존립요소를 강화, 발전시킬 수 있는 능력이라는 점에서 국가안보의 핵심수단이다.

라. 안보란 왜 중요한가?[76)]

예를 들어 몸이 허약하여 병에 잘 걸리는 사람은 자신의 건강관리를 소홀히 하고 있을 뿐 아니라 넓은 의미에서 자기안보(self-security)에 실패하고 있다고 볼 수 있다. 이렇게 안보란 개념은 만약에 있을지도 모르는 최악의 상황에 철저히 대비하는 것이다. 따라서 그 개념상 보수적인 의미를 지니고 있으며, 국가의 생존이 걸린 사활적 이익(survival interests)이기 때문에 어떠한 유연성도 개입할 공간이 없다고 할 수 있다.

우리가 잘 아는 이솝 우화 가운데 '늑대와 양치기 소년' 이야기를 보면, 양치기 소년의 여러 차례에 걸친 거짓말에 마을 사람들은 짜증이 나고 소년을 불신하게 됐는지 모른다. 그러나 실제로 늑대가 나타났을 때, 마을 사람들은 양치기 소년의 "늑대가 나타났다"는 외침을 듣고 그 말을 믿지 않았다. 그 결과는 참혹했다. 마을의 양들은 모두 늑대의 밥이 되고 만 것이다. 어린이를 상대로 하는 이 우화가 안보와 관련하여 지니는 교훈은 심대하다. 이 우화는 늑대라는 외부의 적이 존재한다는 조건은 항상적(恒常的)인 것이기 때문에 양치기 소년의 장난이라는 변수가 개입한다고 하더라도 마을 사람들은 항상 늑대의 공격에 대비하고 있어야 한다는 시사점을 던져주고 있다. 아울러 양치기 소년까지도 경계해야 할 안보의 대상으로 간주할 수 있다. 즉 내부의 분열세력으로 규정할 수 있기 때문이다.

---

76) 김충남 · 문충보, 『민주시대 한국 안보의 재조명』(서울 : 오름), 2012, pp. 19 ~ 23. 재구성.

국가안보(national security)도 마찬가지다. 앞서 설명한대로 국가안보란 '국가가 대내외적인 위협으로부터 보호받는 안전한 상태'를 말한다. 국가안보는 일차적으로 국가를 구성하고 있는 핵심적인 국가이익을 국내외 위협으로부터 지키는 것이다. 국가이익은 국가가 반드시 지켜야 할 정치적 · 경제적 · 사회문화적 핵심가치를 말한다.

요컨대 안보의 존재이유는 생존에 대한 열망에 기인한다. 국가의 생존을 가장 확실하게 보장하기 위해서는 수세적인 방어보다는 공세적인 안보전략을 수립해야 한다. 국가의 생존이 보장되지 않는다면 자유, 경제적 번영, 복지 등과 같은 가치들은 사실상 의미가 없기 때문이다. 따라서 국가안보의 개념을 보다 적극적으로 해석할 때, 우리 헌법에서 규정하고 있는 자위권의 내용은 더욱 확대 해석될 필요가 있다.

특히 외부의 위협뿐만 아니라 내부의 위협에 대해서도 적극 대처할 필요가 있다. 국민통합을 저해하고 국민 안보의식의 혼란을 조성하는 불온세력의 위해로부터 국가와 사회를 안전하게 보존하려는 노력이 필수적이라는 것이다.

보통사람들은 '안보'하면 '나와는 상관없는 일이다'라는 반응을 보이는 것이 일반적이다. 먹고 살기도 바쁜데 그런 것까지 신경 쓸 여유가 없다는 것이다. 또한 평화 속에서 성장한 젊은 세대들은 안보하면 '딱딱하다', '수구꼴통이다'는 부정적인 인식이 강하다. 그러나 안보는 결코 일반 국민과 상관없는 일이 아니다. 또한 안보는 수구니 보수니 하는 이념과는 무관한 것이다. 모든 나라에서 당연히 중시돼야 할 '이념을 초월한 가치'라는 것이다.

안보가 무너지면 우리의 생명과 재산이 위협받는 등 모든 것이 끝장난다. 경제적으로도 엄청난 타격이 온다. 당장 주식시장이 폭락하고 외국자본이 이탈하는 등 경제에 치명타가 된다. 주택가격도 폭락하고 환율도 급등하며 물가가 뛰어올라 모든 사람이 경제적으로 고통 받게 된다. 유학간 자녀들에 대한 송금부담도 급증하게 된다.

안보위기는 전쟁이 터졌을 때 가장 극단적으로 발생한다. 예컨대 6 · 25 전쟁 당시에는 민간인 사망자, 행방불명자, 부상자가 한국에서만 100만 명이 넘었다. 군대에서 사망하거나 부상당한 군인도 수십만에 달했다. 주택을 비롯하여 모든 가재도구가 불타버린 경우도 많았다. 학교가 불타서 어린이들이 야외교실에서 수업을 했고 철도와 도로 등이 파괴되었기 때문에 그로 인한 고통도 이만저만이 아니었다. 그리고 대다수 국민들이 인구가 가난으로 고통 받았다. 임진왜란 7년 전쟁 동안에는 조선의 인구가 4분의 1쯤 줄어들었다고 한다. 왜군에 의해 살해되고 굶어 죽고 병들어 죽었기 때문이다. 병자호란 당시에는 수십만이 포로로 잡혀 노예로 팔려 나갔다. 이처럼 안보가 무너지면 무구보다도 보통사람들이 희생의 대상이 된다.

그럼에도 불구하고 우리 국민들의 안보의식은 매우 안일하다. 2013년 안전행정부에서 전국 19세 이상 성인남녀 1000명과 청소년(중 · 고생) 1000명을 대상으로 실시한「국민 안보의식 여론조사」결과를 보면, 우리 안보와 직접 관련이 있는 전쟁 발발 가능성에 대해 대다수 국민들(성인 71.7%, 청소년 55.7%)은 전쟁이 발발할 가능성이 낮은 것으로 평가하고 있다.

[6.25와 같은 전쟁 재발 가능성]

(단위 :%)

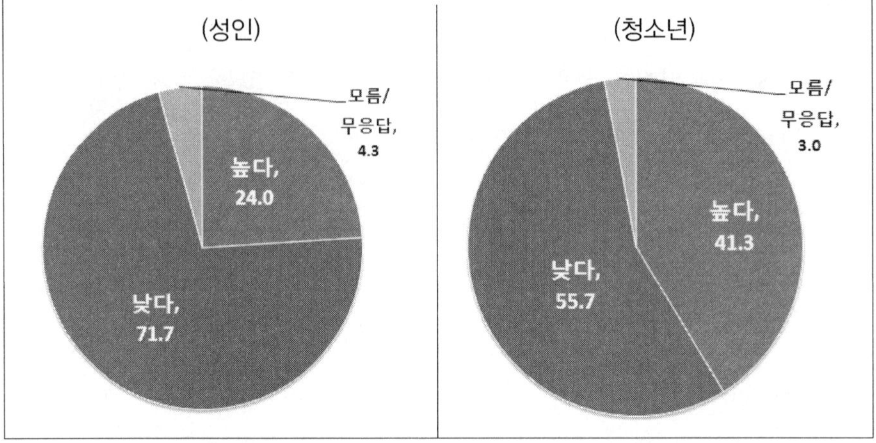

출처 : 2013 국민 안보의식 여론조사 (안전행정부, 리서치 앤 리서치, '13. 6)

'시대가 어떤 시대인데 한반도에서 전쟁이 벌어지겠는가'라는 국민 대다수의 안일한 안보의식을 잘 보여준다. 하지만 연일 우리를 국지적 도발로 위협하고 있는 북한의 행태와 이에 대한 무감각해진 국민들의 모습을 볼 때, 마치 '늑대와 양치기 소년'의 우화와 같아서 마음 속 한 구석은 늘 불안함을 떨 칠 수가 없다.

전쟁의 발발 가능성과 관련한 근거 없는 낙관론은 전쟁을 초래할 수도 있다. 우리 국민들이 남북한 경제력 격차를 근거로 북한이 전쟁을 도발하지 못할 것이라고 생각하는 것은 전쟁 예방차원에서 볼 때 매우 위험한 일이다.

『21세기 전쟁(On War in the 21st Century)』을 저술한 토머스 햄즈(Thomas X. Hammes)는 월남과 미국 간의 전쟁 등 수많은 사례분석을 통해 국력격차가 아무리 커도 정치적 목적을 위하여 전쟁을 기획하고 결심할 수 있다고 주장한 바 있다. 남북한의 국력의 격차에 근거하여 전쟁 도발 가능성이 없다는 생각이 오히려 북한으로 하여금 전쟁을 도발하는 데 악용될 수 있다는 것이다.

안보는 생존의 문제이기 때문에 악용되어서는 안 되지만 동시에 이를 경시해서도 안 된다. 국가안보는 국가의 기능 중 최우선 순위에 두어야 한다. 분명한 점은 조그마한 실책도 안보에는 치명적인 결과를 초래한다는 것이다. 다시한번 강조하건대 안보란 백만분의 일의 불확실성에 대비하는 것이며, 이것이 온전히 작동하지 않을 경우 발생할 수 있는 위험성은 엄청난 결과를 초래할 수 있다.

3. 한국안보의 특수성

가. 올바른 역사인식

역사는 결코 자비롭지 않다. 역사는 자기를 돌보지 않는 나라는 절대로 지켜주지 않는다. 우리나라는 임진왜란 당시에 적전분열 양상을 보였다. 당시 우리 선조들은 안보문제를 둘러싼 정치적 논란으로 국론분열 상태를 초래했으며 그 결과로 일본의 침공을 제대로 대응하지 못했다.

현재의 상황은 어떤가? 북한과 지척의 거리에서 총칼을 맞대고 불안한 '적과의 동거'를 하고 있음에도 우리 국민들은 안보불감증에서 헤어나지 못하고 있다. '지금이 어떤 시대인데 전쟁이 벌어지겠는가'라는 안일한 생각으로 국가안보를 애써 외면한다. 그러나 북한은 2012년 4월에 있었던 제4차 당대표자회의에서 조선노동당의 최종목표를 "온 사회를 김일성-김정일 주의화하는 데 있다"고 명시하여 한반도 공산화의 야욕을 포기하지 않았음을 여실히 드러내고 있다.

한국과 같은 분단국에 있어 가장 중요한 국가목표는 국가의 존재를 보전하는 것, 즉 국가안보에 있다. 그럼에도 우리 사회는 북한에 대한 시각에 있어 두 갈래로 나뉘어 첨예하게 대립하며 소모적인 논쟁을 벌이는 데 여념이 없다. 내부적으로 분열된 국가의 미래가 어떻게 된다는 것은 1975년 공산화된 베트남 사례에서 잘 알 수 있다.

이처럼 우리 사회에는 정치인, 학자, 일반인 할 것 없이 북한에 대한 시각에서부터 통합을 이뤄내지 못하고 분열되고 있다. 내부적으로 분열된 사회, 국민통합을 이뤄내지 못한 나라의 운명은 베트남의 경우뿐 아니라 조선의 멸망에서도 잘 나타난다. 역사적 사례에서 경고성 교훈을 얻지 못한다면 우리 미래에도 참담한 결과가 기다리고 있을지 모른다.

분단국의 안보와 관련하여 중요한 점은 무엇보다도 국민통합이다. 이를 위해서는 정치 지도자의 역할이 매우 중요하다. 국민들에게 올바른 가치관과 안보의 참된 의미를 일깨워줄 수 있는 사람은 정치인들 가운데서도 나라의 최고 지도자인 대통령이다. 탈냉전과 함께 첨예했던 동서대결이 종식되고 그로 인해 한국 대통령들의 안보관에서도 과거의 대북인식이 완화된 측면이 없지 않겠지만 한반도는 여전한 냉전지대로 남아 있다는 사실을 잊어서는 안 된다.

국가안보에서 군사력이나 경제력이 차지하는 중요성은 부인할 수 없다. 하지만 그에 못지않게 중요한 것은 자기 나라를 스스로 지키겠다는 국민들의 정신전력이다. 역사적으로 우세한 군사력을 보유했음에도 정신전력이 미약하여 패망한 경우는 허다했다.

우리는 남북 간의 사상전 대결에서 무방비 상태라 해도 과언이 아니다. 햇볕정책 이후 북한은 협력하고 지원해야 할 대상이라는 인식이 확산되면서 안보불감증이 만연돼 있는 것이다. 북한이 우리의 적인지 협력의 대상인지 헛갈린다면 그들의 도전에 올바로 대응할 수 있을 리 없다.

한반도처럼 분단되어 남북한이 대치하고 있는 상황에서 안보의식의 형성은 그리 간단한 것이 아니다. 그것은 국가관, 즉 자신이 갖고 있는 국가에 대한 자긍심, 소속감, 충성심 등과 밀접한 관계를 맺고 있다. 국가관은 국가의 역사에 대한 인식에 큰 영향을 받기 때문에 역사관도 안보의식에 중요한 영향을 미친다. 이에 덧붙여 한국 안보를 위해 중요한 역할을 해온 한미동맹과 미국에 대한 태도 또한 우리의 안보의식에 적지 않은 영향을 미치고 있다.

나. 국가관[77)]

국가관이란 자기 나라에 대해 자긍심과 애착심을 느끼며 필요시 나라를 위해 봉사하고 헌신하려는 태도를 말한다. 국가관이 확고할수록 안보의식도 높아질 가능성이 큰 것이다. 여기서는 앞에서 설명한 국가관과 달리 한국인의 국가관을 여론조사에 나타난 것을 중심으로 살펴보고자 한다.

한국국방연구원이 실시한 2010년도 「국방에 대한 국민안보의식」에 관한 여론조사를 보면, "나는 한국인이라는 사실이 자랑스럽다"는 진술에 대해 긍정적으로 답변한 비율은 64.4%이지만, 부정하는 비율도 35%나 되어 국민 3명 중 1명이 국가에 대한 자긍심을 느끼지 못하고 있다는 것을 알 수 있다.

또한 "자유민주주의 체제를 지키기 위해서 나를 희생할 수 있다"는 진술에 대해 동의하지 않는다는 응답이 무려 53.3%나 되어 적어도 국민 절반이 대한민국 헌법에 규정된 체제 이념에 대해 확신을 갖지 못한 것으로 나타났다. 이 질문에 대한 응답에서 세대별로 큰 차이를 보인다. 50대는 83%가 이 질문에 대해 긍정하고 있지만 10 ~ 30대는 절반 정도에 그치고 있어 젊은 세대일수록 체제 이념에 대한 확신이 약하다고 할 수 있다.[78)]

---

77) 김충남 · 문충보, 『민주시대 한국 안보의 재조명』(서울 : 오름), 2012, pp. 338 ~ 340.
78) 김구섭 편, 『국민 안보의식 진단과 처방』(한국국방연구원, 2011), pp. 238 ~ 239.

대한민국의 자유민주체제와 북한의 공산주의/주체사상 체제 간의 차이를 분명히 이해하고 자유민주체제의 우수성을 확신하지 못했기 때문이다. 미국의 경제학자들은 남북한을 비교하면서 같은 민족으로 출발했지만 북한은 상당한 공업시설과 풍부한 자원을 보유하고 있었으면서도 철저히 실패한 반면, 오히려 여건이 크게 불리했던 한국이 세계의 주목을 받을 만큼 놀라운 발전을 이룩한 것은 체제 차이 때문이라고 결론을 내린 바 있다.[79)]

우리나라는 객관적 기준으로 볼 때, 매우 발전한 나라지만 많은 사람들은 이 점을 실감하지 못한다. 오히려 어느 나라보다 현실에 대한 불평과 불만이 많다. 미국 워싱턴에 있는 퓨 리서치센터(Pew Research Center)가 2007년 7월 47개국 국민들의 국가만족도를 조사한 결과, 한국은 만족도가 9%에 불과하여 43위로 최하위 수준을 기록했다. 놀랍게도 우리 국민들의 국가만족도는 불가리아(9%), 우크라이나(9%), 레바논(6%), 팔레스타인(5%) 등 세계에서 가장 어려운 처지에 있는 나라들과 어깨를 나란히 하고 있다.

정부에 대한 신뢰는 국가관의 바로미터다.

한국인들은 정부에 대한 불신도 매우 높다. 2010년 3월 사회통합위원회가 2천여 명을 대상으로 공공기관에 대한 신뢰도를 조사한 결과를 보면, 국회와 정당을 신뢰한다는 비율은 3%, 정부는 19.6%, 법원은 16.8%로 나타났다.[80)] 민주공화국 정부의 3대 기둥인 입법 · 행정 · 사법부에 대한 국민 신뢰도가 이 정도라면 대란민국 정체(正體)는 실로 위기에 처해 있다고 할 수 있다.

---

79) Daron Acemoglu and James A. Robinson, Why Nations Fail(New York : Brown Business, 2012).

80) 『동아일보』, 2010년 3월 20일자.

정부 불신은 곧 국가에 대한 자긍심이나 애국심의 약화로 나타난다. 한국은 모든 면에서 엄청나게 발전하여 선진국과 비교해도 손색이 없을 정도가 됐지만 현실에 대한 불만은 후진국 못지않게 높은 편이며, 특히 '한국 사회에 지쳤다,' '한국을 포기하고 싶다'는 말이 30 ~ 40대 입에서 거침없이 나오는 것을 보면 보통 심각한 사회적 위기가 아닐 수 없다.

직장도, 자녀교육도 희망이 없다며 한국을 등지려는 사람들이 많은 것은 분명 경계해야 할 일이다. 이처럼 사회적 불만이 지속되면서 경제성장률 저하, 사회갈등 심화, 이혼 증가, 자살률 증가 등 부정적인 사회적 현상들이 증가하고 있다.

청소년들의 국가관은 나라의 미래를 좌우하기 때문에 모든 나라에서 지대한 관심사가 되고 있다. 과연 우리 청소년들의 국가관은 어떤가? 2001년 한 대학신문이 17개 국내 대학에 재학 중인 학생들을 대상으로 실시한 설문조사 결과 또한 충격적이다.

프랑스 대학생의 80%, 러시아와 캐나다 대학생의 78.6% 및 75.9%가 "다시 태어나도 자기 나라를 택하겠다"고 응답한 반면, 우리 대학생의 절반 이상(51.4%)은 "다시 태어나고 싶지 않은 나라"로 생각하고 있는 것이다. 이 정도로 우리나라 젊은이들의 국가에 대한 소속감과 충성심이 희박하다는 사실은 여간 심각한 문제가 아니다.

젊은 세대를 대상으로 한 또 다른 설문조사에서 "기회가 주어진다면 이민 갈 의향이 있느냐"는 질문에 동의한 사람은 45.8%에 이르렀다. 특히 20대 여성은 71.4%가 그렇다고 답변하여 젊은 세대의 국가관이 얼마나 심각한가를 잘 말해주고 있다. 운동경기장에서 외국팀과 경기를 할 때면 태극기를 열렬히 흔드는 등, 애국심이 무척 강한 것 같지만 실제로 나라가 위기에 처했을 때, 이를 외면하려는 사람들이 다수여서 그 같은 애국심은 즉흥적이고 피상적인 것에 불과하다고 볼 수 있다.

다. 역사관81)

우리 국민 대부분은 6 · 25 이후 세대다. 전쟁을 직접 겪은 선배 세대와 달리 많은 국민들은 전쟁 전후 상황에 관해 잘 모른다는 것이다. 6 · 25전쟁에 대해 잘 모르고 남북한이 왜 대결하고 있는지도 모른다면 북한이 우리를 위협하고 있다는 사실은 어떻게 납득하겠는가?

대한민국이 자랑스러운 발자취를 걸어왔다는 확신이 서지 않는다면 그런 나라를 위해 목숨을 바쳐 싸우겠다는 생각을 어떻게 하겠는가? 다시 말하면, 올바른 역사관이 결여되어 있다면 올바른 국가관을 기대하기도 어려운 것이다.

여기서 중요한 점은 역사관의 초점이 대한민국 건국 이후의 역사에 맞춰져야 한다는 것이다. 우리 사회에서 논란의 대상이 되고 있는 내용이 대체로 현대사와 관련된 것이기 때문이다.

올바른 역사관을 가지려면 남북한이 어떻게 각기 다른 길을 걷게 됐으며, 6 · 25전쟁은 왜 일어났고, 그때 이래 남북이 첨예한 대결을 벌이게 된 이유를 분명히 알아야 한다.

---

81) 김충남 · 문충보, 『민주시대 한국 안보의 재조명』(서울 : 오름), 2012, pp. 341 ~ 342. 인용.

6 · 25전쟁은 대한민국 역사상 발생한 10대 사건 가운데 으뜸을 차지할 정도로 중요한 사건이지만 6 · 25전쟁에 대한 사실조차 모를 정도로 역사의 '문맹자'가 너무 많다.

한국국방연구원이 2010년 5월 한국리서치에 의뢰하여 실시한 6 · 25전쟁에 대한 인식조사를 보면, 국민 10명 중 3명은 6 · 25전쟁이 일어난 연도를 모르고 있었다. 특히 15 ~ 19세 연령층의 72.9%, 20대의 47.3%가 '처음 들어 보았다'고 했고, '7 · 27 휴전협정'에 대해서는 15 ~ 19세 연령층의 56.7%, 20대의 37.8%, 30대의 37.4%가 '처음 들어 보았다'고 답했다.[82)]

동아시아연구원(EAI)과 한국리서치가 2010년 5월 공동 실시한 의식조사에서 "6 · 25전쟁이 일어난 가장 큰 책임이 누구에게 있다고 생각하는가"라는 질문에 북한이라고 응답한 비율은 51.7%였지만 미국이라고 한 비율도 19.2%나 됐다. 같은 질문에 대해 10 ~ 40대에서는 북한이라는 응답이 40 ~ 46%, 미국이라는 응답이 24% 정도 나왔다. 즉 10 ~ 40대의 4명 중 1명이 6 · 25전쟁의 책임을 미국에 돌리고 있는 것이다.[83)]

『월간중앙』이 2007년 7월 서울의 초등학생 3,600여 명을 대상으로 실시한 설문조사에서 "6 · 25가 일어난 시대를 삼국시대, 고려시대, 조선시대, 현대 중 고르라"고 했더니 조선시대를 선택한 어린이가 37.8%, 삼국시대 5.5%, 고려시대 7.4%라고 하여 응답자의 절반 이상이 6 · 25전쟁이 일어난 시기를 모르고 있었다.

행정안전부가 2008년 6월 중고교생을 대상으로 한 설문조사에서도

---

82) 김구섭, 앞의 책, p. 227.
83) 같은 책, pp. 232 ~ 233.

6 · 25전쟁 발발 연도를 모르는 학생이 57%에 달했고, '6 · 25전쟁은 북한에 의해 일어났다'는 주장에 동의한 학생은 48.7%에 불과했으며 일본에 의해 일어난 전쟁 13.5%, 미국에 의한 전쟁 13.4% 라고 각각 응답했다.[84)]

다. 안보관[85)]

올바른 안보의식이란 국민 각자가 안보위협에 대해 객관적인 판단능력을 갖추고 위기 시 나라를 지키겠다는 확고한 신념을 지니고 있는 것을 말한다. 우리의 안보의식이 얼마나 취약한가는 천안함 폭침사건을 통해 여실히 드러났다.

국민 일부는 천안함 폭침사건에 대한 국제민군합동조사단의 조사결과를 믿지 않고 천안함 사건은 '남한 정부의 자작극'이라는 북한의 선전에 동조하는 사람도 적지 않았다. 천안함 사건에 대한 조사 결과가 발표됐음에도 누가 천안함을 폭침시켰는지 모른다는 응답이 국민 5명 중 1명(23%)이고, 북한이 대낮에 연평도에 무차별 포격을 했음에도 북한에 책임이 있다는 의견에 동조하지 않는 응답이 국민 10명 중 한 명(13%)이상이라는 것은 어떠한 경우에도 북한을 적대시하지 않으려는 사람들의 비율이 무시할 수 없을 정도라는 것을 말해준다.[86)]

천안함 폭침 이후 실시된 지방선거에서 전쟁이 날까 우려하여 평화세력을 자처했던 야당 후보들을 지지한 사람들이 적지 않았다는 것은 북한의 대남도발전략이 먹혀들고 있다는 증거이다. 종북 및 친북 세력은 평

---

84) 같은 책, pp. 215.

85) 김충남 · 문충보, 『민주시대 한국 안보의 재조명』(서울 : 오름), 2012, pp. 342 ~ 348. 인용.

86) 같은 책, p. 67.

화세력 대 전쟁세력이라는 이분법적 구도로 안보 여론을 오도해왔다. 이들은 자주·반미·반전·평화·통일이라는 코드로 국가안보와 한미동맹을 부정하거나 폄하하고 왜곡해왔던 것이다.

2010년 9월 서울대 통일평화연구소가 발표한 「2010 통일의식 설문조사」에 따르면, 천안함 사건과 관련된 정부발표를 신뢰하는 응답자는 32.5%에 불과했던 반면, 그것을 신뢰하지 않은 응답자는 35.7%나 됐고, 반신반의한 사람도 31.7%나 됐다.

이처럼 북한의 억지주장이나 종북 및 친북 세력의 주장에 동조하는 비율이 30% 이상이라는 것은 심각한 문제다. 천안함 폭침이 북한의 소행이라는 정부의 조사 결과에도 불구하고 국론은 오히려 분열과 대립으로 치달았던 것이다.

일반적으로 국가적 위기 상황에서는 국론결집 현상이 나타나고 정부에 대한 지지율도 높아진다. 예컨대, 2001년 9·11테러 이후 부시 대통령에 대한 지지도는 51%에서 86%로 급상승했고, 그의 높은 지지율은 2003년 3월까지 지속됐다. 그러나 한국의 경우, 연평도 포격 이후 이명박 대통령에 대한 지지율은 오히려 떨어졌다.

심각한 남남갈등으로 인해 반정부세력이 북한을 비난하기보다 북한의 도발을 정부의 '잘못된 대북정책' 탓으로 돌렸기 때문이다. 이 같은 우리 정치권의 행태는 임진왜란이나 병자호란 당시 적의 침공에도 불구하고 당파싸움을 벌였던 선조들의 행태와 별반 다르지 않다고 할 수 있다. 더구나 참여연대라는 시민단체가 우리 정부의 천안함 사건 조사 결과에 대해 의혹과 문제점을 지적한 서한을 유엔 안전보장이사회 의장에게 보낸 일은 국가안보에 있어 국론통일이 기본이며 외교행위는 정부에 의해 이뤄져야 한다는 기본조차 망각한 행위였다.

대한민국 건국 이래 안보위협의 대부분은 북한으로부터 비롯되었다. 때문에 북한을 어떤 대상으로 인식하는가는 국민 안보의식을 형성하는 핵심 요소다. 한국국방연구원이 실시한 2010년도 국민 안보의식 조사에서 우리 국민의 절반 정도(48%)는 북한을 "협력할 수 있고, 적대도 할 수 있는 대상"으로 생각하고 있었고, "기본적으로 협력해야 할 대상"(22.7%)까지 합치면 국민 3명 중 2명이 북한을 경계하기보다는 협력의 대상으로 인식하고 잇었다. 세대별로는 젊은 세대일수록 북한을 협력대상으로 인식하는 경향이 높았다.[87]

북한에 대한 이 같은 태도는 국민 안보의식에 적지 않은 혼란을 초래하고 있다. 김대중 대통령이 평양을 방문하고 돌아와서 "이제 한반도에는 전쟁은 없다"고 선언하면서 북한에 대한 경계 심리는 누그러졌고, 이로 인해 국민 안보의식은 결정적으로 약화됐다. 연평도 포격 이후, 일시적으로 국민들의 안보경각심이 높아진 것은 사실이지만 이것을 근본적인 안보의식 변화라고 보기는 어렵다.

천안함 폭침과 연평도 포격도발 이후의 여론조사에서도 우리 국민 다수는 대체적으로 북한에 대한 강경대처(42.7%)보다 화해협력 강화(55.2%)를 선호하고 있는 것으로 나타났기 때문이다.[88]

행정안전부가 2008년 6월 실시한 '청소년 안전 · 안보의식 실태조사'에

87) 같은 책, pp. 37 ~ 38 및 pp. 244 ~ 245.
88) 한국국방연구원, 「북한의 연평도 포격 도발 관련 여론 동향」, 현안 조사분석 리포트 10-07(2010. 11. 30).

의하면, 우리 청소년(중고생)들의 안보의식은 커다란 문제를 지니고 있다는 점을 알 수 있다. 이 조사에서 나타난 청소년들의 안보의식은 다음과 같은 문제점을 나타내고 있다.

첫째, 역사적 사실에 무지하다는 것이다. 6·25전쟁은 한국 현대사에서 가장 비극적인 사건이었음에도 전쟁이 언제 일어났는지 모르는 학생이 절반이 넘었고, 도한 전쟁을 일으킨 국가가 북한이라는 사실을 알고 있는 학생이 절반에도 미치지 못하고 있다는 점은 청소년들의 빈약한 역사의식 수준을 말해주고 있다.

둘째, 우리나라의 안보에 위협이 되는 국가가 어떤 나라인지 절대 다수 청소년들이 제대로 인식하지 못하고 있다는 점이다. 수시로 '서울 불바다' 또는 '전쟁불사'를 외치며 실제로도 군사적 도발을 감행하는 북한보다도 군사동맹국으로 한국안보의 든든한 파트너 역할을 해온 미군과 주한미국ㄴ의 후방기지 역할을 하고 있는 일본을 더 위협적이라고 인식하고 있을 정도로 젊은이들의 대북관과 안보관은 위험수위에 있다.

셋째, 핵무기 개발 등 북한의 군사력 증강에 대해 위협적이라고 인식하는 비율이 절반을 약간 넘을 정도로 북한의 군사적 위협에 대한 인식이 부족하다. 마지막으로, 우리 청소년들은 동맹국과 적대국에 대한 인식이 불분명하다. 우리 안보를 위해 협력해야 할 국가로 미국(34.6%)을 지목한 학생이 북한(22.3%)을 선택한 학생보다 조금 많을 정도다. 그럼에도 전쟁시 우리나라를 도와줄 국가로 미국을 지목한 학생이 67.3%에 이르고 있어 미국에 대한 막연한 안보의존심리를 나타내고 있다고 볼 수 있다.

한국청소년정책연구원이 2008년 3월 전국 중·고교생(1,640명)들을 대상으로 실시한 안보의식에 대한 설문조사에 따르면, 북한의 핵무기에 대해 '폐기돼야 한다'(44%)는 응답도 많았지만, '북한의 입장에서 핵무기 보유 불가피'(21.2%), '통일 후 우리가 보유'(23%), '북한이 우리에게는 쓰지 않을 것'(4.6%) 등 지극히 안이한 인식을 나타내고 있다.

또한 응답자의 68.3%가 '북한을 신뢰할 수 있다'고 생각하는 등 친북적 성향도 보여주고 있으며, 통일에 가장 큰 장애가 되는 나라로 미국을 지목한 학생이 무려 42.7%로 반미 성향도 상당히 높았다. 이 같은 청소년들의 잘못된 안보의식은 전교조 교사들에 의한 좌파 민족주의 교육 때문인 것으로 판단된다. 상당수의 청소년들이 이념의 색맹(色盲)이 되어 북한의 위협을 전혀 위협으로 인식하지 못하고 있는 것이다.

『조선일보』가 2005년 광복절을 전후하여 16 ~ 25세 청소년을 대상으로 실시한 설문조사를 보면 청소년들의 안보관이 얼마나 심각한가를 알 수 있다. 조사에서 '북한과 미국이 싸운다면 어느 편을 들겠는가?'라는 질문에 '북한 편을 들겠다'고 답변한 청소년은 놀랍게도 65.9%에 달했다. 또한 63.9%가 북한을 '좋아한다'고 응답했고, 80.7%는 북한을 '협력과 지원의 대상'이라고 했다. 이와 반대로 북한을 '위험한 대상'이라고 보는 청소년은 14%에 불과했다.

전쟁 발발 시 참전 의사는 국가수호 의지와 직결된다. "만일 우리나라에서 전쟁이 일어나면 어떻게 하겠는가"라는 질문에 대해, '군대에 들어가 직접 싸우겠다'는 응답은 15%, '직접 싸우지는 않더라도 군대를 돕겠다'는 응답이 62.7%로 적극적으로 대응하겠다는 의견이 77.7%였던 반면, '전쟁이 없는 국내 다른 지역으로 피난가겠다' 15.1%, '외국으로 피난가겠다'가 5.8%로 소극적인 의견을 나타낸 젊은이들도 20.9%에 달했다.

전쟁 발발 시 직접 싸우거나 군대를 돕겠다는 응답은 50대의 95.7%, 40대의 86%에 반해 20대는 64%에 불과했다. 다시 말하면, 유사시 직접 싸워야 할 20대의 3명 중 1명은 국가수호 의지가 희박하다는 것이다.[89)]

우리 청소년의 낮은 안보의식은 주변국과의 비교에서도 뚜렷하게 나타난다. 한국청소년개발원이 2006년 한국, 중국, 일본 등 세 나라 대학생과 중고교 학생 3,000명을 대상으로 '전쟁 및 국가위기 시 행동에 대한 청소년 의식'을 조사한 결과를 보면 너무나 충격적이다.

먼저 '전쟁이 나면 어떻게 행동할 것인가'라는 질문에 일본 청소년은 44%가 앞장서 싸우겠다고 답변한 데 비해, 우리 청소년들은 중국 청소년의 14.4% 보다도 낮은 10.2% 만이 나가 싸우겠다고 했다. 또한 '상황을 봐가며 결정하겠다'는 기회주의적 태도를 가진 청소년도 34.4%나 되어 중국 24.6%, 일본 11%에 비해 훨씬 높았다.

반면 '외국으로 도피하겠다'는 응답자는 우리나라의 경우 10.4%로 일본 1.7%, 중국 2.3%에 비해 5배가 넘었다.

한국의 안보여건이 일본이나 중국보다 훨씬 더 위험한 상황에 처해 있다는 사실을 고려할 때, 우리 청소년들의 희박한 안보의식은 심각한 문제가 아닐 수 없다. 같은 나이 또래의 북한 청소년들에게 이런 질문을 한다면 어떤 답이 나올지 분명하다. 북한 청소년들은 남한을 해방시키기 위해 목숨을 바칠 각오가 되어 있는데 상당수의 우리 청소년들은 싸울 생각조차 안하고 있는 것이다.

---

89) 김구섭, 앞의 책, p. 241.

라. 동맹관[90]

한국안보에서 한미동맹, 즉 미국의 역할은 결정적으로 중요했고 앞으로도 그럴 것이다. 그러나 우리 사회에서 미국에 대한 한국인의 부정적 인식은 상당히 높은 편이다. 퓨 리서치센터가 2000년대 들어 세계 48개국의 국민을 대상으로 미국에 대한 호감도를 조사한 결과를 보면, 한국의 응답자는 2000년에는 58%, 2002년에는 53%, 2003년에는 46%가 미국을 싫어하는 것으로 나타났다. 특히 국민들의 절반 이상이 미국에 대해 부정적인 인식을 드러낸 10여 개국 가운데에는 늘 한국이 섞여 있었다.[91] 그래서 한국은 미국의 동맹국 중에서도 가장 격렬한 반미운동을 하는 나라로 알려졌다.

2004년 5월 『동아일보』가 실시한 여론조사에 의하면, 미국에 대한 호감도보다도 중국에 대한 호감도가 높은 것으로 나타났다. 미국이 '좋다'와 '싫다'의 비율은 22.8% 대 16.2%인 반면, 중국의 그 비율은 각각 28% 대 11.8%로 중국에 대해 좋다는 비율이 미국보다 앞섰다.

더욱이 경제(중국 61.6%. 미국 26.2%)는 물론 외교안보 측면에서 가장 중시해야 할 나라로 더 많은 사람들이 미국(38.1%)보다 중국(48.3%)을 꼽았다. 뿐만 아니라 2004년 육군사관학교 신입생을 대상으로 실시한 설문조사에서 한국의 주적(主敵)이 어느 나라인가라는 질문에 미국이라고 응답한 생도가 34%로 북한이라고 대답한 생도(33%)보다 많았다는 사실은

---

90) 김충남 · 문충보, 『민주시대 한국 안보의 재조명』(서울 : 오름), 2012, pp. 348 ~ 349. 인용.

91) Pew Research Center, What the World Thinks in 2002(Washington, D. C. : The Pew Research Center, 2002); Pew Research Center, Views of a Changing World 2003(Washington, D. C. : The Pew Research Center, 2003).

충격적이다.

이들은 주로 전교조 교사들로부터 그렇게 배웠다고 한다. 같은 해 국방부가 입대하는 신병들을 대상으로 한 의식조사에서도 신병의 75%가 반미감정을 표출했고, 자유민주주의 체제가 우월하다고 생각하는 신병은 36%에 불과했다. 이처럼 미국에 대한 부정적인 인식을 지니고 있기 때문에 갖가지 형태의 반미시위로 나타나고 있는 것이다.

그러나 최근 수년간 한국인의 대미 인식은 크게 호전되었다. 워싱턴 소재 여론조사 기관인 퓨 리서치센터의 세계여론조사에서 나타난 한국인의 대미 호감도는 2009년 78%, 2010년 79%로 상위권이다.[92] 이 같은 결과는 2007년의 58%로부터 크게 상승한 것이다. 이처럼 미국에 대한 변화된 한국인의 태도는 주한미군의 주둔에 대해서도 90% 내외의 지지율을 보이며 호전됐다. 그러나 민족공조를 우선시하는 정권이 등장한다면 반미정서가 또 다시 높아질 가능성을 배제하기 어렵다.

마. 안보의식의 평가[93]

이상에서 살펴 본 바와 같이 국민의 안보의식에는 다음과 같은 문제점들이 나타나고 있다. 첫째, 적지 않은 사람들이 적과 우방을 혼동하고 있어 유사시 우리 안보는 엄청난 위험에 빠질 가능성이 있다.

남북한은 현재 휴전상태에 있지만 엄연한 교전당사자다. 미국은 우리와 함께 북한의 전쟁도발을 억제하고, 억제가 실패할 경우 북한의 침략에 맞

92) http//www.pewglobal/database/?indicator=1&survey=8&response=Favorable (검색일 : 2012년 8월 7일).

93) 김충남 · 문충보, 『민주시대 한국 안보의 재조명』(서울 : 오름), 2012, pp. 349 ~ 352. 인용.

서 함께 싸워줄 우리의 군사동맹국이다. 그러나 일부 국민들은 미국을 위협으로 생각하고 반미운동이나 적대행위를 하며 미군 철수를 주장하고 북한에 대해서는 위협이 아니라고 강변하며 북한의 주장을 대변하고 있다.

이 같은 상황에서 전쟁이 일어난다면 적의 대남 심리전에 속수무책이 되어 엄청난 어려움에 봉착하게 될지도 모른다. 북한은 왜 집요하게 민족공조를 주장하며 한미동맹을 이간질하고 미군 철수를 주장하는가? 그것은 바로 우리로 하여금 적과 우방을 혼동하게 만들려는 것이다.

그들은 미군 철수를 '민족해방'이라 주장한다. 민족해방은 적화통일전략의 선결조건이다. 1949년 한국에서 미군이 철수한 후, 1년 만에 북한이 남침했고, 월남도 미군이 철수한 후 공산화했다는 사실을 상기할 필요가 있다.

둘째, 한반도에 전쟁 발발 가능성이 없다는 근거 없는 낙관론도 문제다. 남북 간의 경제적 격차가 크기 때문에 북한이 전쟁을 일으키지 못할 것이라고 여기는 것은 전쟁예방 차원에서 볼 때, 매우 위험한 생각이다. 더구나 북한이 같은 민족을 대상으로 핵무기를 사용하지 않을 것이라는 것도 너무도 감상적이며 위험한 생각이다.

『21세기 전쟁(On War in the 21st Century)』을 저술한 토마스 햄즈는 월남전 등 수많은 전쟁사례 연구를 통해 "국력 격차가 아무리 커도 정치적 목적을 위해 전쟁을 기획하고 결심할 수 있다"는 결론을 내린 바 있다.

한국과 북한의 국력 격차가 크기 때문에 북한은 전쟁 능력이 없다는 안일한 생각이 역으로 북한으로 하여금 우리 안보태세의 허점으로 인식케

하여 전쟁을 감행할 수도 있다는 점을 명심해야 한다.

셋째, 전쟁이 발발했을 때, 젊은이들이 나가서 싸우겠다는 의지가 박약하다. 나라에 대한 자긍심과 애착심이 희박한데 목숨 바쳐 지킬 가치가 있다고 생각하기는 어렵다. 청년들의 호국의지와 참전의지 약화는 곧 우리 군의 정신전력 약화로 이어진다.

중국의 국공내전이나 월남전의 사례에서 군사력의 우열이 아니라 정신전력이 승패를 결정했다는 사실을 잊어서는 안 된다. 그렇다면 국민 안보의식이 이처럼 약화된 원인은 무엇인가? 무엇보다도 먼저 지적할 수 있는 것은 6 · 25전쟁을 체험한 세대가 그 체험을 다음 세대에게 알려주는 가정교육이 미흡했고 또한 그들 대부분이 사라졌기 때문이다. 이에 따라 세대 간 안보의식의 균열현상을 드러냈고 안보쟁점이 발생할 때마다 국론분열 양상을 나타내고 있는 것이다.

둘째, 동유럽 공산체제 붕괴, 한국사회의 민주화, 그리고 우리 정부의 대북 유화정책 등이 동시에 진행되면서 상호작용을 일으켰기 때문이다. 1980년대 이전의 정권에서 안보를 지나치게 강조하는 경향이 있었기 때문에 그 반작용으로 민주화 이후에는 안보를 부정적으로 인식하거나 경시하는 경향이 두드러졌다.

안보의 중요성을 강조하는 것은 민주주의에 역행하는 것으로 잘못 인식되기도 했다. 국제적인 탈냉전과 대내적인 민주화 분위기 하에 대북 유화정책이 추진되면서 북한은 대한민국을 파멸시키고자 하는 적대세력이 아니라 통일을 위한 협조대상이라는 인식이 확산된 것이다.

셋째, 교육의 부실 때문이다. 한국 현대사와 대한민국 헌법이념, 즉 자유민주체제에 대한 교육의 부실로 올바른 국가관과 역사관이 형성되지 못했다. 역사교육과 안보교육은 경시하면서 통일교육지원법을 제정하여 체계적인 통일교육을 실시함으로써 국민의 안보의식은 더욱 희박해질 수밖에 없었다.

넷째, 젊은 세대들이 안보에 대한 왜곡된 정보에 접했기 때문이다. 일부 교사들이 왜곡된 국가관과 통일관을 주입시키고 친북 및 종북 단체들이 북한의 선전자료를 확산시키는 등 잘못된 정보가 범람하고 있기 때문이라는 것이다.

다섯째, 조선왕조의 취약점이었던 안보경시 풍조가 아직도 남아 있기 때문이다. 조선왕조에서 양반 지배계급이 병역의무를 기피했듯이 지금도 일부 지도층 인사들은 병역의무를 기피하고 있다. 더구나 격렬한 반미운동을 하면서도 주한미국이 있는 한 안보에 대해 우려할 것이 없다는 안보의존심리가 팽배해 있다.

이 같은 안보경시풍조와 안보의존심리는 조선조 이래의 뿌리 깊은 현상이기 때문에 쉽게 해결되기도 어렵다고 본다. 마지막으로 우리 사회에 만연한 안보불감증에 대한 정부의 책임도 크다는 점을 지적하지 않을 수 없다. 과연 정부는 국민의 안보의식 제고를 위해 어떤 노력을 해왔는지 반성의 여지가 크다고 할 것이다.

예컨대 정부는 한국 역사 과목을 선택과목으로 바꾸고 수학능력시험과 과목에서 배제했을 뿐 아니라, 왜곡된 내용을 포함하고 있는 역사교과서를 방치해왔다. 또한 학교 교육에서 대한민국의 헌법이념이나 자유민주주의 체제 우월성에 대한 교육은 사실상 없었다 해도 과언이 아니다. 더구나 정부는 통일교육지원법을 통해 통일교육은 실시하면서 국가정체성 교육이나 안보교육은 멀리 했다.

국민들에게 굳건한 안보의식이 결여돼 있다면 안보 위협요소에 대한 객관적 판단보다는 정치인이나 시민단체의 주장에 휩쓸리게 되고 북한의 대남 선동에 속아 국가안보와 정부 안보정책에 대해 부정적 입장을 취하게 될 가능성이 크다. 천안함 사건을 둘러싼 우리 사회의 진실공방은 국민 안보의식의 심각성을 보여주고 있는 단적인 예라 할 수 있다.

전국 각지에 작가나 민주운동 지도자들을 위한 기념관이나 기념물은 많지만 6·25전쟁을 겪은 나라임에도 전쟁영웅을 위한 기념관이나 기념물은 별로 없다는 사실은 국민정신에서 안보가 차지하는 위치를 잘 말해준다. 이에 반해 미국은 매년 휴전협정 기념행사를 거행한다. 2009년 7월 미국 상원은 '한국전 참전용사 인정법(Korean War Veterans Recognition Act)'을 통과시키고 참전 용사들에게 감사를 표하는 등 기념행사도 가졌다.

그러나 정작 전쟁의 당사국이었던 한국에서는 휴전일에 국군 참전용사들에 대한 고마움을 표시하는 행사도 없다. 정치인과 사회지도층 중에 군복무를 기피한 사람이 적지 않고, 최근에는 그 같은 풍조가 연예인, 운동선수까지 확산되고 있다. '유전면제 무전입대'라는 말까지 나올 정도다.

바. 민주주의와 여론 그리고 안보

대한민국의 보통 남자들은 군대에서 '얼차려'받았던 일과 안 좋은 추억 때문에 군대에 대한 부정적 인식이 안보에 대한 인식에도 영향을 미치고 있다. 또한 냉전시대에는 남북 간에 군사적 대결이 치열했기 때문에 북한의 간첩활동으로부터 국가를 보호하기 위해 안보관련 사항을 비밀로 하는 경우가 많았고, 이로 인해 안보문제는 소수의 집권세력과 군대, 정보기관 등의 소관사항으로 인식되어 국민들은 안보의 실정에 대해 제대로 알기도 어려웠다.

당시의 민주화 운동은 국민들의 안보의식에 더욱 부정적인 영향을 미쳤다고 할 수 있다. 냉전시대에 민주화 운동을 했던 반정부세력은 권위주의 정부가 정권유지를 위해 안보를 이용한다고 자주 비난했다. 때문에 국민들에게 있어 안보는 권력과 관련된 부정적 의미로 인식됐던 것도 부인할 수 없다.

권위주의 정부에서 안보위기를 과장한 경우도 없지는 않았지만, 북한의 무력남침으로 전쟁을 겪었고 그 후에도 북한이 끊임없이 무력도발을 감행해왔던 사실을 고려할 때, 당시의 민주화세력이 정권안보적 성격만으로 일방적으로 부각시키면서 실존하는 안보위협 자체를 등한시했다는 점은 분명 문제가 있다.

한국에서는 냉전종식과 민주화가 동시에 진행되면서 안보정책에 대한 일반대중의 영향력이 폭발적으로 증대되기 시작했다. 그 결과 국민의 안보의식은 물론 안보태세에 중대한 변화가 나타났다. 우리 사회엔 마치 친북을 표방해야 진보적이고 정의로운 것 같은 잘못된 인식이 광범위하게 퍼지게 됐다. 탈냉전과 동시에 민주화가 도래하면서 근본적으로 안보의 중요성이 낮아진 것이다. 1987년 민주화 이후 사상의 자유가 보장되면서 소위 '리버럴 강박증'[94]이 지식인 사회에 유행하고 그것이 일반 국민에게

94) 리버럴 강박증 : 정부나 기득권층을 무조건 비판하지 않으면 참된 지식인으로 인정받지 못하리라고 믿는 심리상태를 말한다.

까지 전파된 결과이다.

그러나 북한에 대한 태도가 결코 보수와 진보를 가르는 준거점이 될 수는 없다. 자유민주주의를 부정하고 대한민국의 헌정체계를 전복하려는 사상이 '진보'는 아니기 때문이다. 사상의 자유가 보장되고 그것이 극단적으로 자유의 카오스(chaos, 혼돈)를 초래하더라도 그 같은 혼돈을 관통하는 기본적인 줄기는 있어야 한다. 그것은 기존 법체계를 존중한다는 시민적 합의이다.

민주화 이후 등장한 민주정권들은 권위주의 정권하에서 정권안보를 위해 안보를 악용했다고 주장하면서 안보가 폄하되거나 경시되는 풍조를 유행시켰다. 또한 정보개방과 정보통신 발달은 일반국민도 안보문제에 관해 손쉽게 접근할 수 있게 만드는 결과를 가져왔다. 이것은 결국 과거 정권이 정치적 목적으로 안보를 이용했다고 비판해온 사람들이 집권자가 되어 국가안보에 대한 지휘·통제를 전담하면서 그 중요성을 간과하는 결과를 초래했다.

만약 일반 국민이 안보에 대한 기본적인 인식이 결여되어 있다면, 국가안보에 대해 잘못된 인식을 하고 있거나 국가안보를 책임질 능력이 없는 사람을 국가 지도자와 공직자로 선출할 가능성이 매우 높다. 즉 유권자의 잘못된 선택이 국민의 생명과 재산은 물론 국가의 생존마저 위태롭게 만들 수 있다는 것이다.

국민들의 안보의식 형성과 관련하여 여론의 중요성을 빼놓을 수 없다. 민주국가에서 모든 정책은 여론의 영향을 받는다. 특히 일반 국민들은 안보문제 등에 관해 대중매체의 영향을 많이 받는다. 따라서 언론인, 지식인 등 여론 선도층의 역할이 중요하다. 그들은 언론의 자유나 국민의 '알 권리'를 내세워 안보문제를 파헤치는 경우가 있고 그것이 안보의 실패를 초래하기도 한다. 예컨대, 베트남전 당시 미국 언론의 보도가 월남의 패망을 초래했다는 평가도 있다는 점에 주목해야 할 것이다. 국가안보가 무너지면 언론의 자유도 국민의 알 권리도 없다. 그래서 민주국가라 하더라도 안보의 필요성에 따라 언론 보도에 가이드라인을 요구하는 경우가 대부분이다. 더구나 한국과 같이 안보위협이 상존하는 나라에서는 언론인의 안보의식이 매우 중요하다.

민주화 이후 한국사회에서 나타난 중요한 특징 가운데 하나는 시민단체의 영향력이 매우 커졌다는 것이다. 시민단체들은 안보문제를 중심으로 논란을 벌이면서 국론 분열을 야기하거나 대외적으로 상반된 의견을 개진하면서 정책의 혼선을 불러일으키기도 했다. 그 결과, 추진 중인 안보정책의 중단까지 초래할 위험성이 커지고 안보정책의 일관성도 흐려지는 일이 벌어지기도 했다.

더 나아가 일부 친북적인 시민단체들은 북한의 주장에 동조하며 주한미군 철수를 주장하기도 한다. 이들은 한국이 미국의 식민지이기 때문에 참다운 민족해방을 달성하기 위해서는 한반도에 미군을 축출해야 한다는 논리를 내세우며 국민들에게 반미 의식을 불어넣으려 갖은 노력을 다하고 있다. 북한이 집요하게 한미동맹을 이간질하여 미군 철수를 주장하는 것과 맥을 같이 하고 있어 국민안보교육의 필요성이 시급하다.

현재 우리는 보통사람들의 의견이 안보정책이나 대외정책에 결정적 영향을 주는 시대에 살고 있다. 그 결과, 피상적이고 감상적이거나 근거 없는 믿음에 따라 형성된 여론이 국가안보나 국가이익을 심각하게 위협할 우려가 있다. 따라서 국가안보나 대외정책을 전문적으로 연구하거나 다루지 않는 일반인들도 국가안보 문제에 대한 이해를 높이는 것이 중요하다. 이를 위해서는 올바른 여론형성과 그것을 가능케 하는 언론의 역할이 중요해지는 것이다.

사. 한국 안보의 문제

소련이 붕괴되면서 세계적인 이념의 갈등은 종식되었지만 그것은 우리에게 잘못된 메시지를 주었다. 이제 한반도에도 '이념의 시대는 끝났다'는 인식이 확산되었다. 그것은 과거 권위주의 정권이 정권유지를 위해 안보를 악용했다는 비난의 목소리가 커지면서 더욱 심화되었다. 과연 한반도에서도 이념의 시대가 끝나고 남북 간의 대결이 교류와 협력으로 해결될 수 있는 것인가?

한반도에서 냉전은 결코 끝나지 않았다.

2차 대전 이후 분단됐던 5개국 중 4개국은 흡수통일이든 무력통일이든 통일을 이뤘으나 한반도만은 팽팽하게 대치를 계속하고 있다. 남북 간의 엄청난 국력격차로 위기를 느낀 북한은 선군정치를 표방하며 군사제일주의 노선을 추구해 왔다. 그리고 한국의 민주화에 따라 북한은 한국에 대한 간접침략활동을 더욱 효과적으로 수행할 수 있는 여건을 마련할 수 있게 되었다.

한국의 안보전략이 미국에 지나치게 의존하면서 그에 따른 문제도 없지 않다. 월남전 패배에서 나타났듯이 사실 미군은 적군의 간접침략에 효과적으로 대응할 능력이 없다. 이 같은 미군의 한계는 한국에서도 그대로 적용된다. 미군은 한반도 평화를 유지하는 것이 일차적인 목적이었고 그것을 달성할 수 있었지만, 미군의 입장에서 볼 때 북한의 간접침략에 대응하는 것은 어디까지나 한국의 몫이었다.

민주화 이전까지는 한국이 북한의 간접침략에 대응하는 데 큰 어려움이 없었다. 공안기관이 나름대로 역할을 할 수 있었기 때문이다. 그러나 민주화 이후에는 공안기관이 무력화되었고, 국민의 안보의식은 헤이해졌다. 북한을 마치 우리가 보듬어야 할 우리 민족의 반쪽으로만 인식하는 풍조가 널리 퍼졌다. 이 같은 대북인식은 사회 일각의 '리버럴 강박증'과 맞물리면서 친북적인 생각을 가져야 정의롭고 옳은 것인 양 행세하는 안보 불감증으로 연결됐다.

이처럼 한국 안보개념의 허점은 명백해진다. 북한은 한국사회의 혼란조성을 통한 '남조선 혁명'을 중요한 국가목표와 통일전략으로 삼고 지속적으로 노력을 집중시켜 왔다. 그들은 간첩 침투, 지하당 조직, 선전선동, 혼란조성 등 갖가지 수단을 동원하여 침투해 왔으며, 그 결과는 심각한 양상으로 나타나고 있다. 종북 · 친북세력의 확산, 대한민국의 정체성 부정, 반체제 · 반미 운동의 확산 등 심각한 남남갈등이 조성되고 있는 것이다. 이것은 군사작전으로 대응할 수 있는 문제가 아니다. 이에 대응하는 공안기관도 무력화되었고 북한의 대남 정치심리전에 대응하려는 노력도 미미한 실정이다.

북한의 간접침략을 포함한 사회혼란과 전복활동(insurgency)은 한국안보에 대한 중요한 위협과 도전이다. 특히 북한은 통일전선전술에 따라 민족통일, 민족공조, 반미 등 외세배격, 평화(안보 및 군사 배격, 평화협정 주장)를 내세우며 그러한 노선에 동조하는 종북 · 친북 집단은 물론 각종 진보단체들을 북한의 대남전략전술의 연장선상에서 반정부 · 반체제 활동을 하게 함으로써 한국사회의 심각한 내부분열을 조성하고 있다.

한 나라의 위기는 언제나 밖이 아니라 안에서 시작된다. 나라의 홍망

성쇠도 내부에 달려 있다. 로마처럼 세계를 제패했던 강대국들도 스스로 무너진 경우가 대부분이었다. 한때 세계를 제패했던 로마제국은 어떻게 패망했는가? 한 서양사 서적은 다음과 같이 쓰고 있다. "몽둥이를 들고 들로 산으로 멧돼지나 토끼 같은 짐승들을 사냥하던 덩치 큰 게르만 용병들이 라인강을 건너고 알프스를 넘어 로마로 쳐들어갔을 때, 이를 목숨 걸고 막아보겠다고 나선 장군도, 군인도, 관리도, 귀족도, 왕도, 백성도 그 누구도 없었다. 로마는 속수무책으로 한순간에 무너지고 말았다."

이처럼 내부의 분열은 외부의 도발을 불러온다. 반면 밖으로부터 거센 도전이 있더라도 국민적 결속이 강하다면 작은 나라라도 살아남는다. 스위스가 그렇고 이스라엘이 그렇다. 내부 위기의 가장 큰 원인은 가치관의 혼란에 따른 분열과 갈등이다. 분열되고 공동체 의식이 취약한 집단에서 그 구성원들이 자기 공동체를 확고히 지키려는 생각을 하겠는가? '뭉치면 살고 흩어지면 죽는다'고 했던 이승만 대통령의 유명한 구호를 다시 한번 곱씹어볼 필요가 있다. 내부적으로 분열되고 스스로 지킬 의지가 없는 나라는 외부 침략에 쉽게 무너지고 만다는 역사적 교훈을 상기해야 한다.

브레진스키(Zbigniew Brzezinski)[95] 교수는 최근 저서에서 한국은 지정학적 이유 때문에 세계에서 그루지야(Gruziya) 다음으로 안보여건이 가

---

95) 즈비그뉴 브레진스키(Zbigniew Kazimierz Brzezinski, 폴란드어 : Zbigniew Kazimierz Brzeziński 즈비그니에프 카지미에시 브제진스키[*]['zbignev bʐɛ'ʑiɲski], 1928년 3월 28일 ~)는 폴란드계 미국인 정치학자이다. 지미 카터 행정부에서 1977년부터 1981년까지 백악관 안보보좌담당관을 맡았다. 폴란드 바르샤바에서 태어나 10세 때 가족과 함께 캐나다로 이주하였다. 맥길 대학교에서 문학사와 석사 학위를 받았고, 1953년에는 하바드 대학교에서 철학 박사 학위를 땄다. 1953년부터 1960년까지 하바드 대학교에서 정치학을 강의하였다. 그 동안에 그는 소련의 공산주의에 대항하는 강대한 글을 썼다. 1960년에 컬럼비아 대학교의 교수단에 가입하였다. 1973년부터 1976년까지 3자 상호 협력회의 회장을 맡았다. 백악관 안보보좌담당관을 맡으면서 1978년 미국과 중국 간의 외교 관계 성립에 큰 도움을 주었다(출처 : 위키백과).

장 위험한 국가라고 했다. 한국은 강대국의 틈바구니에 끼어있는 '완충국가(buffer state)'로 주변국의 침략을 받을 위험이 높은 위치에 있다.

역사적으로 주변국들은 한반도 쟁탈전쟁을 빈번히 벌여왔다. 현재에도 한국은 세계 제2위와 제3위의 경제력을 가진 중국과 일본을 이웃으로 하고 있고 과거 초강대국의 하나였던 러시아와도 이웃하고 있다. 지척의 거리에서 총부리를 거누고 있는 북한은 핵무기 개발 등으로 세계를 위협하고 있는 가장 위험한 집단이다. 햇볕정책을 통한 남북 간 교류와 협력이 이뤄지고 있던 시기에도 북한은 서해 5도 등지에서 군사도발을 감행했으며, 그 후에도 '서울 불바다'니 '전쟁불사'니 하는 대남위협을 계속하고 있다. 이 같은 이유로 한반도는 세계에서 전쟁 위험이 가장 높은 지역 중의 하나로 꼽히고 있다.

영국 국제전략연구소(IISS)[96]가 2011년 3월 발간한 연례보고서 『2011 군사균형(Military Balance)』에서도 최근 한반도가 한국전쟁 이후 가장 위험한 상황을 맞고 있다고 분석한 바 있다. 북한은 그동안 수차례의 핵실험을 이미 실시했고 핵폭탄을 수개 만들 수 있는 플루토늄을 보유하고 있다. 2400만 인구의 5%에 해당하는 120만 명이 현역 군인이며, 군사력 규모에 있어 중국, 미국, 인도에 이어 세계 4위의 군사대국이다. 이 보고서는 북한이 권력세습을 진행하는 가운데 2010년 3월 천안함 공격과 11월 연평도 포격을 감행했다고 분석했다.

---

96) 국제전략문제연구소(IISS : International Institution for Strategic studies)는 영국의 외교분야 싱크탱크이다. 1958년에 창설되었고, 원래의 관심사는 핵억지력과 군비규제(arms control)였다. 세계적 권위의 밀리터리 밸런스를 발행한다. 4년 뒤에 미국도 IISS를 본떠 CSIS를 창설했다. 2005년 7월 28일 국회 도서관의 17대 국회의원 단행본 대출 순위 조사에서, 소설 다빈치 코드에 이어 밀리터리 밸런스가 2위를 기록했다. 각 국의 군비 통계를 발표하는 이 책은 국방 전문가들 사이에서 폭넓게 인용된다(출처 : 위키백과).

이처럼 안보상황은 세계에서 가장 위태로운 나라인데도 한국의 지도층이나 국민들은 안보문제에 무관심한 편이다. 살생을 금기시하는 불교나 숭문천무(崇文賤武)의 유교 전통 때문인지는 모르지만 한국에서 안보의 중요성에 대한 인식은 희박한 편이다. 현대사 해석에 있어서도 산업화 세력과 민주화 세력 간의 대립과 경쟁으로 보고 있을 뿐 호국세력의 역할은 관심의 대상조차 되지 못하고 있다. 그러나 반공과 호국이 없었다면 오늘의 한국을 상상하기는 어렵다.

공산세력의 전복활동으로 대한민국 건국 직후는 사실상 내전상태였고 처절한 6·25전쟁을 겪었으며 지금까지도 북한의 위협에 직면하고 있다. 뿐만 아니라, 강대국들과 이웃하고 있는 한국의 입장에서 안보문제는 결코 등한시될 수 없다. 그럼에도 불구하고 북한을 감상적 민족주의 차원에서 바라보며 그들의 핵무장에 대해 눈감으면서 한국 안보에 결정적 요소인 미국을 민족적 잣대로 비판하는 세력이 활개치고 있다. 또한 민주적 원리를 악용하면서 대한민국의 전복을 기도하는 불순세력이 우리 사회에 광범위하게 퍼져 있다는 점도 큰 문제다.

이들은 핵실험, 장거리 로켓발사, 천안함 폭침, 연평도 포격 등 북한의 무력도발에 대해 객관적으로 공인된 사실까지 부정하면서 북한에 면죄부를 주고자 애를 쓴다. 이들의 친북적인 발언과 행위는 우리 사회를 양분시키고 국론분열에 일조할 뿐 마이라 북한을 두둔함으로써 국제사회에서도 정부의 주장을 온전히 관철시키지 못하도록 하고 있다. 북한은 이 같은 친북·종북 세력의 간접지원에 힘입어 무력도발을 감행하고 나서도 또다시 도발을 일삼는 악순환을 반복하고 있는 실정이다.

4. 포괄적 안보개념[97)]

냉전시대에는 안보라고 하면 군사안보만을 떠올렸다. 그러나 냉전의 종식으로 군사안보의 중요성이 크게 줄어들면서 안보의 개념도 포괄적인 것으로 변하고 있다. 특히 경제위기로 인한 대량 실업, 오존층 파괴로 인한 지구온난화와 자연재해, 국제적 마약 거래, 대량 난민, 전염병, 국제테러 등 비군사적 위협과 관련된 안보의 중요성이 높아지고 있다. 이에 따라 안보의 개념은 경제 · 사회 · 자원 · 환경보전 · 테러 · 국제범죄 · 사이버 공격 등을 총망라하는 포괄적 안보(comprehensive security)개념으로 확대되었다. 따라서 국가안보는 과거 어느 때보다 어려운 과제가 됐다. 특히 한국에서는 국가안보 영역과 범위가 크게 확대되고 그 중요성도 크게 증대되었음에도 탈냉전과 민주화로 안보에 대한 관심이 줄어들면서 국가의 안보능력은 상대적으로 약화되었다.

안보 개념이 '포괄적 안보' 또는 '종합적 안보'로 패턴이 바뀜에 따라 베리 부잔(Barry Buzan)을 중심으로 한 코펜하겐 학파는 안보의 영역을 군사 · 정치 · 경제 · 사회 · 환경의 5개 영역으로 나누고 영역별로 안보의 대상을 아래 표같이 분석하고 있다.

---

97) 김충남 · 문충보, 『민주시대 한국 안보의 재조명』(서울 : 오름), 2012, pp. 41 ~ 49. 인용.

안보영역 (security sectors)	안보대상 (referent objects)
정치 안보	주권(sovereignty), 국가이념(ideology)
군사 안보	국가(state, 영토와 국민), 정치체제(political entity)
경제 안보	국민경제(national economy), 삶의질(quality of life)
사회 안보	사회응집력(social cohesion)
환경 안보	생명 및 문명의 생존(survival of life and civilization)

출처 : Barry Buzan et al., Security: A New Framework for Analysis(Boulder, Co: Lynne Rienner, 1998).

한국은 안보위협이 매우 높은 편이지만 굳건한 한미동맹을 유지하고 있고 국가의 능력도 우수한 편이다. 그러나 커뮤니케이션 여과장치[98]라는 측면에서 한국인은 일반적으로 내부지향적이어서 국제정세에 관심이 적고, 따라서 외부의 안보위협에 대한 인식이 낮은 편이다. 또한 정부에 대한 불신과 안보문제에 대한 심각한 찬반논란은 정부의 안보정책에 대한 신뢰와 지지를 근본적으로 약화시키는 요인이 되고 있다.

안보역량에 반대되는 개념인 안보의 취약성(vulnerability)에 유의할 필요가 있다. 위협이 존재한다고 해서 그것이 반드시 안보문제가 되는 것이 아니다. 위협이 있더라도 극복할 수 있는 능력이 있다면 심각한 안보위협이 되지 않는다. 안보위협의 경중은 위협에 대응할 충분한 능력이 있느냐

98) 로버트 만델 지음 · 권재상 옮김, 『국가안보의 변모(The Changing Face of National Security)』(서울 : 간디서원, 2002), 로버트 만델(Robert Mandel)에 의하면 민주국가의 안보정책의 성공은 안보정책에 대한 국민의 신뢰와 지지가 매우 중요하다. 즉 국가안보정책에 대한 국민신뢰도는 두 개의 케뮤니케이션 여과장치에 의해 영향을 받는데 그 하나는 정보 여과장치(information filter)로 안보문제에 대한 정보가 어느 정도 정확한가의 정도를 나타낸다. 외부지향적인 국가나 국민은 국제정세를 더 잘 파악하고 있기 때문에 정보 여과장치가 훌륭한 편이지만, 내부지향적인 국가는 정보 여과장치가 미흡하다. 두 번째는 지각(知覺) 여과장치(perception filter)로 지각 여과장치는 국가가 국민들에게 안보문제에 대해 얼마나 성공적으로 인식시켜 줄 수 있는가, 그리고 정부가 제공하는 안보관련 정보에 대해 국민들이 얼마나 신뢰하느냐의 정도를 나타낸다. 일반적으로 정부에 대한 국민신뢰도에 따라 안보관련 정보에 대한 신뢰도도 결정된다.

없느냐와 동시에 안보위협에 대한 내적 취약성이 얼마나 있느냐에 따라 판단할 수 있다. 따라서 안보역량을 증대시키는 것도 중요하지만 동시에 안보의 내적 취약성을 줄이는 것도 중요하다.[99]

정치안보, 경제안보, 사회안보를 국가안보의 중요한 영역으로 삼는다는 것은 외부의 위협뿐만 아니라 내부의 취약성도 안보에 치명적인 영향을 준다는 것을 말해주고 있다. 내우외환(內憂外患)이라는 옛말이 있듯이 안보불안이란 외부의 위협과 내부의 취약성이 결합되어 나타난다. 즉, 정치 · 경제 · 사회적으로 분열되고 혼란에 빠져 있을 때 외부의 침략을 초래하게 된다. 조선왕조말의 비극도 이 같은 상황에서 비롯됐다. 그것은 사람의 몸이 취약하면 외부에서 침투하는 바이러스가 병을 일으키는 것과 같은 이치다. 따라서 국가안보를 튼튼히 하려면 대내적으로 취약성을 감소시키면서 동시에 외부의 위협을 방지하거나 경감시켜야 한다.[100]

일반적으로 정치사회적 결속력이 낮을 때 안보의 내적 취약성이 높아진다. 옛날부터 성(城)은 외부의 침략이 아니라 내부의 적에 의해 무너진다는 말이 있다. 로마제국 같은 강대국도 내부의 분열과 갈등에 의해 패망했다. 사회 내에서 정치적 · 사회적 불신이 높고 정치사회세력 간에 분열과 갈등이 심화되면 외부위협에 대한 충분한 대응능력이 있다하더라도 실제로 그러한 능력을 제대로 동원하지 못하는 경우가 허다하다.

한 나라가 다양한 인종으로 구성되어 언어, 종교, 문화가 서로 다를 경

---

99) 김열수, 『국가안보』 제2판 (서울 : 법문사, 2011), pp. 25 ~ 31.

100) Barry Buzan, People, States and Fear : An Agenda for International Security Studies in the Post-Cold War Era, 2nd edition(New Yoek: Harvester Wheatsheaf, 1991), p. 20; Mohammed Ayoob, The Third World Security Predicament(Boulder, Colo.: Lynne Reinner, 1995), Chapters 2 and 4.

우, 인종 간의 갈등으로 인해 가끔 내전으로 발전하기도 한다. 심지어 적대국의 정체성을 가지고 자기들이 사는 나라에 적대행위를 하는 경우도 적지 않다. 이스라엘 내에 살고 있는 아랍인들이 그러한 예이다. 이처럼 대다수 신생국의 안보문제는 이 같은 이유에서 발생하며, 이웃나라의 침략도 비슷한 이유에서 발생한다.

특히 한국, 독일, 베트남과 같이 같은 민족이 분단되어 대립적인 이념으로 대결하고 있는 경우, 내부의 취약성은 심각한 안보위협이 된다. 분단국의 안보개념과 안보전략이 선진국의 그것과 근본적으로 달라져야 하는 이유이다. 공산세력은 이념적 결속력, 조직력, 침투력, 선전선동에 있어 강점을 가지고 있는 반면, 자유사회는 분열과 경쟁으로 공산위협에 대응하는 데 취약하다. 더구나 공산주의자들은 통일전선전략 아래 외세배격, 민족공조, 민족통일 등의 구호로 선동하기 때문에 자기 나라의 정체성과 국가이념에 대한 확신이 없다면 현혹될 가능성이 있다.

이러한 이유 때문에 자유중국은 본토에서 패배했고, 같은 이유로 월남도 패망했다. 특히 북한은 대한민국을 공산화하기 위해 수단과 방법을 가리지 않고 있어 우리의 체제안보에 심각한 위협이 되어 왔기 때문에 군사적 위협만을 중시하는 전통적 안보개념의 한계가 분명하다. 그런 점에서 통일 전 서독이 철저한 체제이념교육을 하고 자유민주주의에 대한 내부의 적대세력을 강력히 규제하는 '전투적 민주주의'개념을 활용했던 것을 유의할 필요가 있다.

5. 21세기 안보환경

오늘날 세계는 과학기술의 발달에 따라 경제 · 사회적으로 커다란 발전을 이루어 가고 있으며, 자유와 인권 등 보편적 가치에 기초한 정치체제가 확대되어 가고 있다. 그러나 제3장에서 살펴보았듯이 냉전의 종식에 따른 세계질서의 근본적인 재편에도 불구하고 불안정은 오히려 증대되어 왔다. 국가 간 전통적인 위협뿐만 아니라 국제테러, 대량살상무기 확산 등 새로운 안보문제들이 국가와 국민의 안전을 위협하고 있고, 경제 · 에너지 · 환경 · 보건 등 비군사적 영역의 안보문제가 새롭게 부각되고 있다. 이러한 문제는 국제적인 규모로 발생하고 전 세계적으로 급속히 확산되는 특징을 보이고 있어, 국제적인 공동대처와 아울러 국내적으로도 광범위한 영역에서 종합적인 대처가 요구되고 있다.

동북아지역에서는 국가 간 상호 투자와 교역이 꾸준히 증가하면서 협력관계가 발전하고 있음에도 불구하고 여전히 불안정한 안보요인이 상존하고 있는데 한반도 주변 4국의 국력변화와 상호관계의 유동성은 동북아 평화와 안정에 심대한 영향을 미치고 있다. 이러한 상황인식을 바탕으로 본 장에서는 21세기 변화된 안보환경을 세계적 차원과 동북아지역 차원에서 구체적으로 살펴보고, 이러한 안보상황에 효과적으로 대처하기 위해 우리 정부가 채택한 국가안보목표와 국가안보 전략기조를 알아본 후, 우리는 어떤 자세로 임해야 하는지를 살펴보고자 한다.

가. 세계 안보환경의 변화

(1) 전략적 연대와 견제를 통한 국익 추구

오늘날 세계 안보환경의 중요한 특징은 테러, 대량살상무기 확산 등 초국가적 · 비군사적 위협이 증대되었고, 과거 잠재되었던 갈등 요인들이 표면화되면서 국가안보에 대한 위협의 성격이 다양하고 복잡하게 되었다는 점이다.

이러한 안보환경 속에서 세계 각국은 자국의 국익을 극대화하고자 하는 노력을 계속하고 있고, 이를 위해 모든 분야에서 안보역량을 강화하고 있다. 나아가 자국에 유리한 전략 환경을 조성하고 국제사회의 안정과 평화를 위해서 전략적인 연대와 견제를 병행함으로써 실리를 추구하고 있다.

(2) 대테러 및 대량살상무기 확산방지 노력

첨단 과학기술과 정보통신의 발달로 세계 각국이 대량살상무기 제조기술을 손쉽게 접하게 되면서, 이란과 북한 등 일부 국가들이 대량살상무기를 확보하고자 계속 노력하고 있어 세계 안보에 커다란 위협이 되고 있다.

따라서 범세계 차원에서 대테러는 물론, 대량살상무기 확산방지를 위한 대책이 구체화되게 되었다. 이는 대테러와 비확산 문제가 앞으로 상당기간 국제안보 분야에서 핵심적인 현안이 될 것임을 의미한다.

대량살상무기 비확산을 위한 국제적 노력은 핵확산금지조약(NPT)과 화학무기금지조약(CWC) 및 생물무기금지조약(BWC) 그리고 미사일 기술통제체제(MTCR) 등의 '국제협약'과 국제원자력기구(IAEA)와 같은 '국제기구'를 통하여 적극적이고 지속적으로 추진되고 있다.

명 칭	내 용
핵확산금지조약 (NPT : Nuclear Non -Proliferation Treaty)	• 이 조약은 범세계적 핵확산금지 자체의 핵심적 국제협정으로서 1970년 3월 발효되었으며, ① 핵무기의 수평적 확산(새로운 핵보유국의 등장) 방지, ② 핵무기의 수직적 확산(기존 핵국에 의한 핵무기의 질적, 양적 증가)방지, ③ 원자력의 평화적 이용 증진을 목적으로 체결됨 • 북한은 2003.1.10. 탈퇴를 선언하였으나 현재 절차상의 문제로 탈퇴 여부에 대한 논란이 있는 상태임
화학무기금지조약 (CWC : Chemical Weapons Convention)	• 이 협약은 1992년 11월 30일 제47차 유엔총회에서 채택되었으며, 1997.4.29. 발효되었고, 2008년 4월 현재 183개국이 서명 하였으며, 북한 · 이라크 · 시리아 등은 가입하지 않음 • 협약은 화학무기의 개발 · 생산 · 비축 · 사용 및 이전을 금지 하고 기존 화학무기 및 관련 생산시설을 10년내에 폐기하도록 규정하고 있으며, 이행검증을 위한 국제사찰수용과 강제사찰을 규정한 최초의 국제협약임
생물무기금지조약 (BWC : Biological Weapons Convention)	• 이 협약은 1972년 미국과 러시아 양국이 생물학전에 관한 국제 협약을 체결하여 1975년부터 발효되었는데, 2008년 4월 현재 161개국이 참여하였고, 우리나라는 1987년 6월, 북한은 1987년 3월에 가입함 • 주요내용은 ① 생물작용제 및 독소의 개발금지 ② 생물작용제 생산을 위한 각종 설비의 폐기 혹은 평화적 목적으로 전환 ③ 생물작용제 생산설비의 이전이나 기타 국가가 획득하는 것을 원조, 고무하지 않는다는 것임
미사일기술통제체제 (MTCR : Missile Technology Control Regime)	• MTCR은 1987년 미국 · 영국 등 선진 7개국이 대량살상무기 운반수단의 확산을 방지하기 위하여 사거리 300km, 탄두중량 500kg 이상의 미사일 및 관련 부품 · 기술에 대하여 제3국 수출 및 국가간 이전을 금지하는 내용을 골자로 출범하였으며, 2004년 1월 현재 112개국이 가입함 • 우리나라는 2001.3.26. 가입, 북한은 미가입
국제원자력기구 (IAEA : International Atomic Energy Agency)	• 원자력의 평화적 이용을 위한 연구활동을 지원하고 원자력 관련 자재와 설비, 서비스 등을 중개하며 원자력의 오용을 억제하기 위해 1957년 7월 설립된 유엔 산하기구임 • 2008년 4월 현재 회원국은 144개국으로 우리나라는 1957년, 북한은 1974년에 가입함 • IAEA는 특히 회원 당사국과 '전면안전조치협정' 체결을 통해 NPT에 규정된 핵물질의 군사적 전용 여부에 대한 검증 수행

나. 동북아지역의 안보정세

(1) 안보 역학관계

동북아지역은 지금 세계경제의 성장엔진으로 떠오르고 있다. EU, 북미와 더불어 세계 3대 교역권인 동북아는 현재 전 세계 GDP의 20% 이상을 차지하고 있으며, 2020년에는 세계 GDP의 30%로 확대될 전망이다. 또한 인구 면에서도 EU의 4배이며, 인구 100만 이상의 대형 성장거점 도시도 50여개나 되는 등 거대한 성장 잠재력을 보유하고 있다.

그러나 이러한 동북아지역도 역내국가 간 경제적 협력관계와 상호의존도가 심화되고 있으나 역사 관련 인식의 차이, 도서 및 영토분쟁 등의 갈등요인들이 상존하고 있다.

또한 세계 최대의 군사력이 집중되어 있고 각국마다 군사력의 현대화를 위한 노력을 지속하고 있는 한편, 역내국가 간 영향력을 확대하기 위한 경쟁이 표면화되고 있어 지역 불안정의 요인이 되고 있다.

미국과 일본은 안보동맹관계를 더욱 공고히 하면서 역내 잠재적인 안보위협에 공동으로 대처해 나갈 것은 천명하였다. 일본은 미국의 대테러와 비확산 정책에 적극 부응하면서 자위대의 활동범위를 인도양을 넘어 세계적 차원으로 확대하려는 움직임을 보이고 있다. 미국과 일본이 동맹을 강화하고 있는 것에 대응하여 중국과 러시아도 전략적 제휴관계를 강화하고 있다. 그리고 미국과 중국도 각 분야에서 교류협력을 증진하며 군사교류협력 분야에서 많은 진전을 보이고 있다.

(2) 한반도 주변의 안보환경

한반도는 주변 강대국들의 부침에 따라 이해가 교차되는 전략적 요충지에 자리 잡고 있다. 폴 케네디(Paul Kennedy)의 언급처럼 한반도는 '네 마리의 코끼리에 둘러싸인 작은 동물'에 비유되기도 한다. 네 마리의 코끼리 중에서 한 마리만 움직여도 다른 세 마리를 자극하여 그 희생양이 되기 쉬운 전략적 핸디캡을 갖고 있다.

큰 틀에서 보면 현재 동북아는 중국이 고도성장에 힘입어 군사력을 급속히 강화하고 있는 가운데 일본이 정상국가의 기치 아래 군사력을 증강시키는 등 민감한 움직임을 보이고 있고, 미국도 아시아 중시 전략으로 대응하고 있다. 즉, 미국은 2012년 1월 「신(新) 안보전략」을 발표했다. 재정적자를 줄이기 위해 국방비를 삭감하고 병력을 감축하되 동맹국들과의 협력강화를 통해 글로벌 리더십을 유지하겠다는 것이다. 또한 미국은 안보전략의 우선순위를 아시아에 두면서 한 · 미 · 일 간 안보협력을 강화하겠다고 밝힌 바 있다.

중국이라는 코끼리의 움직임은 동북아 질서에 근본적인 변화를 초래하고 있다. 중국은 경제력 면에서 미국 다음인 G2국가가 됐지만, 종합적인 국력평가에서는 미국과 아직도 격차가 매우 크며, 경제력을 제외한 다른 국력평가 요소에서도 중국은 G2국가가 되지 못하고 있다. 또한 G2-G3(일), G2-G4(독), G2-G5(영)의 경쟁이 끝났다고 할 수 없다. 중국은 정치사회적으로 넘어야 할 산이 적지 않기 때문이다. 그럼에도 중국은 동아시아 지역패권을 꿈꾸며 해상 · 공중 · 우주 전력으로까지 국방개념을 확대해 나가고 있다.

중국이 동중국해와 남중국해에서 일본 및 동남아 국가들과 영유권 분쟁을 벌이고 있는 것은 경제적 실리 못지않게 전략적 포석의 성격이 강하다. 중국은 이미 오래전부터 반(反)접근 및 지역거부(Anti-access/Area denial)전략을 추구해왔다. 해군력을 증강하여 제1도련선(島連線 · Island Chain, 일본 열도-필리핀-남사군도)에 연하는 내부해역에 대해 타국 군사력의 접근을 거부한다는 전략이다. 한반도는 이 선 내에 들어가기 때문에 이 전략은 해군력으로 한반도를 포위하겠다는 것이나 마찬가지다. 이 같은 맥락에서 중국은 천안함 폭침 이후 한반도 주변에서 실시된 한미 연합훈련을 강력히 반대했다. 당시 중국의 한 네티즌은 "미국만 없으면 한국을 손봐야 한다"고 위협하기도 했다.

중국은 남사군도(南沙群島)에서 영유권 및 석유자원 개발을 둘러싸고 베트남, 필리핀 등과 첨예한 갈등을 벌이고 있다. 이에 대해 미국은 중국의 해양 팽창전략을 억지하겠다는 점을 분명히 하고 있다. 이를 위해 미 항공모함 2척을 각각 동중국해와 남중국해에 배치했다. 또한 필리핀에 2,200명의 해병을 태운 상륙작전 지휘함 본홈 리처드호를 파견했다. 이 같은 미국의 군사적 움직임은 첫 항공모함을 취역시키는 등 중국 주변 바다에 대한 군사적 영향력을 확대해 온 중국의 군사력을 억제하려는 것이다. 동맹국인 일본은 물론 중국과 영토 분쟁을 겪는 필리핀에 대해서도 중국의 군사적 압박을 허용하지 않겠다는 의도이다. 남사군도를 포함한 남중국해는 세계 무역량의 4분의 1이 통과하는 해상 교통로이기 때문에 결코 중국에 넘겨줄 수 없다는 것이다.

한반도 주변에는 중국뿐 아니라 일본과 러시아라는 두 강대국도 있다.

일본은 현재 경제적으로 침체를 면치 못하고 있고 정치적으로도 불안정하지만, 일본 경제의 양과 질을 감안할 때 그들은 여전히 세계 제2위의 경제대국이다. 일본의 재래식 군사력 수준은 세계 4 ~ 5위 수준이며, 그들의 종합국력은 상당기간 세계 4위권 수준을 유지할 것이다. 중국이 군사력을 강화하고 공세적인 대외정책을 추구함에 따라 군사력 강화를 위한 일본의 발걸음도 빨라지고 있다. 일본은 세계질서의 구조적 변화가 진행되는 현재와 같은 시기에는 분쟁을 악화시키는 요인이 많아 일본은 중국의 군사력 증강에 대응하여 미국의 미사일방어체계 구축에 적극 협력하는 등 미일동맹을 강화하고 있다.

나아가 일본은 자국 주변의 도서지역에 대한 방위력을 강화하기 위해 특수부대를 창설하고, 첨단 무기개발을 촉진시키기 위해 무기 수출에 대한 규제를 완화하고 있다. 국내외적으로 위기의식이 높아지면서 일본 내에서는 우경화 분위기가 고조되고 있다.

몇 년 전 일본 의회가 원자력기본법을 개정함으로써 핵무장 가능성을 열어둔 것도 이 같은 분위기를 반영한다. 일본은 한국, 중국, 러시아 등과의 영토분쟁이 가열되는 가운데 방위백서에 독도를 자국 영토로 명시하고 기타 영토분쟁지역에서도 적극 대응하고 있다.

러시아는 푸틴 중심의 강력한 권위주의체제로 돌아갔다. 푸틴은 러시아를 슈퍼파워의 대열로 복귀시키려 하고 있다. 그는 이미 대통령과 총리를 모두 경험하고 10년 간 러시아를 통치했다. 그는 현대판 차르(tsar)의 지위를 누리며 야심적인 국가발전을 꿈꾸고 있다. 특히 극동 · 시베리아 개발 등 '동방정책'을 통해 아시아 · 태평양지역에서 러시아의 위상을 되찾으려 하고 있으며, 한반도를 이 지역 진출의 교두보로 삼고자 하고 있다.

러시아는 세계 제2위의 핵 강국으로 전통적인 군사강국의 면모를 회복하고자 하고 있을 뿐 아니라 동아시아에서 중국과 협력함으로써 미국의 독주를 견제하려 하고 있다. 러시아의 과학기술은 세계적 수준일 뿐 아니라 시베리아에는 엄청난 지하자원이 매장돼 있어 2030년경이면 경제대국으로 부상할 가능성이 있다. 러시아가 경제대국으로 부상하면 중국과의 경쟁과 갈등도 배제할 수 없을 것이다.

그러나 한국에게는 러시아보다 중국이 더 위협적인 존재로 인식되고 있다. 중국은 경제적 영향력뿐 아니라 그것을 활용하여 한국의 국가생존 문제가 걸린 안보전략에도 영향을 미치려 하고 있기 때문이다. 2008년 5월 이명박 대통령이 중국을 국빈 방문했을 때 당시 중국 외교부 대변인은 "한미동맹은 지나간 역사의 산물"이라며 "시대가 많이 변했고 동북아 각국의 정치에 많은 변화가 생겼기 때문에 냉전시대의 군사동맹으로 역내에 닥친 안보문제를 생각하고 다루며 처리할 수 없다"며 한미동맹을 공개적으로 비난[101]하는 등 '내정간섭'을 서슴지 않았고, 천안함 폭침 사건으로 한중 갈등이 고조된 2010년 6월, 중국 관영 환추시바오(環球時報)는 "한국이 경제적으로 중국이라는 급행열차에 올라타고자 하면서도 군사적으로 미국에 의존해 중국을 견제하려 한다"고 비판한 일도 있었다.

이처럼 동북아 질서는 불확실성이 커지고 있다. 쿠릴열도, 센카쿠 열도 등 영토분쟁 및 역사문제에 대한 논란 등으로 관련 국가 간 정치·군사적 신뢰 관계에 균열이 생기고 있다. 따라서 한국은 한반도 주변의 정세변화에 따른 안보전략과 안보정책에 보다 많은 관심과 노력을 기울여야 할 것으로 판단된다.

(3) 배타적 경제수역 문제

한국은 배타적 경제수역(EEZ)[102] 문제와 관련하여 중국과 합의에 이르

101) "중 외교부 대변인 '돌출발언' 수습 진땀," 『동아일보』, 2008년 5월 28일자.

지 못하고 있다. 2012년 3월 중국 정부 고위 당국자는 이어도가 중국 관할 해역의 일부라고 주장하며 해양 감시선과 항공기를 동원하여 이어도를 정기순찰 할 것이라고 밝혔다. 제주도 서남쪽 해상에 위치한 수중 암초인 이어도는 마라도에서 149㎞ 떨어져 있지만, 중국의 가장 가까운 섬과는 247㎞나 떨어져 있다. 해안선으로부터 200해리까지 인정되는 배타적 경제 수역을 기준으로 하면 이어도는 당연히 한국의 관할해역 안에 있다.

한국이 2003년 이곳에 해양과학기지를 건설할 당시 중국은 별다른 이의를 제기하지 않았으나 2006년부터 관할권을 주장하며 관공선을 보내기 시작했다.[103] 2011년 에도 중국은 이어도 해역에 관공선을 보내 작업 중이던 우리 선박에 경고를 했고, 12월에는 3,000톤급 대형 순찰함 하이젠(海監) 50호를 동중국해에 투입하여 이어도 해역까지 순찰하겠다고 통보했다.

중국이 이어도 해역 관할권을 주장하는 것은 영토 그 자체보다는 배타적 경제수역의 방대한 해저자원과 수산자원을 노리는 것이다. 국제적으로 통용되는 중간선 원칙을 적용할 경우 이어도는 한국의 관할권에 속하지만, 중국은 국제법적 근거도 없는 인구, 영토 크기, 해안선의 길이 등을

---

102) 우리나라를 둘러싸고 있는 삼면의 바다에는 12해리의 영해와 24해리의 접속 수역뿐만 아니라, 200 해리의 배타적 경제 수역과 350해리의 대륙붕 바깥 한계선 등 우리와 연관 있는 영역들이 있다. 그중에 배타적 경제 수역(EEZ : Exclusive Economic Zone)이란 각 국가의 배타적 권한이 미치는 200해리 이내의 수역으로 바다에 설정된 경제 경계선이다. 자원의 탐사, 개발 및 보전과 해양 환경의 보전 등에 있어 주권적 권리가 인정되지만, 모든 국가의 선박이 항해할 수 있다는 점에서 영해와는 구별된다. 배타적 경제 수역을 200해리 전관 수역(專管水域)이라고도 한다. 영해 측정 기선으로부터 200해리까지 연안국이 설정하며, 역내에서의 모든 행위는 국제 해양법 협약을 준수해야 한다(출처 : 네이버 지식백과).

103) 중국의 관공선은 2007년 3회, 2008년 2회, 2009년 9회, 2010년 6회, 2011년 11회 출현했다.

고려하여 배타적 경제수역을 획정해야 한다고 주장하고 있다.

중국이 이어도를 장악한다면 우리의 남방해역은 중국의 내해(內海)가 되어 우리의 바닷길이 차단당하는 꼴이 된다. 이어도 주변의 해저자원과 어족자원도 관심의 대상이 되겠지만 그보다 중국이 의도하는 바는 동중국해에 대한 지배권을 확립하려는 전략적 목적이 있는 것으로 판단된다. 중국이 일본과 동중국해에 있는 센카쿠열도(중국명 다오위다오, 釣魚島)를 둘러싸고 격화된 갈등 양상을 보이고 있는 것도 같은 맥락에서 해석될 수 있다.

독도문제를 둘러싸고 일본이 한국과 갈등을 벌이고 있는 것도 배타적 경제수역과 관련된 것이다. 일본은 독도를 자신들의 영토라고 하면서 일본 측 배타적 경제수역의 기점으로 삼아야 한다고 주장하고 있다. 독도와 울릉도 사이에 중간선을 그어 한일 간의 배타적 경제수역을 획정지어야 한다는 것이다.

동중국해와 남중국해를 둘러싼 미국과 중국, 중국과 일본의 갈등이 고조되는 가운데 서해가 강대국 해군 간의 각축장으로 바뀌고 있다. 중국은 서해를 내해(內海)화하여 독점적으로 활용하고 해양 관할권을 확대하려 하고 있다. 서해는 미 · 일의 감시전력으로부터 상대적으로 떨어져 있기 때문에 중국은 이 같은 빈틈을 노려 항공모함을 포함한 주요 전력을 배치하고 서해를 전략적으로 활용하려 하고 있는 것이다. 중국은 러시아와 함께 2012년 4월 서해에서 최첨단 함정을 동원한 대대적인 군사훈련을 실시하며 군사적 능력을 과시했다.

아시아 제1의 해 · 공군력을 보유하고 있는 일본은 중국의 해군력 강화와 군사 활동에 대처하기 위해 동중국해와 서해에서 군사 활동을 강화하고 있다. 일본은 북한에 대한 경계를 명분으로 한반도 주변에서 해군 활동을 강화하고 있으며, 특히 향후 북한이 탄도미사일을 발사할 경우 서해에 이지즈 함을 배치하여 감시 활동을 벌일 것이라고 밝힌 바 있다. 이 같은 일본의 움직임은 북한의 위협에 대응보다는 동중국해 영유권 분쟁과 관련하여 중국의 군사 활동을 감시함으로써 유사시 중국 해군의 길목을 차단하려는 것이다. 중국의 북해함대는 동중국해 분쟁에 직접 개입할 수 있는 전력을 갖추고 있으므로 일본 입장에서는 세심한 감시와 대책이 필요하기 때문이다.

이런 점에서 제주 해군기지는 한국의 국가안보와 경제적 이익을 수호하는 전략적 요충지이다. 제주 해군기지가 완공되면 그 지리적 위치는 북한과 주변국 위협에 동시에 대응할 수 있는 지정학적 길목(choke point)이기 때문에 도서영유권을 둘러싼 분쟁에도 신속히 대응할 수 있다는 장점이 있다. 가령 중국이 영유권을 주장하는 이어도에서 해양 분쟁이 발생했을 때, 현장까지 도착하는 데 부산에서는 21시간 30분, 중국 칭다오에서는 11시간 15분, 일본 도리시마에서는 12시간 40분 걸리지만 제주 해군기지에서는 7시간이면 가능하다.

또한 이어도를 포함한 동중국해 일대는 최대 1,000만 배럴의 원유와 72억 톤의 천연가스가 매장되어 있는 것으로 추정된다. 한국이 해상으로 수입하는 물동량의 90%도 이어도 남쪽 해상을 통과한다. 이처럼 해상전략의 요충지이자 자원의 보고인 이어도를 보호하는 것은 해군의 필수적 임무이기 때문에 제주 해군기지의 중요성은 그만큼 큰 것이다.

한국인들은 불확실성을 더해 가고 있는 동북아 안보환경에 대해 상당히 우려하고 있는 것으로 나타났다. 시카고 국제문제협회(Chicago Council on Foreign Relations)가 2006년 실시한 국제여론조사에 의하면, 한국 응답자의 88%는 중국의 군사력 증강은 동아시아 갈등의 근원이 될 가능성이 있다고 인식하고 있으며, 68%는 중국이 군사강국이 되는 데 대해 부정적인 인식을 나타냈다. 또한 응답자의 81%는 일본을 책임 있게 행동할 국가로 보지 않고 있으며, 일본은 동북아 주요 문제 해결에 있어 기여하지 못할 것으로 인식하고 있다.

향후 10년 간 한국의 국가이익에 중대한 위협이 될 것이 무엇이냐는 질문에 대해 응답자의 65%가 북한을 주된 안보위협으로 인식했고, 그 외에도 에너지 수송 차단(64%), 북한의 핵 무장(50%), 중국의 군사대국화(49%), 일본의 군사력 강화(43%) 등을 우려하고 있다.[104)]

요컨대 한 · 중 · 일 삼국을 비롯한 동북아 환경은 하루가 다르게 급변하고 있다. 이 같은 상황에서 한국에게 중요한 것은 한반도 차원의 방위를 확실히 하는 것뿐 아니라 지역 차원에서 벌어지는 경쟁과 갈등을 현명하게 관리하고 극복할 수 있는 전략과 정책을 수립하고 실천하는 것이다.

지금까지 살펴 본 것처럼 동북아지역의 강대국들은 자신들의 국가적 실리에 따라 이합집산하는 등 세력판도를 다시 짜나가고 있으며, 이 과정에서 유동성과 불확실성이 증폭되고 있기 때문에 우리나라가 앞으로 안보 전략적 선택을 하고 대비를 해 나가는데 있어서 복잡하고 어려운 과정을 겪게 될 가능성이 많다.

---

104) The Chicago Council on Global Affairs, The United States and the Rise of China and India : Results of a 2006 Multination Survey of Public Opinion(Chicago, 2006)

또한 동북아 지역에는 경제적 상호 의존성에도 불구하고 언제든지 갈등이 폭발할 수 있는 분쟁요인들이 잠재돼 있고, 이는 곧 한반도의 안보상황에 직접적인 영향을 준다는 점에서 우리에게 경각심을 일깨워준다고 하겠다.

다. 우리의 안보정책 방향

(1) 국가 안보목표

우리의 국가 안보목표는 한반도의 안정과 평화를 유지하고, 국민안전 및 국가번영의 기반을 구축하며, 국제적 역량 및 위상을 제고하는데 있다.

(가) 한반도의 안정과 평화유지

우선, 한반도의 안정을 유지하기 위해서는 우리 자체의 방위역량과 한·미동맹을 바탕으로 북한의 군사적 도발을 억제하고, 도발 시에는 승리를 달성하며, 급변하는 한반도의 전략 환경과 잠재적 위협 등 다양한 안보위협에 능동적으로 대응하는 것이 필요하다. 또한 한반도 비핵화를 우선적으로 달성한 가운데 남북 교류협력을 강화해 나가고, 주변국가와의 다양한 협력 체제를 구축함으로써 유리한 안보환경을 조성하여 자유민주주의체제를 기반으로 하는 한반도의 평화를 보장하는 것이다.

(나) 국민안전 보장 및 국가번영 기반 구축

환경오염과 전염성 질병, 대형 재해 및 재난, 첨단기술을 이용한 각종 범죄 등 비전통적·초국가적 위협을 포함한 각종 위협으로부터 국민생활의 안전을 보장하고, 동시에 국가번영의 기반이 되는 경제·사회적 안전을 확보하는 것이다.

(다) 국제적 역량 및 위상 제고

국제적 역량과 위상을 제고하기 위해서는 세계평화와 민주적 공동번영에 적극적으로 기여함으로써 국제적 리더십을 고양시키고, 국제사회와의 협력을 강화함으로써 우리의 국익을 극대화하여 '연성 강국'으로 도약해야 한다.

(2) 국가안보전략 기조

국가 안보목표를 구현하기 위한 국가안보전략 기조는 새로운 평화구조 창출, 실용적 외교 및 능동적 개방 추진, 세계로 나가는 선진안보 추구 등이다.

(가) 새로운 평화구조 창출

먼저, 새로운 평화구조를 창출하기 위해 대화와 협력을 통해 남북한 모두에게 이익이 되는 미래지향적 남북관계를 발전시켜 나가고 있다. 또한 한·미 공동의 가치와 이익, 돈독한 신뢰를 바탕으로 한반도의 평화를 정착시키고, 지역의 안정과 세계평화에 기여하는 21세기 전략동맹을 추진해 나가고 있다. 주변국들과의 양자관계를 강화하고, 다자협의체를 활성화함으로써 중층적인 범아시아 협력관계를 강화시켜 나가고 있다.

(나) 실용적 외교 및 능동적 개방 추진

적극적인 시장개방과 투자유치 외교 등 '경제 살리기'에 기여하는 실리외교를 추진하고, 진취적인 교류협력으로 경제성장 기반을 확보하기 위한 에너지 외교를 강화해 나가고 있다. 또한 인류 보편적 가치를 구현하기 위해 우리의 경제규모와 외교 역량에 상응하는 국제협력과 기여외교를 적극 추진해 나가고 있다.

(다) 세계로 나가는 선진안보 추구

세계로 나가는 선진안보를 구현하기 위해 21세기 안보환경 변화와 미래전에 능동적으로 대응할 수 있도록 군사능력을 확충하며, 실용주의를 바탕으로 경제적 · 합리적으로 운영되는 선진 국방운영체제를 구축해 나가고 있다. 대한민국의 위상을 제고하고 국익창출에 기여할 수 있도록 국제평화 유지와 재건활동에 적극적으로 참여하고, 국제테러 · 마약 · 사이버공격 등 초국가적 · 비군사적 위협에도 대응해 나가는 등 포괄안보 분야에서의 역량도 구비해 나가고 있다.

21세기는 세계화 · 정보화를 바탕으로 한 무한경쟁시대이자 안보환경의 급속한 변화와 다양한 위협들이 대두되고 있는, 그야말로 도전과 기회가 공존하는 시대이다.

오늘날 각 국가는 외부로부터의 군사적 위협뿐만 아니라 새로이 등장하고 있는 대내외의 비군사적 위협, 즉 정치 · 경제 · 환경 등 비군사 부문의 위협에 대응하고 다양한 안보 도전에 효과적으로 대처할 수 있도록 제반분야에서 안보역량을 강화해 나가고 있다.

이에 우리도 포괄안보를 구현하기 위한 전방위 군사대비태세를 확립해야 한다. 현실적으로 존재하는 실체적 위협으로서 북한군이 감히 도발할 수 없도록 확고한 억제력과 대비태세를 유지함은 물론 비군사적 · 초국가적 위협에 효과적으로 대처할 수 있는 체제를 구비해야 한다.

따라서 대한민국의 젊은이들은 오늘날의 시대적 상황과 안보환경의 변화, 다양한 위협과 안보도전에 대해 올바로 인식하고, '지금 이 순간 내가 무엇을 할 것인가?'를 끊임없이 고민하고 실천해 나가야 한다.

6. 우리의 적은 누구인가?

북한은 우리에게 어떤 존재인가? 라는 의문은 남북관계를 기본적으로 자리매김하는 물음이다. 2000년 6월 남북정상회담을 성사시켰던 국민의 정부나 뒤를 이은 참여정부는 북한을 화해와 협력의 대상으로 정의하고, 다양한 분야에서 교류협력을 증진시켜 왔다.

국민의 정부부터 참여정부 기간 동안 전개된 대북정책은 민족적 견지에서 북한을 도와주는 방향으로 추진되었다. 공산권의 붕괴로 북한은 중국 및 러시아와의 동맹관계가 약화되는 상황에서 연이은 경제정책 실패와 자연재해로 기아와 난민 등 심각한 문제를 감당해야만 했다.

이러한 상황에서 국민의 정부와 참여정부의 대북정책은 북한으로 하여금 안심할 수 있는 대외환경을 만들어주고 동시에 경제적 원조를 통해 북한을 안정화시키려는 방향으로 귀착되었다.

어쨌든 국민의 정부가 추진했던 '화해협력정책(햇볕정책 또는 대북포용정책)'과 참여정부가 추진한 '평화번영정책'은 우리 국민들에게 북한을 '민족의 구성원' 또는 '동반자'라는 인식을 강하게 심어 주었고, 통일에 대한 기대치를 한층 높게 만들었다.

그러나 이러한 대북정책을 전개하는 과정에서도 1999년에 발생한 제1연평해전과 2002년 제2연평해전, 그리고 2008년 이명박 정부가 출범한 이후에 행해진 일련의 대남비방과 2010년 천안함 피격, 연평도 포격사건은 북한에 대한 우리의 인식이 민족적 또는 정서적 차원에서만 머무를 수 없도록 하는 냉혹한 현실을 보여주었다. 그리고 현실적으로 휴전선을 중심으로 남북 쌍방의 강력한 군사력이 대치하고 있는 상황 역시 대북인식의 천진성에 경각심을 주기에 충분했다.

다시 말해서, 북한군은 언제든지 우리를 향해 공격을 감행할 수 있는 군사적 위협의 실체요, 현실적인 '적'으로 존재한다는 것이다. 따라서 대한민국 국민 모두는 북한에 대한 인식을 분명하게 할 필요가 있다. 즉 화해와 대결이라는 이중적 구조, 동반자이자 군사적 위협의 실체로서 살아가고 있는 현실을 정확히 이해해야 한다.

여기서 분명한 것은 냉전이 끝났음에도 불구하고 여전히 냉전의 어두운 그림자가 한반도를 뒤덮고 있는 상황에서 대북교류협력을 추진한다는 것은 냉전체제하의 대결구도를 해소하기 위한 과정이지, 그 자체가 곧바로 평화상태가 도래한 것은 아니라는 점이다.

이러한 문제의식 하에 본 장에서는 북한정권의 수립과정과 북한의 대남전략이 어떻게 변화해 왔는지를 살펴보고, 이를 토대로 현 상황에서 북한은 우리에게 어떤 존재인지를 냉철하게 살펴 본 후, 우리의 자세에 대해 알아보고자 한다.

가. 북한정권의 수립과정

(1) 소련군의 한반도 진입과 38도선 확정

1945년 5월초 독일이 항복하자 연합국은 최후까지 저항하고 있던 일본에 무조건 항복을 요구했다. 그러나 일본이 연합국의 요구를 묵살하자, 미국은 결정적 타격을 가하기 위해 8월 6일과 9일 각각 일본 본토의 히로시마와 나가사키에 원자폭탄을 투하했다.

같은 시기 소련은 얄타회담[105)]에서 미국과 체결한 결의에 근거하여 8월 8일 선전포고와 동시에 대일전(對日戰)을 개시했다. 그리고 미국으로부터 무기와 장비를 지원받아 157만 명의 대군을 소·만 국경을 넘어 중국의 동북지역과 한반도로 진격시켰다.

소련군의 북한 진입은 8월 15일과 17일 사이에 급속히 이루어졌는데, 소련 공군기는 함경도 웅진, 나진, 청진 등지에 폭격을 개시했고, 치스챠코프 대장이 이끄는 소련 극동군 소속의 제25군이 동해 해상을 통해, 청진, 홍남, 함흥, 원산 등지를 거쳐 24일에는 평양에 진입했다.

파죽지세의 기세로 중국 동북지역과 한반도로 진입하고 있는 소련군의 군사적 남하에 위기의식을 느낀 미국은 이에 신속히 대처하지 않으면 안 되었다. 최초 미국은 한반도 문제해결에 소련의 참여를 인정했다. 그러나 뜻 밖에도 일본이 갑작스럽게 항복함에 따라 미국은 소련이 한반도 전체를 점령할 지도 모른다고 의심하고 한반도의 절반만이라도 확보하려고 했다.

그래서 미국의 정책결정자들은 한반도 주둔 일본군의 무장해제와 군사

---

105) 얄타회담 : 제2차 세계대전이 장기간 진행되고 있을 때, 이탈리아가 이미 항복한 상태이고 독일마저 패전의 기미가 보이자, 연합국 지도자들은 나치 독일을 최종 패배시키고 그 후의 점령 방법을 논의하기 위해 크림 반도 얄타에서 회담을 가졌다(1945.2.4~11). 미국의 프랭클린 루스벨트 대통령, 영국의 윈스턴 처칠 수상, 소련의 요시프 스탈린 최고인민위원 등 연합국의 지도자들은, 패전 후 독일은 미국·영국·프랑스·소련 4국이 분할 점령한다는 원칙을 세우고, 연합국은 독일인에 대해 최저 생계를 마련해주는 것 외에는 일체의 의무를 지지 않는다는 데 합의하였다. 또한 독일의 군수산업을 폐쇄 또는 몰수한다고 선언했으며, 주요 전범들은 뉘른베르크에서 열릴 국제재판에 회부하기로 합의했다. 배상금 문제는 위원회를 구성하여 그에 위임하기로 하였다. 극동문제에 있어서는 비밀의정서를 채택하였는데, 그것은 소련이 독일 항복 후 2~3개월 이내에 대일전(對日戰)에 참전해야 하며, 그 대가로 연합국은 소련에게 러일전쟁에서 잃은 영토를 반환해준다는 것이었다. 또한 외몽골의 독립을 인정하기로 합의하였다(출처 : 두산백과사전).

점령이라는 전략목표를 달성하기 위해 일본군의 항복을 접수할 주체와 극동에서의 군사작전의 한계선을 신속히 결정했다.

구체적 논의는 국무부, 육군부, 해군부로 구성된 3부 조정위원회에서 착수됐다. 실무를 담당한 본 스틸 대령과 딘 러스크 대령은 1945년 8월 11일 새벽, 내셔널 지오그래픽의 1942년도 판 지도를 보고 한반도에서 미·소 작전 담당구역의 분할선을 북위 38도선으로 결정했다.

그들은 소련군이 이미 한반도의 동북부를 폭격하고 있음에 반해, 미군은 한반도에서 가장 가까운 거리라고 해야 600마일 떨어진 일본의 오끼나와와 1,500마일에서 2,000마일 가량 떨어진 필리핀에 있던 상황을 고려했다.

만일 소련이 동의하지 않으면 이 선마저 확보하기 어려울 것이라고 여긴 실무자들은 당시 여건에서 아시아 주둔 미군을 서울, 부산, 인천 등의 주요 도시를 확보하는 조건을 충족시키는 범위 내에서 가장 멀리 진주시켜봤자 38도선까지 밖에 미치지 못할 것이라고 판단했다.

트루먼 대통령은 이 건의안을 수정 없이 재가했고, 미 합동참모본부는 8월 15일 필리핀 주둔 태평양지역 연합군최고사령관 맥아더 장군에게 하달했다. 그와 동시에 영국의 처칠 수상은 물론, 모스크바 주재 미군사절단에 송부하여 스탈린에게도 그 사본을 전달했다. 소련 정부가 이에 동의하는 회신을 즉각 보내옴에 따라, 38도선을 경계로 하여 그 이북에서는 소련군이, 그 이남에서는 미군이 각각 일본군의 항복을 받는다는 방침이 확정됐다.

이처럼 한민족의 의사와 무관하게 그어진 38도선은 한반도를 지리적으로 분할하는데 그치지 않고, 이념적으로도 한민족을 갈라놓았다. 군사적 편의에 따라 잠정적으로 설정된 분할선은 그 후 정치적 경계선으로 굳어져 한반도의 분단을 기정사실화 하는 첫 걸음이 됐다. 그러나 만약 당시에 미국이 38도선을 경계로 한반도를 분할 점령하자고 소련에 제안하지 않았더라면 한반도 전체가 소련군의 점령 하에 들어갔을 것이다. 전후 동유럽의 경험에서 명확히 알 수 있듯이 소련 점령 하에 들어간 국가는 모두 공산화되고 말았다.

그렇게 본다면 38도선은 단순히 한반도의 분단을 불러 온 것이 아니라 자유와 인권, 시장 등 인류보편의 가치가 미국군을 따라 한반도에 상륙한 북방한계를 나타내는 선이었다고 말할 수 있을 것이다.

(2) 소련에 의한 북한 군정(軍政)

미군이 한반도에 진주하기 전에 북한으로 진출한 소련군 치스챠코프 대장(제25군 사령관)은 1945년 8월 하순 평양에 군사령부를 설치했다. 그리고 북한 각지에서 현지 일본군의 항복을 받고 무장해체를 실시하면서 38도선 일대의 초소를 설치했다. 남북을 왕래하는 통행인에 대한 검문검색을 강화했고 남북을 연결하는 주요 철도와 도로 및 통신도 차단했다.

그 후 치스챠코프는 본격적인 군정기관으로 민정관리총국을 설치했으며, 원활한 군정실시를 위한 사전 정지작업으로 평양진입 후 얼마간은 조만식 등 민족주의자들의 명망과 조직을 이용했다.

그들은 조만식이 위원장으로 있던 평안남도 인민정치위원회를 승인해 한국인이 주권을 행사하는 것처럼 보이도록 했지만, 결과적으로는 8월 24일부터 9월말에 걸쳐 민족주의자들이 중심이 돼 자발적으로 조직한 각지 자위대, 치안유지위원회, 건국준비위원회지부와 좌익계열의 보안대, 적위대 등의 각종 정치 군사단체들을 흡수 통합해 각 도별 인민위원회를 세웠다.

각 도의 인민위원회는 시간이 경과함에 따라 민족진영 세력이 점차 배제되면서 주로 친소적 공산주의자들에 장악됐다. 각 도별 인민위원회는 행정기관, 경찰관서, 경제기구 등 구 일본의 모든 행정기관들을 접수하고 행정권을 인수했다. 그런 후, 소련 군정당국은 10월 14일 평양에서 군중대회를 열고 소련군 대위 김일성을 북한주민 앞에 내세웠다. 또 11월 18일에는 5도 인민위원회를 통괄하는 5도 행정국을 설치하는 등 행정체제를 정비했다. 이어서 김일성은 12월 중순 북조선공산당 책임비서로 선정되면서 소련 군정당국의 하수인으로 북한의 최고 권력자로 부상했다.

소련 군정당국은 김일성 일파로 하여금 지주들의 토지를 몰수케 하고 이를 농민들에게 분배해 주면서 일반대중에게 공산주의에 대한 동경과 환상을 심어주는 계급투쟁을 전개했다. 그 과정에서 소련군정에 협조하는 동조자는 포섭하고, 비협조자들에 대해서는 구금하는 등 숙청작업을 전개했다. 이렇게 소련 군정당국은 불과 약 4개월 만에 김일성을 정점으로 한 북한 권력체제를 형성시켜 놓았다.

(3) 북한정권의 수립

소련은 북한을 소비에트화해서 자국의 위성국으로 만들기 위한 전 단계로서 신탁통치를 실시하려고 미국과 협상을 전개하는 등 일련의 공작을 벌였으나, 반공성향이 강했던 조만식[106]을 비롯한 북한 내 민족주의자들

106) 조만식(1883 ~ 1950) : 선생은 민족의 사표(師表)였다. 오산학교 교사로 출발한 그의 활동은, 열렬한 애국심과 독립정신 속에서 독립만세운동, 국산품애용운동으로 확대되었다. 선생은 좌우파가 하나가 되는 신간회가 결성되도록 애썼으며, 광복 후 반탁운동과 민족자주 독립운동의 지도자로서 활동하였다(출처 : 네이버지식백과).

의 반대에 부딪혔다. 그래서 소련 군정당국은 민족주의자들을 제거하고 원래 계획한 대로 김일성을 내세웠던 것이다.

소련 군정당국의 비호를 받은 김일성은 서울에서 미 · 소공동위원회가 한창 열리고 있을 무렵인 1946년 2월 초순, 사실상의 국가권력기구나 다름없는 '북조선 임시인민위원회'의 책임자로 임명됐다. 이 시점부터 북한 내 권력은 소련고문단과 그 하수인들인 김일성 일파에 장악됐다.

중앙정부 격에 해당하는 북조선임시인민위원회의 권력을 장악한 김일성은 각 도 인민위원회에 이어 1946년 11월에 실시한 시, 군, 면 단위별각급 지방 인민위원회의 위원들을 선출했다. 그리고 1947년 2월 중순 '임시'가 아닌 '북조선인민위원회'를 구성했다.

이는 소련 군정당국이 미 · 소공동위원회의 협상결렬, 국내 반탁운동의 격화 등으로 신탁통치가 불가능해지게 되자 38도선 이북의 단독정부 수립에 박차를 가한 결과였다. 이 조직도 소련군정의 막후 통제 하에 놓여 있었음은 물론이다.

이처럼 미리 북한만의 단독정부 수립을 생각하고 추진해 온 이상, 소련 군정당국은 1947년 11월 중순 유엔총회가 남한정부 수립에 관한 결의안이 채택되자 기다렸다는 듯이 북한에 공산정권의 수립을 위한 이른바 '인민헌법' 초안을 기초한 후 이를 남한의 '5.10선거'에 때를 맞춰 통과시켰다. 인민헌법의 요지는 북한이 한반도를 대표하는 합법정부라는 것이었다.

이어서 북한은 1948년 8월 하순 북한전역에 걸쳐 공산당의 단일후보만 출마시킨 소련식 흑백선거를 실시하고, 9월 9일 '조선민주주의 인민공화국'의 수립을 선포했다. 같은 날 김일성은 북조선인민위원회 위원장에서 북한의 초대 내각수상으로 선출됐다.

내각 성립 후 9월 중순 김일성은 최고인민회의에서 북한정권은 "남북조선 인민의 총의로 수립됐으며, 단일 민주주의 국가와 조국통일과업을 제1차 목표로 삼는다"고 선포했다. 그리고 남한 정부가 적법하게 제정한 모든 법률은 무효이며 위법이라고 선언함으로써 대한민국의 존재를 모조리 부정했다.

그리하여 38도선을 기준으로 남에는 자유민주주의의 대한민국정부가, 북에는 조선민주주의 인민공화국이라는 공산정권이 수립됨으로써 민족과 국토의 분단이 기정사실화 됐다. 38도선을 편의적으로 분할한 강대국의 전후처리 방침과 한반도에 위성국가를 건설하려는 소련의 계획적 공작에 의해 통일의 희망은 물거품이 되었고, 이후 남과 북은 전쟁과 분단의 고착화라는 민족적 불행을 겪게 되었다.

나. 북한의 대남전략

(1) 냉전시기 북한의 대남전략

냉전이 끝난 지금까지도 북한의 공식적인 대남혁명전략은 '남조선혁명론'이다. 이 전략이 가장 활발하게 실행된 때는 1960년대라고 할 수 있는데, 이때 남조선혁명론은 남북한의 전국적 혁명의 승리라는 이른바 '조선혁명'의 관점에서 추진되었다.

이는 "우리조국의 통일과 조선혁명의 승리를 위하여서는 북반부의 사회주의 역량을 강화하는 동시에 남조선의 혁명역량을 강화해야 하며 북반부에서 사회주의 건설을 촉진하는 동시에 남조선에서의 혁명을 수행하여야 한다." 라는 김일성의 발언에 잘 나타나 있다(로동신문, 1965.4.17). 여기에는 전체 조선혁명이 '남조선혁명→조국통일'이라는 단계를 거쳐서 달성되는 것으로 본 것이다.

그런데 북한이 '남한에서의 혁명승리 후 조국통일'이라는 단계를 설정한 것은 미군이 남한에 주둔하고 있는 상황에서 당장 무력을 동원한 통일은 불가능하다는 인식이 깔려 있었다. 따라서 남한혁명 과정에서는 북한의 강력한 지원을 받지만 기본적으로는 "남조선 인민들의 혁명역량의 장성과 그들의 결정적인 투쟁에 의해서만 승리할 것이다."라는 점이 강조되었다(로동신문, 1967.6.23).

결국 북한은 이러한 전략에 기초해서 남한의 '혁명세력'을 지원하여 1964년 3월 15일 통일혁명당 창당준비위원회를 결성케 하였으며, 1969년 8월 25일에는 당중앙위원회를 창립시켰다. 통일혁명당은 남한사회를 "미제의 군사적 강점과 예속 하에 있는 미제의 식민지 군사기지이며, 사회경제 구성상으로 볼 때는 식민지 반봉건사회"라고 규정하고 있는 북한의 인식과 보조를 같이 하면서 '반미구국통일전선'의 결성작업에 착수하였다.

북한의 목적은 통일혁명당의 투쟁역량을 강화시켜 남한에서 미군철수 및 혁명세력에 의한 정권획득을 시도하는 것이었다. 이와 함께 북한은 남조선 혁명의 지원이라는 차원에서 수차례에 걸쳐서 국지적인 군사적 모험도 서슴치 않았는데, 1968년 1월 21일 북한 무장공비들의 '청와대 기습사건'과 그해 11월 2일 '울진 · 삼척지구 침투사건' 등이 대표적인 예다. 그러나 1968년 7, 8월에 전국적으로 통일혁명당 관련 핵심지도 인물들이 대거 검거됨으로써 북한의 혁명적 지하당 건설을 통한 남조선 혁명의 실현 구상은 일단 좌절되었다. 그리고 게릴라 침투도 국제사회에 북한의 부정적인 이미지만 증폭시켰다.

이처럼 1960년대 남조선 혁명론에 기초한 북한의 적극적인 대남전략은 약화되어 갔으나, 여전히 그들의 의식 속에서는 지속적으로 하나의 교의(敎義)로 자리 잡아 왔다.

(2) 탈냉전시기 북한의 대남전략

과거 매우 공세적이던 북한의 대남전략은 1990년대에 접어들면서 조금씩 변화를 보여주었는데, 이는 북한 자체의 역량이 감소되었을 뿐만 아니라 대내외의 객관적인 환경으로 인해 대남접촉이 오히려 북한체제에 위협을 주는 새로운 상황이 전개되었기 때문이다.

냉전시기였던 1980년대까지만 하더라도 세계는 자본주의권과 사회주의권이 분리되어 있었으며, 북한의 경제위기도 현상적으로는 크게 드러나지 않았다. 당시 북한의 대남정책은 이러한 대내외 환경 속에서 '남조선혁명론'이라는 공세적인 적화 · 전략적 관점에 기초해서 전개되었다. 따라서 대남정책은 북한지도부의 주관적 정책의지에 강하게 영향을 받았으며 덕분에 예측도 쉽지 않았고 위장적 성격도 그만큼 높았다.

그러나 1990년대 들어서 발생한 사회주의권의 붕괴와 외교적 고립, 내부경제자원의 고갈이라는 총체적 위기는 미국을 비롯한 서방권으로부터 경제지원과 외교관계 정상화를 북한의 생존조건으로 만들어 놓았다. 북한의 생존조건이 내부보다는 외부에 있으며, 그것도 과거에 적이었던 서방권에 상당부분 의존하게 된 것이다. 바로 이러한 환경변화는 오늘날 북한의 대남전략에 적지 않은 변화를 초래하고 있다.

북한은 근본적인 정책목표를 변경시키지는 않았으나, 내부자원의 고갈과 사회주의권의 몰락이 초래한 경제위기와 외교적 고립으로 인해서 '체제유지'와 '발전'이라는 생존 전략적 차원에서 대남정책을 추진할 수밖에 없는 상황에 이르렀다.

이러한 환경변화로 오늘날 남북관계는 북한체제에 영향을 미치는 중요한 변수가 되었다. 논리적인 차원에서 볼 때 남북관계는 북한체제의 변화에 단기 또는 장기 어느 쪽으로나 결정적인 영향을 미칠 수 있는 변수이다. 만약 남북한이 전면적인 자유왕래를 실현할 경우 북한 주민들은 남한의 경제발전상과 민주화 수준을 목격하게 될 것이고, 그것은 대남 우월의식의 허상을 깨뜨리면서 곧장 북한체제의 급변요인으로 작용할 것이다.

이는 흡수통일을 우려하는 북한 당국의 입장에서 대규모 인적 교류를 통한 급격한 관계개선은 강력히 꺼릴 것이라는 점을 시사한다. 이러한 맥락에서만 본다면 북한은 전통적인 적대적 의존관계의 유지가 바람직하다고 판단할 수 있을 것이다.

그러나 북한이 이러한 선택을 할 경우 절체절명의 위기에 있는 경제난을 타개하는 데는 많은 어려움이 초래될 것이다. 그 어려움은 남한과의 경협을 배제함으로써 보는 경제적 손실도 크지만 더욱 중요하게는 어느 정도의 남북관계 개선 없이는 다른 서방세계들로부터의 경제지원도 어렵다는 사실에 기인한다. 즉 대남 적대정책의 고수는 오늘날 대외관계확장이라는 북한의 생존전략과 상관관계에 놓여 있다.

이상에서 살펴본 것처럼 남북관계는 북한에게 관계개선과 관계악화의 어느 쪽도 체제 도전요인과 기회요인을 동시에 안고 있는 특성을 지니고 있다. 예컨대 남북관계가 선택적이며 통제된 교류형태를 띠면 북한체제는 상대적으로 안정적일 것이지만, 경제난 해결에는 그만큼 효과가 적다. 반면에 보다 광범위하고 개방적인 관계개선은 경제난 해결에는 도움이 되겠지만, 북한체제의 동요 요인이 될 가능성이 높다. 이것이 바로 오늘날 북한이 처한 '딜레마'라고 할 수 있다.

여기서 우리는 북한이 어떠한 경우에도 즉, 아무리 심각한 경제적 어려움에 처하더라도 체제를 포기하거나 김정은 정권의 붕괴를 좌시하지 않을 것이라는 점을 주시할 필요가 있다. 북한 입장에선 기득권을 포기하지 않으려는 상위 핵심계층이 있고, 또한 체제의 보루 및 통치기반이자 '남조선 혁명'이라는 정치적 목적을 실현하기 위한 혁명적 무장력으로서 인민군이 건재하기 때문이다.

다. 북한을 어떻게 인식할 것인가?

(1) 통일 대상으로서의 북한

우리는 이미 '통일조국의 미래상'에서 통일이 왜 필요한지, 그리고 통일조국의 바람직한 모습은 어떠해야 하는지에 대해 살펴본 바 있다.

그것은 바로 민족공동체의 형성으로 남·북간 대결구도를 근원적으로 청산하고, 민족적 정체성을 확인하면서, 21세기 무한경쟁시대에 민족생존과 번영을 추구하기 위한 것이다. 또한 이산가족 문제를 완전하게 해결하고 기아와 빈곤에 허덕이는 북한주민을 위해서도 통일은 필요하다. 즉 통일은 민족적 염원이자 시대적 과제인 것이다.

이러한 차원에서 북한은 우리에게 통일의 대상임이 분명하다. 그래서 우리 정부의 대북정책도 궁극적으로는 평화적인 통일을 지향하고 있다.

문제는 앞에서도 살펴본 것처럼, 북한체제가 안고 있는 딜레마적 상황과 북한군의 군사적 모험주의의 가능성이 평화적인 통일로 나아가는데 심각한 걸림돌로 작용할 가능성이 있다는 점이다. 따라서 한반도가 안고 있는 이중적 안보상황을 정확하게 인식해야만 우리 스스로도 대북인식에 있어서 혼란에 빠지지 않을 것이다.

(2) 군사적 위협 실체로서의 적

(가) 적이란 무엇인가?

오늘날 '적(敵)' 개념은 다양한 논란 속에서 정의되고 있다. '적'이라는 용어는 단순히 그 대상을 설정하는 것에 그치지 않고 우리의 안보정책이나 통일정책 나아가서 주한미군의 존재 내지 미국의 세계전략과도 관련되는 개념이다.

프랑스의 정치사회학자 레이몽 아롱은 적 개념을 "주권국가로부터 자주권을 박탈하거나 자기의사를 자유롭게 결정할 수 있는 능력을 박탈하는 세력"이라고 하면서 "어떤 국가를 지배하려는 국가는 자국의 적"이라고 규정한 바 있다.

일반적으로 '적'은 "국가의 존립, 안전보장, 자주권 행사, 번영과 발전 등 국가이익에 심대한 위협의 되는 대상 또는 이를 지원 · 동조하는 세력"으로 정의할 수 있으며, 이를 '현재적인 적'과 '잠재적인 적'으로 구분할 수 있다.

여기서 '현재적인 적'은 상호 무력으로 대치하고 있어 가장 심대한 위협을 주므로 군사훈련, 배치, 장병 정신교육 등 군사대비태세에 있어 주대상이 되는 적이며, '잠재적인 적'은 현실적으로 드러나지 않았으나 위협으로 부각될 수 있는 대상으로 정의할 수 있다.

따라서 대한민국의 적은 "대한민국을 침략하고 자유와 독립을 박탈하며 자유민주주의를 파괴하고 국민의 생명과 재산을 빼앗으려는 세력"으로서, 대한민국의 전복·파괴·적화를 전략목표로 하는 세력, 국내에서 대한민국을 전복·파괴하거나 북한의 대남적화기도를 지원·동조하는 세력, 국제적으로 대한민국을 침략하거나 북한의 대남적화기도를 지원하는 세력으로 규정할 수 있다.

(나) 북한군의 성격과 기능

조선노동당의 규약 전문에는 "조선로동당의 당면목적은 공화국 북반부에서 사회주의의 완전한 승리를 이룩하여 전국적 범위에서 민족해방과 인민민주주의 혁명과업을 완수하는 데 있으며, 최종목적은 온 사회의 주체 사상화와 공산주의 사회를 건설하는데 있다"고 명시되어 있다.

북한은 이러한 목표달성에 주요한 수단으로 북한군을 규정하고 있다. 북한의 군대, 즉 '조선인민군'은 "항일무장투쟁의 영광스러운 혁명 전통을 계승한 조선로동당의 혁명적 무장력"(조선로동당 규약 제46조)으로 정의하고 있으며, 또 인민군은 "당과 수령, 조국과 인민을 위해 서슴없이 생명을 바칠 수 있는 진정한 혁명전사"(조선로동당 규약 제48조)가 되어야 함을 밝히고 있다.

따라서 북한군은 오늘날에도 별도의 대남 전쟁포기 선언과 평화보장 관련 실천이 없는 한 당의 군대, 수령의 군대, 혁명의 군대로서 그 역할을 수행할 것이다. 즉 대내적으로 통치자를 수호하고 대남 면에서는 '남조선 혁명과 해방'을 통한 '전 한반도의 공산화'라는 당과 수령의 정치적 목적을 실현키 위한 무력수단인 것이다.

(다) 북한군은 우리의 적

이상에서 살펴본 것처럼 북한군은 '한반도의 공산화'라는 목표를 달성하는 수단이자, 휴전선을 사이에 두고 군사적으로 대치하고 있으면서 우리에게 심각한 위협이 되고, 중요한 시점마다 '불바다', '잿더미' 등의 위협적 언동을 일삼으면서 우리를 타겟으로 군사력을 집중 배치해 놓고 있다는 점에서 우리 군의 현시적이고 실체적인 위협으로서'적'이다.

북한이 공세적 무력배치를 철회하고 그들의 당 규약을 평화적 입장에서 명시적으로 수정하지 않는 이상, 국민의 생명과 재산을 보호하고 국토를 수호하는 군은 확고한 대적관을 정립해야 한다.

이상과 같이 오늘날의 남북관계는 '정전협정'과 연계된 국제문제인 동시에 화해협력 · 통일을 추구하는 민족 내부문제라는 성격을 가지고 있다. 이는 남북 간의 문제가 남북 당사자 간의 대화를 통해 투명하게 국민과 함께 현안을 해결하는 동시에 국제사회와 유기적으로 협력함으로써 풀어가야 한다는 점을 말해주는 것이다.

우리 정부는 남북관계를 실질적으로 한 단계 진전시키고 통일의 기반을 구축해 나가기 위해 이념과 민족이라는 정서적 요소의 차원을 넘어서 국익을 바탕으로 하는 실리외교 차원에서 접근하고 있다. 그러나 북한은 수차례의 핵실험과 미사일 발사 등을 통해 김정은의 3대 세습을 견고히 하는 내부결속을 다지면서 남한에는 연일 전쟁도 불사하겠다는 위협을 가하고 있는 것을 볼 때, 남북관계를 정상화시킨다는 것이 얼마나 어려운가를 잘 알 수 있다.

따라서 우리는 남북관계의 현실을 냉철하게 인식한 가운데, 정부의 '철저한 원칙'하에 추진되고 있는 대북정책과 이에 따른 남북관계가 실질적으로 진전될 수 있도록 국민 모두가 통일에 대한 공통의 시각을 가져야 하며 군은 이를 뒷받침할 수 있는 강력한 국방력을 준비 · 유지해야 한다.

특히 '주적개념'은 남북 쌍방 간에 군사적 신뢰구축과 긴장완화 조치를 취해나가는 노력도 없이, 북한이 주장하는 것처럼 '주적개념'을 없애고 '동족개념'을 견지한다는 것은 한낱 정치 · 외교적 수사요, 선전 · 선동에 불과하다는 점을 명확히 인식해야 한다.

같은 민족이 갈라져서 전쟁을 치르고, 그 이후에도 분단 상황 하에서 적대적 대결구도를 유지해 온 지난 60여년의 과정이 민족적 입장에서 대단히 안타까운 일이지만, 현실적으로 군사분계선을 사이에 두고 군사적으로 첨예하게 대치하고 있는 상황을 외면할 수는 없는 것이다.

7. 6 · 25전쟁과 북한의 대남도발 사례

1945년 일제의 억압으로부터 해방된 우리나라는 완전하고 자주적인 민족국가를 건설하지 못했고, 동서 냉전체제 속으로 편입되어 결국 이념에 의한 분단과 동족상잔의 전쟁을 겪어야만 했다. 그리고 지난 반세기 이상 남과 북은 서로 다른 체제하에서 극도의 대결구도를 형성해 왔고, 같은 민족이면서도 서로에 대한 불신을 심화시켜 왔다.

6 · 25전쟁은 한국현대사에서 가장 큰 비극이었고, 전쟁 이후 남과 북의 모든 구성원들에게 사고와 행동을 규정짓는 일대 사건이었다. 1천만 이산가족, 국군포로의 문제 등 오늘날까지도 해결되지 않는 전쟁의 상흔이 남아 있다.

이렇게 6 · 25전쟁이 현재의 문제이기 때문에 우리는 이 참혹한 전쟁이 왜 시작되었으며 무엇을 남겼는지, 그리고 우리 역사상 얼마나 중요한 사건이었고 그 현재적 의미가 무엇인지 알아야 한다.

6 · 25전쟁에 대한 올바른 이해가 없이는 남북분단과 대립으로 점철되었던 우리의 현대사를 정확히 인식하기가 어렵고, 민족통일의 방향을 설정하는 것도 쉽지 않다. 또한 한반도에서의 전쟁재발을 방지해야 하는 우리의 입장에서도 이 전쟁에 대한 올바른 이해야말로 임무수행의 당위성을 제공해 주는 기준이 될 것이다.

따라서 본 장에서는 21세기 통일시대를 대비하는 시점에서, 우리 민족 최대의 비극적인 사건인 6 · 25전쟁이 발발한 시대적 배경과 원인, 경과,

그리고 피해상황을 되짚어 보고, 전후 정전체제하에서 북한이 일으킨 각종 도발행위들을 역사적 사실에 입각해 살펴보고자 한다.

가. 6 · 25전쟁에 대한 올바른 이해

(1) 전쟁발발 배경 및 원인

1948년 8월 15일 대한민국 정부가 수립되자, 미군은 다음해 6월 말 500여명의 군사고문단을 남기고 남한에서 철수하였다. 미군 철수 이후 38도선에서 북한의 군사적 도발이 자주 일어나자 이승만 대통령은 북한이 남침해 올 것을 우려해 미국에 상호방위조약 체결을 요청하였다.

이에 미국은 상호방위조약 대신 '한 · 미 군사원조협정'을 체결하고 군사원조를 제공하였다. 그러나 6 · 25전쟁은 한국이 북한의 남침에 대응할 수 있는 군사력을 제대로 갖추지 못한 상태에서 발발하였다.

1949년 3월 초순, 소련을 방문한 김일성은 두 차례에 걸쳐 스탈린과 공개, 비공개로 회담을 가졌다. 회담에서 김일성은 주한미군이 38도선에서 대북 도발행위를 강화하고 있다면서 군사 · 경제방면의 전문가 육성, 해안방어와 군비확충을 위한 소련의 지원을 요청했다.

한편, 1949년 10월 중국대련에서 마오쩌둥(毛澤東)의 공산당 정부가 장개석의 국민당 정부와의 내전에서 승리하고, 1950년 1월 말 중국대륙을 석권하였다. 이러한 상황에서 1950년 1월 미국 국무장관 애치슨은 한국과 대만이 미국의 태평양 방위선에 포함되지 않는다고 밝혔는데, 이 선언은 김일성과 스탈린 등이 정세를 오판하는데 한 가지 원인이 되었다.

중국공산당의 중국대륙 석권이 이루어지고 동시에 그간 지속적으로 추진해 온 북한의 전쟁준비가 어느 정도 갖춰졌다고 판단한 스탈린은 모스크바로부터 귀국한 후 끈질기게 스탈린과 재면담을 간청해 온 김일성의 방문요청을 수락했다.

3월 하순 김일성은 극비리에 스탈린을 찾아갔다. 회담에서 스탈린은 국제환경이 전쟁도발에 유리하게 변하고 있음을 언급하면서 김일성의 남침공격 의사에 동의했다.

스탈린과 마오쩌둥으로부터 남침전쟁에 관한 지지와 지원을 약속받고 평양으로 돌아온 김일성은 북한군 총참모부에 남침공격 작전계획을 구체적으로 수립하도록 지시하였다. 남침계획은 1개월 기간으로 3단계로 구성되었고, 스탈린의 동의를 받은 후 남침 개시일자를 6월 25일로 결정했다.

(2) 전쟁발발 및 경과

(가) 북한군의 불법 기습남침

1950년 6월 25일 새벽, 대규모 포사격을 시작으로 북한의 기습남침이 시작되었다. 북한이 소련 군사고문단의 도움으로 작성한 선제타격작전계획은 전쟁을 3단계로 나누었다. 제1단계는 방어선을 돌파하고 주력군을 섬멸하면서 서울~원주~삼척을 연결하는 선까지 진출하고, 제2단계는 전과를 확대하고 예비대를 섬멸하면서 군산~대구~포항을 연결하는 선까지 진출하며, 제3단계는 소탕작전으로 부산~여수~목포를 연결하는 선까지 진출한다는 계획이었다.

북한은 T-34 탱크 242대 등 최신 소련제 무기로 무장한 10개 사단을 남침에 투입하였는데, 국군은 전차를 파괴할 아무런 무기도 없어 육탄으로 적의 탱크에 맞서 싸웠지만 역부족이었다. 결국 국군은 취약한 전력으로 인해 기습의 충격력을 흡수하지 못하였고 결국 3일 만에 서울을 내주고 말았다.

북한은 작전계획대로 기습에 성공하고서 3일 만에 서울을 점령하였는데, 서울에서 3일간 지체했다. 이렇게 지체한 것은 북한지도부의 잘못된 정세판단에도 그 원인이 있었지만, 가중 큰 이유는 춘천지역에서 아군의 강력한 저항을 받고 작전적인 차질을 빚음으로써 서울을 점령한 주력부대와 협조가 늦어질 수밖에 없었던 데 있었다.

전쟁발발 당시 일본에 있던 미 태평양사령관 맥아더 장군은 미 합참으로부터 "한국내 미 군사작전을 통합 지휘하라"는 지시를 받고 현지상황을 시찰하기 위해 6월 29일 전용비 바탄호로 수원비행장에 도착했다.

수행원을 대동하고 고지에 올라선 맥아더 장군은 한강 너머로 바라다 보이는 서울 남산과 그 주변 일대를 한참동안 망원경으로 보고 나서 무슨 생각이 들었는지 갑자기 산병호 쪽으로 걸어갔다. 그곳 개인호 안에는 한 병사가 꼿꼿한 자세로 서 있었다. 이 때 맥아더 장군의 질문과 이에 대한 병사의 자신감과 사명감에 넘친 답변은 맥아더 장군에게 깊은 감명을 안겨 주었고 그로 하여금 미국 지원군을 한국전장에 투입할 결심을 하게 하였다는 일화가 있다.

이때 맥아더 장군은 병사의 손을 꼭 쥐고 나서 통역을 맡고 있던 김종갑 대령에게 "대령! 이 씩씩하고 훌륭한 병사에 전해 주시오. 내가 도쿄로 돌아가는 즉시 미국 지원군을 보낼 것이라고. 그리고 그때까지 용기를 잃지 말고 훌륭히 싸우라고"라고 하였다.

실로 극적인 장면이 아닐 수 없었다. 이름 없는 병사의 눈빛과 말 속에서 강력한 전투의지를 읽은 맥아더 장군은 동경으로 돌아가는 비행기에서 '어떻게 하면 적을 섬멸할 수 있을 것인가?'하는 소위 '한강구상'을 결심하였다.

(나) 유엔군의 참전과 반격작전

전쟁발발 직후 한국정부의 지원 요청을 받은 미국 정부는 주한외국인을 철수시키고 즉각 한반도 사태를 UN 안전보장이사회에 제기하였고, UN 안보리는 6월 25일 북한이 한국에 대한 적대행위를 즉각 중지하고 38도선 이북으로 군대를 철수할 것을 촉구하는 결의문을 채택하였다.

그러나 북한이 유엔결의안을 무시하고 남침을 계속하자 안보리는 회원국들이 국제평화와 안전의 회복을 위해 한국에 필요한 원조를 제공할 것을 권고하였다. 그렇게 6 · 25전쟁은 유엔의 깃발 아래 유엔군사령부가 구성되어 침략자를 저지하려고 나선 최초의 사례로 기록되었다. 유엔 회원국으로서 한국을 도우러 참전한 나라는 16개국에 달했으며, 의료진을 파견한 나라도 5개국이다.

이승만 대통령은 전쟁을 효율적으로 수행하고자 7월 14일 국군의 작전지휘권을 맥아더 유엔군사량관에게 이양하였고, 국군과 유엔군은 연합작전을 통해 북한군에 대한 반격에 나섰다. 그러나 북한은 남침을 계속하여 7월 20일에는 대전을 함락했으며, 7월말에는 낙동강까지 진출하였다. 6 · 25전쟁이 개시된 지 불과 1개월여 만에 대구와 부산 · 경남 지역 일부를 남기고 전 국토가 공산군 치하로 넘어간 것이다. 나라의 운명이 그야말로 풍전등화의 상황에 처해졌다.

한국정부로부터 한국군에 대한 작전지휘권을 이양 받은 유엔군은 지연작전을 펴면서 전력을 회복하여 반격한다는 전략방침을 정하였다. 국군과 유엔군은 마침내 낙동강에서 북한군의 남침을 저지하고 반격의 발판을 마련하기 위한 최후 방어선을 구축하는데 성공하였다.

북한군은 최초 속전속결로 남한을 공산화통일 한다는 전쟁목표를 수립하였으나, 유엔군의 참전으로 상대적인 전력의 우위를 상실하였고, 병력과 물자 등 전쟁지원이 적절히 뒤따르지 못하여 공격역량을 상실하 수밖에 없었다.

한편, 북한군에 대한 일대 반격은 인천상륙작전으로 시작되었다. 맥아더장군의 구상에 따라 1950년 9월 15일 새벽에 실시된 인천상륙작전은 북한군의 별다른 저항 없이 성공적으로 진행되었다.

인천상륙작전의 성공과 동시에 낙동강 방어선을 지키던 국군과 유엔군의 북진이 시작되었고 전세는 일거에 아군에게 유리해졌다. 국군과 유엔군이 전장의 주도권을 확실하게 장악한 것이다. 이로써 국군은 초기 패전의식에서 벗어나 승리할 수 있다는 확고한 자신감을 가지고 전투에 임할 수 있게 되었다.

인천에 상륙한 국군과 유엔군은 9월 28일 서울을 수복하였고, 9월 29일에는 중앙청 광장에서 서울 수복 기념식이 열렸다. 이 자리에서 이승만 대통령은 맥아더 장군에게 태극무공훈장을 수여했다.

(다) 북진과 중국의 개입

서울을 수복한 국군과 유엔군은 38도선을 돌파하여 계속 북진할 것인가를 놓고 논란이 있었으나, 이승만 대통령은 국군이 단독으로 38도선을 돌파하라고 지시했다. 그리하여 10월 1일 국군 제3사단이 최초로 38도선을 돌파했고, 10월 9일 유엔군이 뒤따랐다.

10월 19일에는 국군 제1사단이 평양을 점령하였고, 10월 26일에는 국군의 선봉부대인 6사단이 압록강변의 초산까지 진격했으며, 동쪽으로는 유엔군이 함경북도 청진가지 점령하는 등 국군과 유엔군은 파죽지세로 북진을 계속하였다. 그리고 10월 30일 이승만 대통령은 주민의 환영을 받으며 평양에 입성하였다.

이처럼 국군과 유엔군의 북진이 계속되자 중국의 마오쩌둥은 "입술이 없으면 이가 시리다(脣亡齒寒, 순망치한)"라고 하면서 중공군을 한반도로 출동시켰다. 이제 6·25전쟁은 북중연합군 대 유엔군의 전쟁으로 바뀌었고 전혀 새로운 단계로 접어들었다.

중국군은 10월 19일 압록강을 넘은 이후 유엔군이 박천~운산~온정리~희천을 연하는 선까지 진출하였을 때 비로소 1차 공세(1950.10.25., 11.7)를 개시하였다.

한편, 맥아더 사령관은 전황을 오판하여 중국군의 참전규모와 작전기도를 정확히 간파하지 못하였고, '11.24 최종공세(일명 크리스마스공세)'를 명령하였다. 하지만 유엔군은 중국군의 2ㅏ공세(1950.11.25. 12.24)에 맞부딪쳐 큰 손실을 입었으며, 11월 30일을 기하여 모든 부대가 무질서하게 철수하기 시작하였다.

유엔군은 비로소 중국군이 대대적으로 개입한 사실을 확인하게 되었으며, 반격을 개시한 지 71일 만에 철수작전으로 전환할 수밖에 없었다. 결국 전세는 또 다시 반전되었고 국군과 유엔군은 순식간에 38도선으로 밀려났다.

중국군은 2차 공세시기에 지휘의 통일을 기하기 위하여 '조 · 중 연합사령부'를 편성하였고, 그 직후 계속적인 38도선 돌파작전을 준비하였다. 조 · 중연합군은 3차 공세(1950.12.31., 1951.1.8.)를 개시하여 38도선을 돌파하여 총공격을 가하였고, 결국 유엔군은 1월 4일 서울을 포기하고 평택~삼척선까지 철수를 결정하였다.

유엔군이 이 시점에서 중국군의 병참선 신장을 유도하고 우세한 화력으로 중국군 전략을 약화시키며 반격작전을 준비하였고, 중국군의 공세역량이 한계점에 다다른 것을 파악하고 1951년 1월 25일 일제히 반격작전에 나섰다. 그럼에도 불구하고 중국군은 4차(1951. 1.27, 4.21), 5차(1951.22, 6.10) 공세를 무리하게 강행하였다.

그러나 중국군의 공세는 유엔군의 화력에 압도당하여 많은 희생을 남긴 채 저지되었으며, 유엔군은 반격작전을 계속하여 6월 15일 문산~철원~김화~화천~간성을 잇는 지역을 점령하였다. 이후 유엔군은 유리한 상황에서 더 이상의 진격을 중단하였고, 그것은 전쟁 이전의 원상복구 상황에서 정전을 모색하려는 미국의 정치적인 고려 때문이었다.

(라) 정전협정 체결과 한미 상호방위조약

"나의 군 경력을 통해 이처럼 수치스럽고 하기 싫은 서명을 해본 적은 없었다."

미 클라크 장군이 유엔군사령관으로서 정전협정에 서명하고 나서 개탄

했던 말이다. 1953년 7월 27일, 이 날은 3년 여간 끌어 온 6·25전쟁을 멈추게 한 정전협정이 체결된 날이다. 그러나 이 협정은 전쟁으로부터 벗어나 완전한 평화를 가져다 준 협정이 아닌 또 다른 대립과 갈등, 그리고 새로운 전쟁가능성을 배제할 수 없는 '불완전한 협정'이었기 때문에 클라크 장군이 수치스럽게 생각한 것이다.

1951년 6월 23일 소련의 유엔대사인 말리크가 "평화의 대가"란 연설을 통해 정전회담 제의를 하자, 이틀 후 미국과 중국이 이 제안에 동의하면서 2년여의 정전협상이 개시되었다.

1951년 7월 10일 판문점에서 시작된 정전회담에서는 1953년 정전협정이 체결될 때까지 모두 159회의 본회담과 765회의 부속회담이 열렸다. 회담에서는 군사분계선 설정, 외국 군대의 철수, 정전감시위원회 설치, 포로송환의 방식 등이 주요 쟁점으로 부각되었다.

양측은 현 전선을 군사분계선(MDL : Military Demarcation Line)으로 정하는 것과 비무장지대(DMZ : demilitarized zone)에서 군사 활동을 감시할 군사정전위원회를 설치하는 데에 합의하였다. 비무장지대는 군사분계선에서 남방한계선과 북방한계선을 각각 2Km로 정하여 4Km 폭으로 설정되었다.

정전회담에서 양측의 의견이 첨예하게 대립한 것은 포로송환 문제였으며, 이 문제로 정전협상은 예상보다 1년이나 넘게 시간을 끌었다. 유엔군의 포로가 된 사람 가운데 북한이나 중국으로 돌아가기를 거부하고 한국이나 대만 등 자유세계에 남기를 희망하는 사람들이 있었는데, 이들을 '반공포로'라 불렀다. 반공포로 가운데는 남한 출신으로 강제로 북한군에 편입됐다가 포로가 된 사람이 많았다.

유엔군은 포로가 돌아갈 국가를 스스로 선택하는 자발적 송환 원칙을 주장한 반면, 공산측은 포로의 의사와 상관없이 본국으로 돌려보내야 한다는 강제적 송환 원칙을 내세웠다. 장기간 대립 끝에 '포로송환 문제는 귀환을 거부하는 포로를 중립국송환위원회가 심사하여 송환국을 결정하는 것으로 합의하였다.

이러한 상황에서 이승만 대통령은 아이젠하워 미 대통령에게 서신을 보내 "정전협정 체결 직후 미국과 필리핀, 미국과 호주 및 뉴질랜드 간에 이미 체결된 조약과 같은 수준의 한 · 미간 상호방위조약의 체결과 국토재건을 위한 경제원조"를 요구하였다. 그러나 한 · 미간의 교섭은 진전을 보지 못하였고, 이 대통령의 의지가 관철되기 어려운 상황에 있었다. 이에 이 대통령은 유엔참전국들과의 마찰을 감수하고 1953년 6월 18일 부산, 대구, 광주, 논산, 마산, 영천, 부평 등 전국의 유엔군 포로수용소에 수용되어 있던 포로 중에서 27,388명의 반공포로를 석방하는 중대한 결정을 내렸다.

이 대통령도 전쟁을 지속한다는 것이 그만큼 국민들의 희생을 감수하는 것이기에 부담이 컸지만, 정전이 전쟁의 완전한 종식이 아니라 향후 또 다른 전쟁준비 속에서 더 많은 고난을 의미한다는 것을 잘 알고 있었기에 아무런 대책 없는 정전협정 체결에 찬성할 수는 없었다. 그래서 미국이 정전 후의 상호방위조약과 군사원조를 약속할 때까지 정전반대를 계속하였고 반공포로 석방도 그러한 차원에서 취한 결단이었다.

반공포로 석방으로 경악한 미국정부는 한국의 동의 없는 정전협정 체결과 이행은 불가하다고 판단하고 미 국무성 로버트슨 특사를 파견하여 한국정부와 협상을 하게 하였다. 그 결과, 한·미상호방위조약이 1953년 10월 1일 워싱턴에서 양국 정부에 의해 조인되었고, 이어 양국 국회비준을 거쳐 1954년 11월 18일 부로 발효되었다.

(3) 6·25전쟁의 결과 및 교훈

(가) 북한의 남한 점령정책

북한은 남침 전부터 이미 남한 점령지역에 대한 정책적 준비를 철저히 검토하고 있었다. 1948년 9월 8일에 발표된 북한헌법 제7조에는 "아직 토지개혁이 실시되지 아니한 조선안의 지역에 있어서는 최고인민회의가 규정하는 시일에 이를 실시한다."고 규정되어 있었다. 이는 남한을 점령하면 최고인민회의의 결정에 따라 남한에서 토지개혁을 실시하겠다는 것을 의미하고 있었다.

이러한 정책 가운데 북한이 가장 널리 선전한 것은 토지개혁이었다. '무상몰수·무상분배' 원칙에 따라 실시된 토지개혁은 처음 얼마 동안 무산계층을 포함한 남한 농민들로부터 지지를 받았으나, 이에 대한 대가로써 북한은 의용군 지원, 노무동원, 애국미 헌납, 감사의 쌀 기증 등을 강요하고, 남한의 농민들은 과다한 현물세 징수 및 조기납부 등에 시달리게 되자 비로소 그 정책의 진의를 알게 되었다.

북한은 인력 및 물자를 동원하기 위해 의용군 징집, 수송단 편성, 부역제도를 실시하고 인민군을 위한 식량징발 및 군복 옷감 징발 등을 강제하였다. 이러한 동원정책은 전쟁으로 피폐해 있던 남한 주민들의 생활을 더욱 궁핍하게 만드는 원인이 되었고 주민들로부터 큰 원성을 사게 되었다. 특히 북한군이 낙동강 전선으로 남진하여 병참선의 신장으로 보급이 제대로 이루어지지 않게 되자 더욱더 가혹하게 수탈하였다.

북한은 또한 점령지역내 주민들을 상대로 광범위한 사상교육을 시켰는데, 주로 북한체제의 우월성을 강조하고 남한정부의 취약성을 부각시켰으며, 정취보위부와 내무서 등의 공권력이 총동원되어 주민들의 생활을 철저히 통제하였다.

이들은 소위 인민재판을 통해 친일파, 친미파, 민족반역자 등의 명목으로 남한의 주요 인사들을 체포, 구금 또는 즉결처분하는 한편, 활동가치가 있다고 판단되는 인사들을 대거 북으로 납북하였다.

(나) 6 · 25전쟁이 남긴 것

6 · 25전쟁은 한국 국민이 미국을 비롯한 국제사회의 도움을 받아 공산주의 국제세력의 공세로부터 자유를 지켜낸 전쟁이었다. 전쟁은 한국을 공산권으로 편입하려는 소련의 기도에 대해 미국이 유엔의 승인 하에 강력하게 대응함으로써 세계 자유주의진영과 공산주의진영 사이의 극한적 대결로 전개되었다. 6 · 25전쟁의 이러한 국제적 성격으로 인해 남북한은 모두 엄청난 피해를 입었으며, 구체적인 현황을 표에서 보는 바와 같다.

구 분	군 인		민간인		기 타	
	한국군	북한군	한국	북한	유엔군	중국군
인원(명)	608,033	801,000	990,968	약 150만	545,908	1,234,000

※ 피해현황 통계 : 전사(사망), 피학살, 부상, 납치, 행방불명 등의 인원 합산

※ 출처 : 「한국전쟁피해 통계집」(국방군사연구소, 1996), 「The Military Experiences in Korea」, 「대한민국 통계연감」, 「이북5도 30년사」

전쟁은 인간의 내면에 잠재해 있는 야만적 폭력성을 여지없이 드러냈다. 북한군은 점령지에서 인민재판을 통해 지주와 공무원을 인민의 적으로 몰아 살해하였다. 인천상륙작전 이후 후퇴하던 북한군은 대전교도소에서 6,000명, 전주교도소에서 1,000명의 민간인을 학살하였다. 또한 북한군은 전쟁기간에 8만 명 이상의 한국 국민을 북한으로 납치하였다.

전쟁 자체의 폭력성은 한국의 경찰과 군에게도 예외는 아니었다. 1950년 6월 말경 북한군의 기습남침을 받아 퇴각하던 경찰과 군은 정부수립 이전에 남로당에 가입했거나 동조했다가 전향한 사람들을 대량 학살한 보도연맹사건, 1952년 2월에는 빨치산 토벌 중이던 국군이 경남 거창군 신원면에서 적과 내통했다는 이유만으로 양민 653명을 살해한 거창양민학살사건이 발생하였다.

또한 전쟁이 발발하자 충청 · 전라 지역을 중심으로 여러 마을에 민간인끼리 이념 대립만이 아니라 가문 간의 경쟁심과 개인 간의 원한 등으로 상대방을 죽이는 사건이 발생하는 등 이념전쟁의 상흔은 깊게 패였다.

남북 쌍방 간에 물적 피해도 엄청났다. 남한의 경우 금속 · 기계 · 화학 · 섬유 · 식품 등 제조업 시설의 40%가 파괴되었으며, 주택 · 도로 · 철도 · 교량 등의 사회간접자본도 심한 피해를 입었다. 이처럼 전쟁은 남북한의 사회경제적 기반을 철저하게 파괴하였으며, 전쟁을 치르면서 사람들은 극도의 불안과 공포심으로 정신적 공황상태에 빠졌다.

전쟁은 살인, 강간, 방화, 폭파, 공공건물 및 사적 재산의 파괴 등을 수반하는 폭력의 행동이고 그 자체가 범죄이기 때문에, 이 점에서 정치적 적대를 곧바로 극히 무모하고 모험주의적 전면전을 통해 해결하려 했던 김일성은 역사적 책임을 면키 어렵다.

나. 북한의 끊임없는 대남도발

(1) 변함없는 군사적 보험주의

6·25전쟁이 끝나고 정전협정 체제하에서 남북은 각기 한 동안 전후 국가재건사업에 전념했다. 1950년대 우리나라는 북한의 남침 재발을 막기 위해 일정한 군사력을 확보하고 전후 경제복구를 위해 매진하였다. 이 시기 한국은 약 5%의 경제성장을 꾸준히 이룩함으로써 전쟁의 폐허로부터 서서히 벗어나고 있었다.

전쟁이라는 대재앙을 경험한 한국이 이처럼 빠른 시일 내에 사회, 경제, 문화적 측면에서 자생력을 회복한 것은 우리 민족사에 면면히 흐르는 국가적 도전과 시련에 대한 응전의 지혜가 또 다시 발휘된 결과였다.

한편 북한은 1961년에 중국, 소련과 각각 군사동맹조약을 체결했으며, 1962년에는 4대 군사노선을 채택하여 군사력 증강에 본격적으로 나섰다. 4대 군사노선은 '전 인민 무장화·전 국토 요새화·전 군 간부화·전 군 현대화'를 의미한다.

북한은 군사력 증강과 함께 군사적 모험주의 노선을 채택하면서 한국과 미국의 대북정책을 시험하기 위해 일련의 도발을 감행하게 된다. 또한 북한의 모험주의는 한국의 베트남전쟁 파병으로 인하여 발생한 군사력 공백을 시험하기 위한 목적도 있었다. 한국과 미국은 베트남전쟁에서 이미 공동으로 참여하고 있었기 때문에 한반도에서 제2의 전선이 형성될 경우 한국뿐만 아니라 아시아 지역 전체가 안보적 위험에 빠질 가능성이 매우 높았다.

북한의 대남도발 행위와 무장침투는 1960년대 후반에 들어서 급증하기 시작했고, 행위 자체도 더욱 대담해지고 대규모화함으로써 한반도의 긴장은 매우 고조되었다.

(2) 북한의 주요 대남도발 사례

(가) 청와대 기습사건(1 · 21 사태)

1968년 1월 21일 밤 10시경 북한군 제124군부대 소속 무장공비 31명이 휴전선을 넘어 침투하여 대통령관저인 청와대를 습격하려다가 비상근무 중이던 경찰 검문에 걸리자 기관단총을 난사하고 4대의 시내버스에 수류탄을 던져 승객들을 살상하는 만행을 자행했다. 이날 밤 대간첩작전을 지휘하던 서울 종로경찰서장 최규식 총경을 비롯하여 7명의 군경과 민간인이 북한 무장공비에 의해 살해되었다.

군경 수색대는 2월 3일까지 31명의 공비 중 1명을 생포하였고, 도주한 2명을 제외한 28명을 사살하였다. 생포된 김신조[107]에 따르면 이들은 대통령관저 폭파와 요인 암살, 주한 미 대사관 폭파와 대사관원 살해, 육군본부 폭파와 고급지휘관 살해, 서울교도소 폭파, 서빙고 간첩수용소 폭파 후 북한간첩 대동월북 등의 목적을 띠고 있었다.

우리 정부는 이 사건을 계기로 국방력 강화와 250만 명의 향토예비군 창설, 방위산업공장의 설립을 서둘러 추진하였고, 북한의 남파 게릴라 침투에 대비하여 군내에 공비전담 특수부대를 편성했고 전방에는 155마일

---

107) 김신조(1942～) : 남파 공작원 출신의 사상전향자이자 대한민국의 개신교 목사이다. 1968년 1월 21일 청와대를 습격하려던 조선민주주의인민공화국 민족보위성 정찰국 소속 124군 부대 무장 게릴라 31명 중에 유일하게 생포되었고, 후에 대한민국에 귀순하였다. 귀순 후 서울침례회신학교(현 베뢰아국제대학원대학교)에서 침례교 신학을 전공하고 졸업한 후에는 종교인이 되었다(출처 : 두산백과사전).

휴전선에 철책을 구축하였다.

(나) 울진, 삼척지구 무장공비 침투사건

북한은 1968년 10월 30일부터 11월 2일가지 3차례에 걸쳐 울진, 삼척지구에 무장공비 120명을 15명씩 조를 편성하여 침투시켰다. 이들은 신사복과 등산복으로 위장한 채 11월 3일 새벽에는 주민들을 모안호고 남자는 남로당, 여자는 여성동맹에 가입하라고 총검으로 위협했다.

주민들은 죽음을 무릅쓰고 릴레이식으로 신고하여 많은 희생을 치른 끝에 군경의 출동을 가능케 하였다. 군경과 예비군은 본격적인 토벌작전에 착수하여 12월 28일까지 약 2개월간 계속된 작전에서 공비 113명을 사살하고 7명을 생포하여 120명 모두를 소탕하였다. 이 작전에서 우리 측도 군경과 일반인 등 20여명이 사망하는 피해를 입었다.

울진, 삼척지구 무장공비 침투사건은 북한이 우리나라 산악지대와 농촌에서의 게릴라활동 가능성을 탐색해 본 것이며, 한국에서 베트남과 같은 전쟁을 할 수 있는지 시험한 것이다.

(다) 판문점 도끼만행사건

1976년 8월 18일 북한군은 판문점 공동경비구역에서 나뭇가지치기 작업을 하던 UN군 소속 미군장교 2명을 도끼로 살해하는 국제적 만행을 자행하였다. 이날 오전 10시 45분경 UN군 11명(한국군 5명, 미군 6명)이 한국노무자 5명과 함께 '돌아오지 않는 다리' 남쪽 UN군 측 제3초소 근처에 있는 미르나무 가지를 치고 있을 때 북한군 30여명이 접근하여 가지를 치지 말라고 시비를 걸었고, 합법적인 절차에 따른 것임을 설명하던 미군장교의 뺨을 때리면서 더 이상 자르면 죽이겠다고 위협하였다.

이에 미군 장교가 항의하자 북한군은 초소에서 미리 대기하고 있던 30여명의 증원부대와 함께 폭력을 행사, 도끼로 미군 보니파스 대위와 발레트 중위를 내리쳐서 그 자리에서 숨지게 하고 9명의 한 · 미군 장병에게 중경상을 입히는 한편, UN군 트럭 3대와 초소를 모두 파괴하였다.

사건발생 후 미국 포드 대통령과 키신저 국무장관은 모든 책임을 북한이 져야한다는 성명을 발표하였고, 주한미군사령부는 '데프콘3' 명령을 내렸다. 또한 미 국방부는 이날 밤 주한 미 군사력을 증강하기 위한 긴급조치로 오끼나와 등지의 전폭기 대대 및 해병대를 한국에 급파하고 항공모함 레인저호와 미드웨이호를 한국해역으로 이동시키는 등 강경한 대응태세를 취하였다.

그리고 21일 아침 7시 UN군은 '데프콘2'하에서 문제의 미루나무 절단작업을 단행하였다. 한 · 미 양국의 강경한 태세에 김일성은 인민군 총사령관자격으로 21일 오후 스틸웰 UN군사령관에게 사과의 메시지를 보내왔다.

(라) 미얀마 아웅산 묘소 폭파사건

북한은 1983년 10월 9일 미얀마를 친선 방문 중이던 전두환 대통령 및 수행원들의 아웅산 국립묘소 참배를 이용, 암살하기 위해 사전에 이 묘소 건물 천정에 설치한 원격조종폭탄을 폭발시켜 한국의 부총리, 장관 등 수행원 17명을 순국케 하고 14명을 부상시키는 테러를 감행했다.

미얀마 당국의 수사 결과 이 사건은 북한군 정찰국 특공대 소속 진 모(某) 소좌, 강민철 대위, 신기철 대위 등에 의해 저질러진 것으로 밝혀졌다. 미얀마 정부는 이 사건의 수사를 매듭지으면서 11월 4일 북한과의 외교 관계를 단절하는 한편, 양곤에 있는 북한대사관 직원들의 국외추방을 단행했다. 그 뒤 12월 9일 양곤지구 인민법원 제8특별재판부는 테러범에 대한 사형선고를 내렸다.

이 사건을 코스타리카, 코모로, 서사모아 등 3개 군이 북한과의 외교관계를 단절하였으며, 미국 · 일본 등 세계 69개국이 대 북한 규탄성명을 발표하였다.

(마) KAL 858기 폭파사건

1987년 11월 28일 밤 이라크의 수도 바그다드를 출발한 대한항공 858기가 아랍에미리트의 수도 아부다비에 도착한 뒤 방콕으로 향발했다. 이 여객기는 11월 29일 14시 1분 미얀마의 벵골만 상공에서 방콕 공항에 "45분후 방콕에 도착하겠다. 비행 중 이상 없다."는 보고를 무선으로 보낸 것을 끝으로 소식이 끊어졌다.

이 여객기에는 중동에서 귀국하던 한국인 근로자 등 승객 93명과 외국인 2명, 승무원 20명 등 모두 115명이 탑승하고 있었는데, 여객기 잔해가 태국 해안에서 발견되었고, 30일 오후 858기의 추락이 공식적으로 발표되었다.

12월 1일 사고 비행기에 한국입국이 금지된 '요주의 인물'인 일본인 2명이 탑승했었다는 것이 밝혀지면서 수사는 급진전되었다. 문제의 두 일본인은 '하치야 신이치', '하치야 마유미'라는 여권을 가진 남녀로 바그다드에서 탑승한 뒤 아부다비 공항에서 내렸으며, 이중 마유미의 여권은 위조여권임이 바레인(탈출로 중간 기착지) 공항에서 밝혀졌다. 이들은 바레인에서 요르단으로 탈출하려다 위조여권 적발로 체포되자 담배 속에 숨겨둔 독극물을 삼켜 자살을 시도하여 남자는 숨지고 여자는 중태에 빠졌다.

한국으로 신병이 넘겨진 마유미는 중국어와 일본어를 사용하며 중국인 행세를 해오다가 12월 23일 범행을 자백했는데, 본명이 김현희(당시 26세)이며 당 대외정보조사부 소속 공작원으로서 음독자살한 김승일(당시 70세)과 함께 "88서울올림픽 개최방해를 위해 KAL기를 폭파하라"는 북한의 지령을 받고 기내 좌석선반에 라디오와 술병으로 위장한 폭발물을 놓고 내려 공중에서 폭발하도록 했던 것이다. 그 후 김현희는 재판을 받고 사형이 선고되었으나(1990. 3. 27), 전향의사 표명과 김정일의 도구로써 이용된 점이 정상 참작되어 대통령 특별사면(1990. 4. 12)으로 석방되었다.

(바) 잠수함 침투사건

1996년 9월 18일 00:55경 강릉시 강동면 동해고속도로 상에서 택시기사가 거동수상자 2명과 해안가에 좌초된 선박 1척을 경찰에 신고하였다. 좌초된 선박이 북한의 잠수함으로 확인됨에 따라 군경과 예비군은 합동으로 무장공비에 대한 소탕작전에 돌입하였다.

이 수색 · 소탕작전 중 잠수함과 도주로 주변에서 중화기인 대전차 로켓을 비롯하여 M-16, AK 소총, 정찰용 지도 등 유류품 367종 4,380점을 노획하고 조타수 이광수(당시 31세, 상위)를 생포하였으며, 동승했던 정찰조원들이 북한의 지령에 따라 잠수함 좌초책임을 물어 사살한 것으로 추정되는 승조원 11명의 사체를 발견하였다. 도주한 잔당을 추적한 끝에 정찰조장, 잠수함장 등 13명을 발견하여 교전 끝에 사살하였으나, 아군 11명과 경찰 · 예비군 2명 민간이 4명이 피살되는 인명피해를 입었다.

생포된 이광수에 의하면 이들은 북한의 대남공작기구중 하나인 인민무력부 정찰국 해상처 22전대 소속으로 94년 12월 함남 신포시에서 건조된 300톤급 잠수함을 타고 총25명이 침투하여 강릉비행장 · 영동발전소 등을 정밀 촬영하였는데 침투임무는 전쟁에 대비하여 한국의 군사시설에 관한 자료를 수집하는 한편 강원도에서 열리는 전국체전에 참석하는 주요 인사들을 암살하려는 것이었다.

한편, 1998년 6월 22일 오후 4시 33분경 강원도 속초시 동쪽 11.5마일(18km) 지점 우리 영해에서 북한의 유고급 잠수정 1척이 우리 어선이 뿌려놓은 꽁치잡이 그물에 걸려 표류하다 해군 함정에 의해 6월 23일 새벽 동해안으로 예인됐다. 이 잠수정에서는 승조원과 공작원 등으로 추정되는 9구의 시신이 자폭한 채 발견됐다. 중앙합동신문조의 수사결과 사망자 가운데 3명은 머리에 총상을 입은 상태였으며 ,나머지는 난사당한 흔적이 발견돼 공작조가 승조원들을 죽이고 권총 자살한 것으로 드러났다. 발견된 잠수정은 레이더 탐지가 어렵고 잠수 및 발진속도가 빨라 북한이 정찰 및 침투용으로 사용하고 있는 70톤 규모로 길이 20m, 폭 3.1m인 유고급 잠수정이다.

이처럼 '96년의 잠수함 침투와 '98년의 잠수정 발견은 북한이 대외적으로는 대화 제스처를 보이지만 내부적으로는 전쟁준비에 몰두한다는 사실을 일깨워 주고 있다.

'96년 강릉 무장공비 침투사건 때도 대북 경수로건설 사업 등 남북 간의 경제협력은 계속되던 상황이었다.

(사) 천안함 피격 사건

천안함 피격 사건은 2010년 3월 26일에 백령도 근처 해상에서 대한민국 해군의 초계함인 PCC-772 천안이 피격되어 침몰한 사건이다. 대한민국 정부가 발표한 공식 명칭은 천안함 피격 사건이다.

이 사건으로 대한민국 해군 장병 40명이 사망했으며 6명이 실종되었다. 대한민국 정부는 천안함의 침몰 원인을 규명할 민간 · 군인 합동조사단을 구성하였고, 대한민국을 포함한 오스트레일리아, 미국, 스웨덴, 영국 등 5개국에서 전문가 24여 명으로 구성된 합동조사단은 2010년 5월 20일 천안함이 조선민주주의인민공화국의 어뢰공격으로 침몰한 것이라고 발표하였다.

이러한 조사 결과 발표는 미국과 유럽 연합, 일본 외에 인도 등 비동맹국들의 지지를 얻어 국제 연합 안전보장이사회의 안건으로 회부되었으며 안보리는 "조선민주주의인민공화국이 천안함을 공격했다는 조사결과에 비추어 우려를 표명한다"는 내용과 함께 "공격을 규탄한다"는 내용의 의장성명을 채택하였다. 그러나 조선민주주의인민공화국은 자신들과 관련이 전혀 없다고 주장하고, 중화인민공화국과 러시아가 반대하면서 '안보리는 이번 사건과 관련이 없다고 하는 북한의 반응, 그리고 여타 관련 국가들의 반응에 유의한다'는 형식적으로나마 북한의 입장이 반영됐다는 것이 외교가의 평가다.

합동조사단의 조사결과에 "특대형 모략극"이라며 반발했던 조선민주주의인민공화국은 안보리 성명을 사실상 수용했다. 천안함의 침몰에서 인양, 조사 발표까지 대한민국 사회와 주변국의 관심을 끌었으며, 침몰 원인에 여러 주장이 제기되었고 규명과정에서 언론과 각계 인사들은 다수의 문제를 제기하였다. 이 사건으로 인해 남북 간의 긴장이 고조되었으며, 대한민국에서는 침몰 원인에 대해 각기 다른 해석으로 갈등을 빚었다.

(아) 연평도 포격 사건

연평도 포격 사건은 2010년 11월 23일 오후 2시 30분 경, 조선민주주의인민공화국이 대한민국 인천광역시 옹진군 연평면의 대연평도를 향해 포격을 가한 사건이다.

이에 대한민국 해병대는 피격 직후 대응사격을 가하였으며 대한민국 국군은 서해 5도에 진돗개 하나를 발령한 뒤, 곧 전군으로 진돗개 하나를 확대 발령하였다. 이 사건으로 인해 대한민국의 해병대원 전사자 2명(서정우 하사, 문광욱 일병), 군인 중경상 16명, 민간인 사망자 2명(김치백, 배복철), 민간인 중경상 3명의 인명 피해와 각종 시설 및 가옥 파괴로 재산 피해를 입었다.

한국 전쟁의 휴전 협정 이후 조선민주주의인민공화국이 대한민국의 영토를 직접 타격하여 민간인이 사망한 최초의 사건으로 국제 사회의 큰 관심을 끌었으며, 당시 중화인민공화국을 제외한 국제 사회는 조선민주주의인민공화국을 규탄했으나, 조선민주주의인민공화국은 정당한 군사적 대응이었으며 전적인 책임은 대한민국에게 있다고 주장했다. 천안함 피격 사건에 이어 8개월 만에 벌어진 이 사건으로 인해 양측의 갈등은 더욱 심화되었다.

다. 북한의 남침용 땅굴

1971년 9월 25일 김일성은 당 대남공작총책 김중린과 인민군 총참모장 오진우에게 “남조선을 조속히 해방시키기 위해서는 속전속결 전법을 도입, 기습남침을 감행할 수 있어야 하며 특수공사를 해서라도 남침땅굴의 굴착작업을 완료하라”고 지시하면서 “하나의 갱도는 핵폭탄보다 효과적이다”고 강조하였다.

북한은 이 지시에 따라 최신형 굴착기를 스웨덴 등지에서 비밀리에 도입, '특수공사'로 위장하면서 1972년 5월부터 남침용 땅굴을 파기 시작했고, 1974년 2월초에는 군과 당의 고위층들이 독려 차 현장을 방문하는 등 공사 조기완료를 위해 온 힘을 쏟아 부었다. 북한이 판 땅굴의 숫자는 정확히 확인되지 않고 있는데, 현재까지 4개가 발견되었고, 발견된 순서에 따라 순번이 부여됐다.

(1) 제1땅굴 발견

제1땅굴은 1974년 11월 15일 공랑포 동북방 8km 지점인 군사분계선 남방 약 1.2km 지점에서 발견되었다. 지하 45m 지점에 위치한 제1땅굴은 높이 1.2m 너비 0.9m, 길이 약 3.5km에 달하는 콘크리트 구조물이다. 전술능력은 1시간에 1개연대의 무장병력이 통과할 수 있고, 궤도차를 이용하면 중화기와 포신도 운반할 수 있다.

발견 당시 유엔군사령부는 북한 측에 땅굴현장을 공동조사하자고 제의하였으나 북한은 이를 거부하면서 "조작된 것이다", "우리와는 아무런 관련이 없다"는 억지선전만 계속하였다. 그러나 땅굴 속에서 발견된 소련제 다이나마이트, 북한제 전화기, 북쪽에서 남쪽 방향으로 작업진척 일정을 기록한 흔적 등이 북한에서 파내려온 땅굴임을 입증해 주었다.

(2) 제2땅굴 발견

제2땅굴은 1975년 3월 19일에 강원도 철원 북방 13km 지점인 군사분계선 남방 900m 지점에서 발견되었다. 깊이는 지하 50 ~ 160m, 높이 2m, 너비 2.1m, 길이 약 3.5km에 달하는 암석층 굴진 아치형 구조물이다. 전술능력은 1시간에 약 3만 명의 병력과 야포 등 중화기가 통과 할 수 있다.

북한은 제2땅굴에 대해서도 자신들과 무관하다며 극구 부인하였으나 당시 귀순한 북한 노동당 연락부 소속 김부성씨가 자신의 직접 측량을 했고 '콤푸레샤' 요원으로 땅굴작업에 동원되었다고 증언함으로써 북한의 선전이 거짓임을 집증하였다.

(3) 제3땅굴 발견

제3땅굴은 김부성씨의 증언을 바탕으로 적극적이고 과학적인 탐사를 벌인 끝에 1978년 10월 17일 판문점 남쪽 4km 지점인 군사분계선 남방 435m 지점에서 발견되었다. 이 땅굴은 깊이 지하 73m, 높이 2m, 길이 약 1.6km에 달하는 암석층 굴진 아치형 구조물이다. 특히, 제 3땅굴의 전술능력은 1시간에 약 3만 명의 병력과 야포 등 중화기를 통과시킬 수 있는데, 그 위치가 서울에서 불과 44km 거리에 있기 때문에 1, 2 땅굴보다 훨씬 위협적인 것으로 평가되었다.

(4) 제4땅굴 발견

제4땅굴은 1989년 3월 3일 강원도 양구 동북방 26km 지점에서 발견되었는데, 이로써 북한이 중·서부전선뿐만 아니라 전선전역에 걸쳐 남침용 땅굴을 굴착해 놓았음을 밝혀졌다. 이 땅굴은 깊이 지하 145m, 높이 2m, 너비 2m, 길이 약 2.1km에 달하는 암석층 굴진 구조물이다.

북한은 이번에도 1·2·3땅굴 발견 시와 마찬가지로 이를 한국이 파놓은 북침용 땅굴이라고 모략선전하면서 유엔사측의 공동조사단 구성제의(1990. 3. 5)를 묵살하였으나, 폭약 장치용 구멍의 방향이 남측으로 향하고 있고 배수로 경사가 북으로 낮게 되어 있는 등 북한이 파놓은 땅굴임이 입증되었다.

라. 남북화해협력시기에 발생한 연평해전

남북 해군 간에는 1999년과 2002년 6월에 두 차례에 충돌이 있었고, 그 과정에서 쌍방 간에 많은 피해를 입었다. 두 번의 교전은 지난 수 십년 동안 남북 쌍방이 실질적인 해상경계선으로 인정해 왔던 북한한계선을 북한이 무시하고 침범한데서 비롯되었다.

두 차례 발생한 교전의 명칭은 한동안 '연평해전' 과 '서해교전'으로 명명되었으나, 2008년 4월 8일 국방부가 2002년도에 발생한 '서해교전' 명칭을 '제2연평해전'으로 변경하기로 결정하면서, 1999년에 발생한 연평해전은 '제1연평해전'으로 변경되었다.

명칭을 변경한 이유는 그동안 '연평해전'과 전투양상이 유사함에도 불가하고 '서해교전'으로 불리어온데 대하여 일부 국민들이 명칭변경의 필요성을 제기하였고, 2008년부터 정부주관의 국가급 추모행사로 실시하기로 한데 따른 것이다.

(1) 제1연평해전

제1 연평해전은 1999년 6월 15일 오전 서해연평도 인근 해상에서 벌어진 남북 해군함정간의 교전으로, 북방한계선을 넘어 우리 영해를 침범한 북한 경비정을 한국 해군의 고속정이 선체를 충돌시키는 방법으로 밀어내는 과정에서 일어난 사태였다.

북한 측 경비정은 1999년 6월 6일부터 매일 북방한계선을 넘어 와 몇 시간씩 우리 영해에 머물면서 반응을 살피고 돌아가고 있었는데, 9일째 되는 날인 15일 오전 경비정 4척이 꽃게잡이 어선 20척과 함께 북방한계선 남쪽 2km 해역까지 내려왔다. 이에 우리 핵누은 고속정과 초계함 10여 척을 동원하여 오전 9시 7분과 9시 20분 두 차례에 걸쳐 선체를 충돌시키는 밀어내기 식 공격을 감행하였다. 충돌공격을 받은 북한 경비정은 25m 기관포로 공격을 가해 왔으며, 북한 어뢰정 3척도 가담하였다.

우리 해군은 초계함의 76mm함포와 고속정의 40mm 기관포 등으로 응사하여 북한 어뢰정과 경비정을 명중시켰다. 이 교전에서 북한의 어뢰정과 중형 경비정 등 2척이 침몰하였으며, 다른 경비정 3척도 크게 파손된 채 퇴각하였다.

제1연평해전은 북한의 북방한계선 유명무실화 책동을 분쇄한 우리 해군의 쾌거라 할 수 있으며, 특히 남북 해군간의 장비와 기술, 운용체계의 현격한 차이는 바다를 지키는 우리 해군의 당당한 위용을 과시하였고, 우리 국민들에게도 큰 믿음을 안겨 주었다.

(2) 제2연평해전

제2연평해전은 2002년 6월 29일 오전 서해연평도 인근 해상에서 북한 경비정이 선제 기습포격으로 시작된 남북 해군 함정간의 교전이다. 교전에 앞서 북방한계선 북측 해상에서 꽃게잡이 어선을 경계하던 북한 경비정 2척이 북방한계선을 침범하면서 계속 남하하기 시작하였다. 이에 우리 해군 고속정 4척이 즉각 대응에 나서 초계와 동시에 퇴거 경고방송을 하는 한편, 교전 대비태세를 취하였다.

그러나 아무런 징후도 없이 북한 경비정이 갑자기 선제 기습포격을 가해 우리 해군 고속정 '참수리357호'의 조타실이 순식간에 화염에 휩싸였다. 이때부터 양측 함정 사이에 교전이 시작되고 곧바로 인근 해역에 있던 해군 고속정과 초계함들이 교전에 참가하였다.

이 교전으로 우리 해군 윤영하 소령, 한상국 중사, 조천형 중사, 황도현 중사, 서후원 중사, 박동혁 병장 등 6명이 전사하였으며 19명이 부상을 입었고, 고속정 1척이 침몰하였다. 북한 측 역시 막대한 피해를 입고 퇴각하였다.

제2연평해전은 북한의 의도적이고 사전 준비된 기습공격으로 우리 측이 많은 피해를 입었지만, 우리 해군 장병들은 살신성인의 호국의지로 서해북방한계선을 지켜냈다. 희생된 해군 장병들의 고귀한 정신은 명칭변경과 함께 추모행사가 정부주관의 국가급 행사로 격상됨으로써 오래오래 기억 될 것이다.

이상과 같이 우리는 여전히 20세기 한반도에서 발생한 가장 중요한 사건으로 6 · 25전쟁을 드는 데 주저하지 않는다. 전쟁을 겪은 세대에게 있어서 그것은 가장 고통스러운 경험이었으며, 반세기 이상의 기간이 훌쩍 지난 지금에 이르러서도 그 후유증은 이어지고 있다.

남북 간 교류협력이 점차 증가되고 있는 화해협력의 시대에도 불구하고 1999년과 2002년에 발생한 두 차례의 연평해전은 한반도에 전쟁의 불씨가 여전히 살아 있음을 보여주고 있다.

우리는 제2차 세계대전이 끝난 1945년을 기점으로 그 이후의 시기를 전후(戰後)시기라고 부른다. 그런데 엘빈 토플러에 따르면, 1945년부터 1990년까지 45년간 전체 2,340주 중에서 지구상에 전쟁이 전혀 없었던 기간은 도합 3주간에 불과했다.

이 시기에 일어난 전쟁과 내전은 계산방법에 따라 160~180여회에 이르고, 이로 인해 사망한 군인은 약 720만 명에 달한다. 제1차 세계대전 기간도안 사망한 군인이 총 820여만 명임을 감안할 때, 폭넓은 오차를 감안하더라도 세계는 1945년 이후 제1차 세계대전을 다시 한 번 치른 셈이다. 민간인을 포함한 총 사망자 수는 3,300만~4,000만 명에 달하는데 이 역시 부상당하거나 강간 당하거나 강제 이주 당하거나 병들거나 빈곤에 빠진 사람들은 포함하지 않은 수치다. 그러므로 1945년 이후 기간을 '전후' 시기라고 부르는 것은 아이러니가 아닐 수 없다.

우리가 남북교류협력의 진전을 위해 다양한 정책적 노력을 하면서 통일시대를 준비하는 시점에서 6·25전쟁과 북한의 대남도발 사례를 살펴 본 것은 시대의 흐름을 과거의 대립과 대결구도로 되돌리기 위한 것이 아니다.

6·25전쟁이 보여준 참혹한 동족상잔의 비극을 다시는 되풀이하지 말아야 한다는 점을 분명하게 인식한 가운데, 한반도에서의 전쟁을 억제하고 항구적인 평화체제를 구축해 나가는 것이 절실하다는 점을 강조하기 위한 것이다.

역사는 상상도 못했던 전쟁들로 점철되었다는 점을 상기할 필요가 있다. 구소련의 공산주의자 트로츠키(Leon Trotsky)의 다음과 같은 냉정한 말을 잠시라도 망각하지 말자. "당신은 전쟁에 관심이 없을지도 모르지만 전쟁은 당신에게 관심이 있다."

8. 북한의 실상

우리는 지난 1980년대 말 이후 북한의 상황과 관련하여 '위기'라는 말을 써왔다. 사회주의권의 붕괴로 인한 외교적 고립과 지속적으로 악화되어 온 경제난 때문이다. 북한경제의 붕괴는 경제뿐만 아니라 사회 전체를 기능장애와 무기력의 상태에 빠뜨렸다. 통치 이데올로기와 통제에 기초해 있던 북한의 사회주의 체제는 사회적 신뢰를 상실한 일종의 사회적 공동화 현상에 직면하였다.

근대적 정치문화가 보편화되지 못하고 시민사회가 발전하지 못한 북한사회에서 주민들은 일상화된 경제위기에 순응하면서 생계유지를 위한 '고난의 행군'에 내몰리고 있는 것이다. 게다가 UN을 비롯한 국제기구에서 심각하게 문제를 제기할 만큼 북한주민의 인권상황도 악화되고 있고, 끊이지 않는 탈북행렬 역시 오늘의 북한을 잘 보여주고 있다.

이러한 상황에서 북한은 군사국가의 제도화와 강성대국 건설을 위기관리 전략으로 채택하였다. 이는 대내적으로 정권안정을 위한 체제단속을 위해서 전체사회에 일사불란한 명령체계를 주입시키고 나아가 대중적 저항의식이 성장할 수 있는 사회분위기를 봉쇄하려는 것이며, 대외적으로 일반자원의 고갈 속에서 유일한 영향력으로 남아 있는 군을 협상에 활용하려는 것이다.

그러나 북한 지도부의 이러한 전략은 체제위기를 근원적으로 해소하기보다는 일시적으로 봉합하여 미래로 미루어버리는 결과만을 낳게 될 것이다. 이러한 차원에서 본 장에서는 오늘날 북한이 겪고 있는 위기의 실상을 정확히 이해하기 위해 통치이념으로서의 주체사상과 북한주민의 실상에 대해 살펴보고자 한다.

가. 통치이념으로서의 주체사상

(1) 주체사상의 성립과 변화

(가) 주체사상의 성립과 주요내용

주체사상은 북한의 핵심통치이념으로서 북한 정치체제의 규범과 지침이자 지도적 강령으로 기능한다. 주체사상은 북한의 정치, 경제, 사회, 문화와 주민가치 및 생활영역에 이르기까지 전 국가적 영역에서 영향력을 행사하고 있다.

조선노동당의 규약 전문은 "조선로동당은 오직 위대한 수령 김일성 동지의 주체사상, 혁명사상에 의해 지도 된다"고 규정하고 있으며, 1998년 개정헌법은 제3조에서 "주체사상을 자기 활동의 지도적 지침으로 삼는다"라고 명기하고 있다. 북한에서 주체성에 대한 논의가 활발해지기 시작한 것은 1950년대 중반이라고 할 수 있다. 1955년 사상에서의 주체를 시작으로, 1956년 경제에서의 자립, 1957년 정치(내정)에서의 자주, 1962년 국방에서의 자위, 그리고 1966년 정치(외교)에서의 자주를 표명하면서 주체사상은 그 이론적으로 체계화를 시도하였다.

주체사상이라는 명칭이 정립되기 시작한 것은 1967년 접어들면서이며, 1970년 조선노동당 제5차 당 대회를 통해 주체사상은 마르크스-레닌주의와 동등한 위상을 점하며 조선노동당의 공식 이념으로 채택되었다. 그리고 10년 후인 1980년 제6차 당 대회에서 주체사상은 마르크스-레닌주의를 떨쳐내고 독자적 통치이념으로 자리 잡게 되었다.

(나) 주체사상의 변화

1960년대 이후 북한은 김일성 개인우상화에 치중하며 주체사상의 '김일성주의'로의 이론적 변환작업을 시도하였다. 혁명과 건설을 추진하는 주체의 인민대중의 정점에 수령이 존재하며, 수령은 인민대중을 인도하는 영도자의 역할을 담당한다는 이른바 수령론은 김일성 개인우상화의 극치라고 할 수 있다.

1980년대에 접어들면서 주체사상에는 김일성의 공식후계자로 등장한 김정일을 우상화하기 위해 세습수령에 대한 지속적 충성심을 강조하는 내용이 더해진다. 주체의 위업은 결코 하루아침에 이루어질 수 없는 만큼 대를 이어가며 달성되어야 한다는 것이다. 사회주의권 내에서도 유례가 없는 부자세습의 상황을 정당화하기 위해 세습 전제왕조에 대한 기존의 비판적 시각까지도 바꿔놓은 것이다.

1980년대 후반 이후 동구 공산권과 소련이 연속적으로 붕괴함에 따라 북한은 체제 존속에 위협을 느끼고 주체사상의 논리적 보강을 통해 북한식 사회주의의 우월성을 강조하고자 노력하였다.

북한은 1994년 김일성 사망 이래 주체사상의 '김정일주의'로의 전환을 부분적으로 시도하였다. 1996년 이래 간행되고 있는 '위대한 영도자 김정일 동지의 사상 이론' 시리즈는 주체사상의 김정일주의화 작업이었다.

그러나 1990년대 후반 이후 심각한 경제난을 극복해야 하는 현실적 난제에 직면하면서 북한사회는 실리적 사고의 확대를 경험하게 되며, 이는 이념적 지배력을 수행하는 주체사상의 위력을 약화시켰다.

2000년대 들어서 김정일 사망 이후, 김정은으로 이어지는 3대 세습에 연착륙한 것으로 보이나 주체사상에 대한 논의는 더욱 위축되는 과정을 밟게 된다. 선군정치의 기치가 북한정치의 전면에 부상함에 따라 주체사상의 사회적 구속력이 저하되는 현상이 표출되고 있다.

(2) 주체사상의 한계

주체사상에 대한 비판은 다양한 시각에서 이루어질 수 있다. 우선 이론적 측면에서 볼 때, 인간의지의 절대성과 유물론적 경제결정주의가 공존하는 이론 구성에서 과연 논리적 일체성이 확보될 수 있는가 하는 문제이다.

주체사상에 대한 가장 현실적인 비판과 북한식 사회주의라는 기치가 사실상 개인의 권력독점 및 우상화를 위한 정략적 도구로 활용되어 왔다는 점이다. 북한이 직면한 정치적, 경제적, 군사적, 외교적 위기에서 인민대중을 혁명의 주체로 확인시키고 이들의 사고와 행동을 독려함으로써 위기의 극복을 시도하는 주체사상이 일인지배체제 강화와 우상화라는 왜곡된 용도로 차용되면서 주체사상은 그 진실성과 일관성을 상실하고 있다.

현재 북한에서 주체사상은 비판으로부터 자유로운 초법적 통치이념의 위상을 차지하고 있다. 주체사상은 신격화된 김일성에 의해 창시된 것으로서 그간 북한체제의 존립 자체를 대변하는 이념체계라고 해도 과언이 아니기 때문이다. 문제는 주체사상이 내적 논리상의 오류를 지닐 뿐만 아니라 외적 변화에 대응하는 데 지나치게 경직되었다는 내외적 한계에 직면해 있다는 것이다.

21세기 급변하는 시대적 조류에 부응하며 자국의 이익을 지켜가는 국가

이념체계로서의 주체사상의 한계는 너무도 명백하다. 북한의 생존과 발전을 위한 근원적 해법은 북한사회에 내재하는 총체적 경직성의 탈피일 것이다.

(3) 선군정치의 부상

선군정치는 김일성 사망 이후 김정일 체제의 본격적인 가동이 준비되던 1995년 초에 처음 논의되기 시작하였으며, 1998년에 북한의 핵심적 통치기치로 정착하였으며, 2000년대 김정은 체제로 전환된 이후 더욱 강화하고 있다.

사회주의 혁명을 주도하며 북한사회의 발전적 추동력을 제공하는 군의 역할을 강조하는 선군정치는 군의 영향력을 정치 및 경제뿐만 아니라 교육, 문화, 예술 등에 이르기까지 북한사회의 전 영역에 투영시키고 있다. 선군정치 하에서 군은 당과 함께 지도자와 사회주의 체제의 옹호를 위한 중심 기구로의 위상 제고를 꾀하게 되었다. 군 인사의 정치참여를 공식적으로 체계화시키는 등 군을 정치의 전면으로 대두시키는 선군정치는 북한식 군국주의 정치의 대두를 주도하고 있다.

선군정치가 제기된 가장 직접적인 배경은 김일성·김정일 사후 지속되는 경제난 속에서 김정은 정권의 생존이라는 대내적 환경이다. 북한의 극심한 경제난은 당이 인민에게 기본적 삶의 조건을 제공하고 인민은 정권에 대한지지 및 정통성을 부여해 왔던 사회주의적 후원주의 체제를 와해시켰다.

선군정치는 군이 가진 자원과 역량을 활용함으로써 인민경제의 회복을 꾀하는 한편, 당의 저하된 사회통제 기능을 군 조직을 통해 보완하려는 시도라고 할 수 있다. 즉 사회주의의 내적 정통성을 제공하는 당의 기능약화에 직면하여 군의 위상과 역할을 재정립하는 북한식 군국주의를 통해 체계적 위기를 극복하고 정권의 정통성을 만회하려는 노력으로 볼 수 있다.

선군정치의 또 다른 배경은 악화되는 외교적 고립으로부터 초래되는 대외적 안보위협에 대한 북한의 증대된 불안이다. 동구 사회주의권과 구소련의 붕괴 이후 북한의 외교적 고립은 가속화되어 왔다.

오랜 기간 축적된 거대한 군 조직의 존재와 북한사회에 내재된 군국주의 성향 등은 선군정치의 발현을 후원하는 국내적 요인들이다. 이미 주도권을 상실하고 있는 남한과의 체제 경쟁에서 그나마 경쟁력을 보존하고 있는 군사부문에 대한 자부심과 집착 또는 북한이 선군정치를 지향하게 된 배경 요인이다.

경제적 위기 상황 속에서 정권의 정통성 결여에 직면하고 외교적 고립 속에서 자기존립에 대한 위협이 김정은 정권의 선군정치는 정권유지를 위한 불가피한 선택일 수도 있다. 선군정치는 산적한 대내외적 문제들 속에서 정권유지에 대한 불안감을 지닌 김정은 정권이 체제안정화를 도모하는 마지막 수단으로 인식할 수 있다. 따라서 경제난국과 외교고립의 두 핵심 난제가 해소되어 체제 안정화와 이루어지지 않는다면 북한은 선군정치를 포기할 수 없을 것이다.

나. 북한 경제위기의 실체 및 주민생활

(1) 북한의 경제현황과 경제회복정책의 한계

(가) 북한의 경제현황

북한은 자본주의 국가와는 달리 국민총생산에 관한 총량 경제지표로서 '사회적 총생산물'(GSP)과 '국민소득'(NMP)이라는 개념을 사용하고 있다.

그러나 한국은행은 자본주의적 방식에 따라 북한의 총 GNI와 1인당 GNI를 추계하고 있는데, 그 추이는 아래 표와 같다.

남북한 국민소득 및 성장률 추이 비교

구분		2003	2004	2005	2006	2007	2008	2009	2010	2011	2012	2013
명목 GNI (10억)	남한(A)	807	874	912	962	1,040	1,104	1,148	1,266	1,340	1,391	1,441
	북한(B)	21	23	24	24	24	27	28	30	32	33	33
	A/B	38.4배	38.0배	38.0배	40.0배	43.3배	40.8배	41.0배	42.2배	41.8배	42.1배	43.6배
1인당 GNI (만원)	남한(A)	1,688	1,820	1,896	1,990	2,140	2,256	2,336	2,563	2,693	2,783	2,870
	북한(B)	94	102	105	103	104	114	119	124	133	137	138
	A/B	17.9배	17.8배	18.0배	19.3배	20.5배	19.7배	19.6배	20.6배	20.2배	20.3배	20.7배
경제 성장률	남한	2.0	4.9	3.9	5.2	5.5	2.8	0.7	6.5	3.7	2.3	3.0
	북한	1.8	2.1	3.8	-1.0	-1.2	3.1	-0.9	-0.5	0.8	1.3	1.1

출처 : 통계청, 『주요 남북한 지표』 각 년도 2015. 4월 현재

표에서 보는 것처럼 북한경제는 2006, 2007, 2009, 2010년 마이너스 성장률을 기록했는데, 이는 공급경제의 위기를 겪음으로써 단기간 내에 빈곤의 늪으로 추락하는 현상을 나타냈다.

2011년도 이후부터 북한경제는 마이너스 경제성장을 멈추고 플러스 성장세를 나타내기 시작했는데 이는 2011년 김정은 정권 출범 이후 경제 회복 정책이 추진되기 시작한 것으로 보인다.

북한경제는 2006년도에 마이너스 성장률을 보임으로써 2003년 이후의 회복세가 본격적인 산업생산력의 회복세가 아님을 나타내고 있다. 2006년도에 북한경제는 미사일발사 및 핵실험 등으로 대외경제 여건이 악화된 데다 기상악화까지 겹쳐 농업생산율이 전년도에 비해 마이너스로 추락하였다.

그리고 토목건설을 중심으로 한 건설업도 부진했고, 서비스부문도 침체에 빠졌다. 이는 한 마디로 2003년 이후 북한경제의 플러스 성장세가 안정적인 선 순환적 구조는 아니었으며, 경제개혁 시도도 일부 경제부문만 활성화하였을 뿐 거시경제 전체에 긍정적인 효과를 가져다주지 못했음을 의미하는 것이라 할 수 있다. 또한 구조적으로 존재하고 있는 에너지 부족 문제가 지난 몇 년간의 경제회복 조짐에 더욱 현재화됨으로써 경제 전반에 어려운 상황을 초래하고 있는 실정이다.

(나) 경제회복정책의 한계

1990년대만 해도 북한은 계획경제 시스템을 수정하고 시장경제 기능을 적극 도입하는 개혁정책에 부정적이었다. 그러나 오랫동안 지속된 경제난과 밑으로부터 자생적으로 시작된 시장 · 경제적 요소의 확산은 북한식 사회주의체제의 유지 차원에서 '위로부터의 개혁'을 압박하게 되었다. 즉 북한은 수령절대체제라는 북한식 체제도 유지하면서 경제난도 해결하고자 하는 차원에서 7 · 1조치를 단행하게 되었던 것이다.

북한은 중국식 개혁 · 모델조차 북한식 체제유지에 부정적이라고 보았다. 그래서 7 · 1조치를 시행하면서 경제 단위들의 주요 경제목표로 "원칙을 지키되 실리를 추구해야 한다"고 하는 '실리사회주의 노선'을 제기하면서도, 곧바로 2002년 9월 '선군시대 경제건설 노선'이라는 구호도 내걸었으며, 2005년도에는 이를 선군시대 당의 경제사상 및 노선으로 공식 표명하기도 하였다.

선군시대 경제건설노선이란 국방공업의 발전을 우선시하면서 중공업, 경공업, 농업발전을 동시적으로 추구한다는 경제정책 노선이다. 이는 한

마디로 북한이 기존 정치이념 및 체제는 개혁하지 않은 채 인민경제와 관련된 일부 경제부문에서만 한정된 개혁 · 개방, 즉 선군정치 하의 개혁 · 개방을 하겠다는 논리이다.

따라서 북한이 추진하고 경제회복정책은 근본적인 한계에 봉착할 수밖에 없고, 특히 공급부문의 애로를 타개하기에는 역부족이다. 중국처럼 수출 지향적 산업의 육성을 통한 산업생산력의 회복을 도모하지도 못하고, 계획경제의 공간과 시장경제의 공간 사이에 심각한 괴리를 표출하고 있는 실정이다.

(2) 북한의 식량난과 주민생존권 위협

(가) 만성적인 식량수급 불균형

오늘날 북한사회와 가장 심각한 문제는 만성적인 식량난이다. 이미 1990년대 중반 이후부터 배급체계는 와해되었고, 북한 주민들은 스스로 식량을 구할 수밖에 없게 되었다.구소련을 비롯한 사회주의 국가들의 지원 및 우호무역의 감소, 경제난으로 인한 농업원자재 생산의 급락, 연속적인 자연재해 등으로 식량생산량도 400만 톤 이하로 급락하면서 심각한 기근에 직면하게 된 것이다.

북한의 식량 수급량 추이

연 도	2000	2001	2002	2003	2004	2005	2006	2007	2008	2009	2010	2011	2012
최소 소요량	359	395	413	425	431	454	448	401	431	411	531	534	536
생산량	345	369	349	389	422	359	395	413	425	431	454	468	481

출처 : 통계청, 주요 남북한 지표, 농촌진흥청 발표자료, 15. 4월 현재

표에서 보는 것처럼 2007년 이후 연간 400만 톤 수준의 생산량을 보이

고는 있으나, 매년 50 ~ 100여만 톤의 식량부족을 겪고 있음을 알 수 있다. 즉 자연재해로 인한 일시적인 현상이 아니라 북한경제의 구조적인 문제인 것이다.

(나) 북한주민의 생존권 위협

먹는 문제는 사람이 살기 위한 최소한의 기본조건임에도 불구하고, 북한 주민들이 겪고 있는 배고픔의 문제는 무수한 아사자를 낳고 있고, 나아가 '식량난민'을 양산함으로써 가정마저 해체시키고 있다.

노인과 어린이의 사망이 계속되고 있고, 청소년들은 먹을 것을 찾아 역전과 장마당을 떠돌면서 구걸 하거나 남의 것을 훔쳐 먹으며 연명한다. 젊은 여성들은 가족들을 살리겠다는 생각으로 중국으로 팔려오고 있고, 부부간의 이혼율도 갈수록 증가하고 있다.

산에서 나물을 채취하거나 농장에서 식량을 훔치는 사람들도 늘어나고 있다. 이제 식량을 구하는 방법은 중국으로 탈출하거나 도둑질을 하는 방법밖에는 없다고 한다. 이러한 사회분위기는 사람들 사이에 불신과 이기주의를 낳고 도덕과 질서를 무너뜨리고 있다.

(3) 북한인권과 탈북

(가) 북한의 인권실태

북한체제의 폐쇄적 속성으로 인해 북한인권 문제의 전체적인 실상을 정확히 파악하기는 어렵지만, 북한 인권 실상이 극히 열악하다는 점에 대해서는 공감대가 광범위하게 형성되어 있다.

유엔에서 채택된 북한인권결의안에서 보듯이 북한 내에서 광범위하고 체계적이며 조직적으로 인권이 유린되고 있는 상황이다. 데이비드 호크의 『감춰진 수용소』, 북한인권시민연합의 『고문공화국, 북한』 등에서 보듯이 점차 구체적 사안을 중심으로 북한인권을 고발하는 보고서들이 발간되고 있다.

시민적 · 정치적 권리 측면에서 가장 심각한 인권유린 현상으로 정치범 수용소의 존재가 국제적으로 공론화되어 왔다. 현재 북한에는 20여 만명의 정치범이 각지에 분포한 수용소에 수감 중인 것으로 추정되고 있는데, 이곳에서 탈출한 자들이 증언함으로써 참혹한 실상이 구체적으로 알려지고 있다.

또한 교화소, 구류장 등 각종 구금시설에서 고문, 기아와 질병 등으로 인해 수감자들이 고통을 당하고 있다. 특히, 인권의 개념이 결여된 북한의 법체계에서 오래전부터 상습적으로 일어나는 것이 공개처형이다.

북한에서는 김정은의 교시가 국가통치의 가장 위에 있고, 그 다음이 조선노동당의 결정사항이며, 그 아래 헌법과 각종 법률이 있다. 따라서 법치라는 개념이 약하고 법률에 대한 관심도 적다.

형법도 헌법과 마찬가지로 법으로서 제 역할을 하지 못하고 있다. 일반적으로 형벌은 재판소의 재판을 거치는 것으로 되어 있지만, 재판을 거치지 않는 경우도 많이 있다. 특히 가장 가혹한 형벌의 하나인 정치범수용소의 수감은 대부분 재판을 거치지 않고 이루어지고 있다.

또 북한에서는 정치범의 경우 연좌제를 실시하고 있다. 가족 중 한 명이 정치범이 되면 나머지 가족도 정치범수용소에 갇히는 것이 일반적이다. 이 역시 재판을 거치지 않는 것은 물론이다. 이처럼 북한의 인권상황은 극히 열악한 수준이며, 북한 정권은 주민들에 대한 엄격한 통제와 함께 심각한 인권유린을 지속해 왔다.

(나) 이어지는 탈북행렬

1990년의 심각한 식량난으로 많은 북한 주민들이 자기 집에서 굶어 죽었거나, 심한 규제를 무릅쓰고 식량을 구하러 각지로 뛰어 다녔다. 유랑하면서 연명하던 주민들 중 더 이상 지탱하기 어려운 사람들이 최후의 선택으로 국경을 넘는다.

식량난 이전에는 특별한 증명 없이도 중국과 서로 왕래가 가능했지만, 식량난이 심화되면서 이제 허가 없이 국경을 넘게 되면 불법 탈출자로 처벌을 받게 되고, 국경수비대의 단속도 강화하였다. 그러나 굶주림에 지친 북한주민들의 월경을 막기에는 역부족이어서 국경경비대의 눈을 피해서, 또는 경비대에 뇌물을 주고 강을 건너는 사람들의 행렬은 계속되고 있다.

이러한 현상은 1996~1997년에 절정에 달했는데, 당시 중국에 단기나 장기로 체류하는 탈북자는 20만~30만 명이나 되었다. 처음에 북한 당국은 탈북자를 심하게 고문하고 정치범수용소에 보내는 등 가혹하게 처벌했지만, 탈북자들이 줄지 않고 국제사회의 여론이 나빠지자 1개월 내지 2년 정도의 징역형으로 가볍게 처벌하고 있다.

1998년 이후 식량 위기가 완화되어 탈북자 수는 줄었지만, 낙후되고 억압적인 북한체제에 염증을 느끼고 탈출하는 사람들의 행렬은 지금까지 이어지고 있다. 중국으로 탈출한 사람 중에는 여성이 더 많은데, 이들은 인신매매의 표적이 되기도 한다. 인신 매매범들은 북한이나 중국 정부의 보호를 받지 못하는 이들의 처지를 악용해서 노예와 같은 삶을 강요하고 있다.

탈북자들은 멀리 동남아시아나 몽골을 거쳐 한국으로 오기도 하고 치외법권 지역인 중국 주재 외교공관에 들어가서 보호를 받다가 한국에 오기도 하며, 간혹 미국 등 제3국에 정착하는 사례도 있다.

2007년 현재 남한에 정착한 탈북자는 1만 2,000명에 달한다. 한국 정부는 이들의 정착을 돕기 위해 정착교육을 하고, 정착자금을 지원하고 있다. 일부 적응하지 못하는 사례가 있지만 대부분의 탈북자는 자유로운 남한사회에서 나름대로 꿈을 실현하면서 열심히 생활하고 있다.

지금까지 살펴본 것처럼 오늘날 북한 주민들의 현주소는 하루하루 연명하기 바쁜 최악의 상황이다. 경제위기는 구조화되었고, 식량난도 만성적인 현상으로 되면서, 주민들은 먹을 것을 찾아 떠돌거나 아예 국경을 넘어서는 일이 일상화되었다.

북한 주민은 태어나면서부터 "수령님과 장군님은 인민의 어버이로 위대하다"라고 세뇌교육 받는다. 종교집단과 같은 이러한 국가체제는 1990년 초까지는 그런대로 유지되어 왔다. 그러나 어버이 수령만 믿고 있던 수백만의 사람이 굶어 죽은 후 이러한 신뢰는 근본적으로 흔들리기 시작하였다. 중국과 남한의 발전상에 관한 정보들이 여러 갈래로 들어오면서 사람들은 자시의 불우한 처지를 분명하게 인식하고 있다. 부정부패가 극심해지면서 국가와 관료에 대한 불신도 깊어지고 있다.

아직은 국가안전보위부나 정치범수용소와 같은 탄압기관들이 기능을 유지하고 있기에 사람들은 겉으로는 충성을 표현하지만 속으로는 등을 돌리고 있는 실정이다. 이러한 점에서 우리는 국가란 무엇이며, 한 사회의 삶의 양식을 규정하고 있는 이데올로기는 무엇인가에 대한 근본적인 질문을 던지지 않을 수 없다.

국가는 국민의 생명을 보호하고, 인권을 보장하며, 자유를 누리게 하면서 풍요로운 삶을 보장하기 위해 존재한다. 그러나 오늘날 우리의 동포인 북한 주민들의 삶은 어떠한가? 정치범 수용소로 상징되는 인권유린의 일상화, 자유에 대한 억압과 굶주림, 그리고 끊임없는 탈북행렬이 북한의 현주소다.

그럼에도 불구하고 북한 지배층은 선군정치의 폭력에 의존하면서 군사력을 증강시키는 것만큼은 소홀히 하지 않고 있다는 점을 우리는 명심해야 할 것이다.

9. 북한의 위협

가. 군사적 위협[108)]

북한의 대남 군사전략은 적화통일을 실현하기 위한 군사력 운용의 기본지침이다. 북한의 대남 군사전략은 '기습전략, 속전속결전략, 정규전과 비정규전의 배합전략'으로 구성된다.

초기 기습공격과 정규 · 비정규전의 배합으로 전쟁의 주도권을 장악하고, 강력한 화력과 기계화 · 자주화 기동부대로 전과를 확대하여 미 증원군이 도착하기 이전에 전쟁 종결을 모색하는 속전속결전략을 기본으로 하고 있다.[109)]

기습 전략은 정규군에 의한 대규모 기습공격을 의미한다. 이 전략은 특수부대의 기습공격에 이르기까지 다양하게 전개되는 전략개념이다. 이 전략의 실천을 위해 북한은 70% 이상을 휴전선으로부터 100㎞ 이내에 배치하고 있다. 또한 북한은 후방 주둔 기계화군단을 기계화사단으로 나눠 전방의 4개 군단지역에 배치시켰다. 북한 기계화사단은 휴전선 10㎞ 이내에 170mm 자주포 540여 문과 방사포 460여 문을 배치해 수도권을 위협하고 있다. 20여만 명 규모의 특수전 부대는 유사 시 한국의 전 지역에 동시다발적으로 침투하여 후방지역 교란과 사회혼란을 조성하려는 계획도 가지고 있다.[110)]

---

108) 김충남 · 문충보, 『민주시대 한국 안보의 재조명』(서울 : 오름), 2012, pp. 281 ~ 285. 인용.

109) 국방부, 『2014 국방백서』(2014)

110) 국방부, 『2010 국방백서』(2010), p.24; 한국 전략문제연구소, 『동북아 전략균형

속전속결전략은 기동부대를 신속히 투입하여 서울을 조기에 점령하거나 우회하여 포위 · 고립시키고, 한국 동원군이 투입되고 미 증원군이 도착하기 이전에 전쟁 종결을 모색하는 전략이다. 이를 위해 북한은 무기체계의 기계화, 자주화, 경량화를 지속적으로 추진해왔다. 구체적으로 북한은 핵무기와 탄도미사일 등으로 한국의 후방이나 미국의 대대적인 개입을 막으려 하고 있다.

이 전략에 따라 북한은 미사일 사거리와 정확도를 높여 미국 항공모함의 한반도 접근을 차단하고, 한반도 유사시 가장 먼저 투입될 주일미군 기지를 공격함으로써 미 증원의 한국 투입을 차단하면서 조기에 서울을 점령하는 것이다.

정규전과 비정규전의 배합전략은 전선에서의 전투와 병행하여 후방지역에서 비정규전을 벌여 제2전선을 형성하는 것을 말한다. 이를 통해 우리 군의 동원을 방해하고 지원 및 증원을 차단하는 등 '전후방 동시전장화'로 우리 군의 전투의지를 상실하게 만들려는 것이다. 배합전략을 위한 군사력은 특수전 부대이다

여단급으로 여기에는 경보병여단, 항공육전여단, 저격 및 해상육전여단이 있으며, 대대급으로는 경보병 및 정찰대대 등 다수가 편성되어 있다. 해상침투수단으로는 공기부양정, 잠수정, 고속상륙정 등이 동서해안에 배치돼 있고, 공중수단으로 헬기, 수송기, AN-2기 등 저공 침투장비를 다량 보유하고 있다. 그 밖에도 북한은 남침용 땅굴, 70척의 잠수함, 20만의 특수부대 등 한국을 단숨에 공포와 혼란에 빠뜨릴 수 있는 비대칭 전력을 보유하고 있다.

2011』(2011), p.212.

특히 특수전 부대는 유사시 땅굴과 AN-2기 공기 부양정, 고속상륙정 등을 이용해 후방지역으로 침투해 동시다발적으로 우리 군 기지, 방공망, 통신망, 전력망 등을 공격해 나라 전체를 혼란에 빠뜨릴 가능성이 있다.

북한은 경제력 열세에 기인하는 한국과의 재래식 군비경쟁에서 열세를 만회하기 위해 핵무기 및 미사일을 포함한 대량살상무기를 보유하는 '비대칭 전력'을 강화해왔다.

'비대칭 전력'의 위협은 무엇보다 심각하다. '비대칭 전력'은 우리에게는 없고 북한만 가지고 있거나, 우리가 가지고 있더라도 북한의 전력수준이 월등한 전력이다. 더구나 우리 군은 북한의 비대칭 전력을 무력화시킬 수 있는 능력을 보유하고 있지 못하기 때문에 그들의 비대칭 전력은 더욱 위협적이다. 북한의 비대칭 전력에는 다음과 같은 것들이 포함된다.

첫째, 핵무기다. 그동안 북한은 핵무기 개발에 강한 집착을 보여 왔다. 북한은 이미 세 차례의 핵실험을 했다. 그것이 성공했다면 2 ~ 9개의 핵무기를 보유하고 있을 것으로 추정된다. 북한은 핵무기를 양산할 수 있는 우라늄 방식의 핵개발도 추진하고 있다.

둘째, 탄도미사일이다. 북한은 일본까지 위협할 수 있는 탄도미사일을 보유하고 있고 최근 미국까지 겨냥한 대륙간탄도미사일(ICBM)도 개발하고 있다. 북한은 한국 전역을 공격할 수 있는 SCUD-B와 SCUD-C 미사일을 500 ~ 600기 정도 보유하고 있다.

셋째, 북한의 생화학무기도 큰 위협이다. 북한은 화학무기 생산능력에서 세계 3위이다.

넷째, 북한의 전자전과 사이버전도 중대한 위협이 되고 있다. 북한은 인민군 총참모부 산하에 전자전 국과 사이버전 국을 두어 전자전과 사이버 테러를 시도하고 있다. 북한은 50 ~ 100㎞ 범위에서 위성위치정보시스템(GPS)의 전파교란을 할 수 있는 러시아제 차량 탑재용 전파방해(JAMMING) 장비를 도입해 군사분계선 인근 2 ~ 3개 지역에 배치한 것으로 알려지고 있다.

북한의 병력동원 수준은 세계 최고다. 북한은 인구 2,400만 명 규모에서 119만여 명의 정규군과 770만여 명의 예비군을 보유하고 있다. 한국에서는 병력이 계속 감소 추세였지만 북한에서는 1970년대 50만 수준에서 1990년대 100만, 2000년대 119만으로 지속적으로 증가해왔다.

북한이 남침전쟁의 가능성을 염두에 두지 않는 한 그처럼 대규모 병력을 유지할 필요가 없을 것이다, 북한 병사들의 복무기간도 1995년부터 10년 간 복무하도록 하고 있어, 우리의 21개월과 크게 대조적이다. 북한은 현재 14세부터 60세까지 인구의 약 30%(770만)가 전시 동원대상이며 연간 15 ~ 30일 간 실전 같은 훈련을 실시하고 있다. 이들 예비 병력은 북한체제의 특성 상 언제라도 전원 동원이 가능한 것으로 평가되고 있다.

우리 사회에는 경제난에 처한 북한이 더 이상 우리에게 위협이 되지 않는다고 생각하는 사람들이 적지 않다. 북한의 재래식 무기체계는 낡았으며, 기름이 없어서 전쟁을 할 수 없다고 말하곤 한다. 그러나 북한은 적화통일 위해 모든 것을 희생해왔다. 북한은 남으로 총구를 향하고 있는 실제 현존하는 위협이다.

2천만이 밀집되어 있는 수도권이 그들의 볼모가 되고 있다. 북한군 대부분이 휴전선에 근접해 있어 우리는 그들의 침략에 효과적으로 대응하기 어렵다. 또한 그들의 군사적 도발이나 전쟁 위협은 우리 경제에 치명적인 위협이 된다.

북한의 기습적 전면공격은 그들이 말하는 '결정적 기회'가 왔을 때 이루어진다. 그것은 주한미군 철수 등 한미공조가 약화되고, 국내 종북 세력을 중심으로 한 무장폭동과 민중봉기로 극도의 혼란상태를 조성한 다음, 이들 종북 세력들이 북한에 공개적으로 지원을 요구하게 하고 그것을 빌미로 무력 개입하려는 것이다. 따라서 그들에게 '결정적 기회'의 빌미를 주지 않으려면 견고한 국방태세와 한미동맹의 유지가 필수적으로 요구되는 것이다.

나. 비군사적 위협[111)]

(1) 대남전략의 목표 : 남조선혁명

북한의 대남전략의 최고 목표는 '남조선혁명'을 통한 통일(적화통일)이다. '남조선혁명'은 '민족해방(주한미군 철수)'과 '인민민주주의 혁명(친공정권 수립)'이라는 두 가지 과업으로 나뉘어져 있다.

민족해방이란 남한이 미군의 점령 하에 있다고 보고 반미 자주화투쟁을 통해 주한미군을 비롯한 미 제국주의 세력을 축출하여 남한 주민들을 해방시키겠다는 것이다. 북한은 통일문제 발생의 근원을 '미군의 남조선 주둔과 그로 인한 국토분단'에서 비롯되었다고 주장해왔다. 따라서 남한에서 외세를 축출하는 것을 '남조선해방'으로 규정하고 이를 달성하기 위해 민족대단결을 이룩해야 한다고 강조한다.

---

111) 김충남 · 문충보, 『민주시대 한국 안보의 재조명』(서울 : 오름), 2012, pp. 285 ~ 306. 인용.

'인민민주주의 혁명'이란 남한에서 '독재파쇼정권(자유민주정권 또는 보수정권)'을 타도하고 노동자와 농민 등 무산계급이 주도하는 민족자주정권, 다시 말하면 친북적 정권을 수립하는 것을 말한다. 그 동안 북한이 한국의 각종 선거에 직간접으로 영향을 미치려 한 것은 바로 이 때문이다. 북한은 남조선혁명에 의해 남한에 들어서는 친공 정권과 북한 공산정권이 합작(연합)하여 통일하는 것을 최종 목표로 하고 있다. 통일된 나라는 주체사상을 신봉하는 공산주의 국가여야 한다는 것이 대남전략의 핵심이다.

북한은 노동당이 지배하는 독재체제다. 노동당은 정상적인 국가의 정당과 근본적으로 다른 '남조선혁명'을 주도하는 혁명조직이다. 북한은 1945년 10월 노동당 창건 시 '남조선혁명'을 통한 적화통일 목표를 강령으로 채택한 후, 이를 현재까지 고수하고 있다.

2012년 4월 11일 개최된 제4차 당대표자대회 시 개정된 당 규약은 "공화국 북반부에서 사회주의 완전 승리를 달성하고 전국적 범위에서 민족해방, 인민민주주의의 혁명과업을 완수하여 온 사회의 주체사상화와 공산주의사회를 건설한다"는 기존 문구를 "공화국 북반부에서 사회주의 강성대국을 건설하며, 전국적 범위에서 민족해방 민주주의 혁명과업을 수행하는 데 있으며, 최종 목적은 온 사회를 김일성·김정일주의화하여 인민대중의 자주성을 완전히 실현하는 데 있다"로 수정하여 '공산주의사회 건설'문구를 '자주성 완전 실현'으로 바꾸어 표기했다. 하지만 그 본질에 있어 이 대목은 적화통일을 달성한다는 것과 같은 의미다.

(2) 남조선 혁명역량 강화

한국에서 격렬한 반정부 운동이 일어나자 김일성은 한국 내 민주화 운동과 통일 열망을 잘 결합하면 대중혁명 방식에 의한 적화통일이 가능하다고 판단했다. 특히 그는 4 · 19 이후 통일의 호기를 놓쳤다고 두고두고 후회하면서 4 · 19가 '붉은 혁명'으로 승화되지 못한 것은 남한 내에 혁명을 주도할 인물과 지하당이 없었기 때문이라며 하루 빨리 남한 내에 혁명정당을 구축하라고 지시했다. 이 같은 맥락에서 1961년 9월 조선노동당 4차 대회에서 보고된 사업총화에서는 "남조선에도 혁명적 당이 필요하다"는 내용이 포함됐다.

김일성은 1964년 적화통일을 실현하기 위해서는 '3대 혁명역량'을 강화해야 한다고 선언했다. 3대 혁명역량이란 ① 북한의 혁명역량, ② 남한의 혁명역량, ③ 국제적 혁명역량을 말한다.[112] 그는 남조선혁명의 기본임무를 "남조선에서 미 제국주의 침략세력을 내쫓고 그 식민지 통치를 없애며 군사파쇼독재를 뒤집어엎고 선진적인 사회제도(공산제도)를 세움으로써 남조선사회의 민주주의 발전(공산화)을 이룩하는 것"으로 규정했다.[113]

이에 따라 북한은 '남조선인'들의 혁명투쟁을 지원하여 '남조선혁명'을 완수케 함으로써 궁극적으로 통일을 실현하고자 했다.[114] 3대 혁명역량 중에서 대남전략과 직결된 것은 남한의 혁명역량 강화이다.

남한에서의 혁명역량 강화는 ①남한 내 민주주의 운동 지원, ② 남한

112) 김일성, "조국 통일위업을 실현하기 위하여 혁명역량을 백방으로 강화하자,"『김일성저작선집』제18 권(1964. 1-1964. 12), (평양, 1982), p. 249.

113) 김일성, "조선로동당 제5차 대회에서 한 중앙위원회 사업총화 보고,"『김일성저작선집』제5권(1968. 2-1970. 11), (평양, 1972), p. 479.

114) 허종호, 『주체사상에 기초한 남조선혁명이론과 조국통일 리론』(평양, 사회과학출판사, 1975), pp. 22 ~ 26.

인민의 정치사상적 각성, ③ 혁명당과 혁명의 주력군 강화 및 통일전선 형성, ④ 반혁명역량 약화 등으로 집약된다.[115]

남한 내 민주주의 운동 지원이란 남한 내 용공세력, 친북세력, 반정부세력 등의 투쟁을 선동·고무하고 지원하는 것을 뜻한다. 이를 위해 북한은 간첩을 남파하여 투쟁자금을 지원하는 등 좌파운동권과의 연계를 강화했을 뿐 아니라 유언비어 유포, 선전선동 등으로 사회혼란을 조성하고자 노력해왔다.

남한인민의 정치사상적 각성이란 남한 주민들에게 반(反)대한민국, 반정부 의식, 반미의식을 조장하고 김일성 우상화와 북한체제의 미화, 주체사상의 확산 등을 통해 그들의 대남 공산혁명 노선에 동조하도록 하는 '의식화 공작'을 말한다.

혁명당과 혁명의 주력군 강화 및 통일전선(united front)형성이란 남한 내 친북조직을 지원하는 공작활동을 말한다. 이를 위해 남조선혁명을 이끌어나갈 지하당을 구축하고 혁명의 주력군인 노동자, 농민, 청년학생 및 진보적 인텔리의 투쟁을 지원한다는 것이다. 통일전선전술은 공산당이 주적(主敵)을 타도하는 데 있어 그들의 힘만으로는 불가능하다고 판단할 경우 동조세력을 끌어들여 그들과의 잠정적 제휴를 통해 투쟁하는 전술이다. 그러나 공산세력은 주적 타도라는 목표가 달성된 후에는 제휴했던 비공산세력들을 하나씩 고립시켜 제거함으로써 궁극적으로 공산당 독재를 완성한다.

반혁명역량의 약화란 남한의 무장력인 국군을 무력화시켜 결정적 시기

115) 같은 책, pp. 272 ~ 284.

에 공산혁명군으로 활용하자는 것이다. 이를 위해 북한은 우리 군 내에 간첩을 침투시켜 장교 등을 포섭하여 동조세력을 구축하고 남한의 정치, 경제, 사회 등 각 분야를 약화시켜 분열과 혼란을 조성코자 했다. 북한은 특히 그들의 대남공작에 대응 활동을 하는 한국의 대공 수사기관을 무력화시키고 공산주의 활동을 규제하는 국가보안법 철폐운동을 벌이는 등 그들의 대남전략에 대응하기 위한 우리의 법적·제도적 장치를 분쇄하려고 갖은 공작을 일삼아왔다.116)

북한은 통일전선조직체로 1949년 6월 '조국통일 민주주의전선'을 결성했다. 이후 반미구국통일전선, 반파쇼민주연합전선의 결성을 주도했으며, 1980년대에는 한국민족민주전선을 위장 출범시켰다.

1990년대에는 해외 동포까지 포함하는 통일전선을 형성한다면서 조국통일범민족연합(범민련), 조국통일범민족 청년학생연합(범청학련) 등을 결성하여 한국뿐 아니라 해외에서도 활동하게 했다. 한국 내 통일전선전술 실천을 위해 북한은 ① 남한 내 각계각층을 '각성'시켜 주요 타격대상(남한정부와 보수세력)을 고립시키고, ② 각계각층 세력과 잠정적 제휴로 '진보적 정권(용권정권)'을 수립한 후, ③ 남한의 '진보적 정권'과 북한정권과의 합작형식을 통해 통일(적화통일)을 이룩하며, ④ 최종적으로 '사회주의 혁명'에 방해가 되는 각계각층의 민주세력을 제거하는 순으로 그 실천내용을 규정하고 있다.117)

이처럼 북한은 남한 혁명전선을 '민족 대 반민족 세력' 구도로 설정하

---

116) 유동열, 『북한의 대남전략』(통일교육원, 2009).

117) 강수산, "북한의 대남 적화통일전략의 실상," 이대우 편, 『탈북자와 함께 본 북한사회』(세종연구소, 2012), p. 34.

여 국내 친북·좌익세력만을 '전략적 민족주의 세력'으로 인정하고 있다. 이에 반해 현 정권에 반대하는 각계각층은 '전술적 민족주의 세력'으로 분류하여 대남사업에 활용한 후 적화통일 목적이 달성되면 제거하겠다는 것이다.

북한의 대남 통일전선전략은 대남 선전선동 등 정치·심리적 차원과 남파간첩(직파간첩 및 고정간첩)에 의한 한국 내 지하 조직망 구축 등 공작차원으로 이뤄진다. 통일전선전략을 수행하는 조직은 김정은의 직접 관장 하에 있는 노동당 통일전선부, 내각 소속인 225국(구 노동당 대외연락부), 인민군 정찰총국 산하 대외정보국(구 노동당 35호실)과 작전국(구 노동당 작전부) 등으로 구성돼 있다.

이 가운데 대남 통일전선 주무기구는 통일전선부이며 그 산하에 외곽단체로 조평통(조국통일위원회), 조국전선(조국통일 민주주의전선), 반제민전(반제민족민주전선), 아·태평화위(조선아세아태평양위원회) 등을 두고 있다. 2000년대에 들어 북한은 남북한 각계 인사들로 구성된 민화협(민족화해협의회)을 결성했다.

통일전선부는 1978년에 만들어졌다. 설립의 주된 목적은 남한의 민주화운동을 공산혁명운동으로 발전시키기 위해 남한 내 '민주화 역량'(공산혁명역량)을 지휘, 조종할 수 있는 부서의 존재 필요성 때문이었다.118)

118) 통일전선부의 뿌리는 소련이 1946년 국가안전성 국제정보국 예하에 「소련군 정찰대 극동지부 북조선 파견대」를 설치하고 남한의 공산세력 확장과 공산화를 목적으로 하는 「서울공작위원회」를 뒀다. 김일성은 1948년 10월 10일 「서울공작위원회」를 「대남사업부」로 승격시켜 노동당에 소속시켰다. 보안을 유지하기 위해 중앙당 건물과 분리된 별도의 건물을 사용했는데 이것이 「3호청사」였다(출처 : 네이버지식백과).

남한 내 혁명역량 강화를 위한 공격적인 통일전선 실천 방안으로는 1980년대부터 추진 중인 '대남 5대 포위공세'를 꼽을 수 있다. '5대 포위공세 전략'은 1975년 김정일이 대남사업을 관장하면서 사업 전반에 대한 재검토를 지시한 후, 이듬해부터 1978년까지 대남 공작 전문요원 15명으로 구성된 연구 집단에 의해 정립된 것으로, 향후 대남공작의 기본방향을 규정한 것이다.

주된 내용은 주 공세(정치 · 평화적 공세, 사상적 공세, 조직적 공세)와 보조공세(외부적 공세, 군사적 공세)로 구분된다. '5대 포위 공세전략'은 평상시 주 공세를 위주로 대남전략을 추진하다가 남한 내 혁명역량이 축적되고 결정적 시기가 도래하면 이를 바탕으로 보조 공세인 외부적 공세와 군사적 공세를 결합하여 적화통일을 이룩한다는 전략이다.

(3) 연방제 통일전략

4 · 19 혁명[119] 직후 급진적인 학생들이 미군철수와 남북협상에 의한 통일을 주장하는 등 대남 통일전선에 유리한 여건이 조성되자, 북한은 연방제 통일을 주장하기 시작했다. 그러나 그들의 본격적인 연방제 통일제의는 1980년 10월 10일 노동당 대회에서 김일성이 제시한 고려연방제 통일방안이다.

---

119) 4 · 19혁명 : 1960년 4월 19일에 절정을 이룬 한국 학생의 일련의 반부정(反不正) · 반정부(反政府) 항쟁.
1960년 4월 19일 자유당 정권이 이기붕을 부통령으로 당선시키기 위하여 개표를 조작하자 이에 반발하여 부정선거 무효와 재선거를 주장하며 학생들이 중심이 되어 일으킨 혁명이다. 정부수립 이후, 허다한 정치파동을 야기하면서 영구집권(永久執權)을 꾀했던 이승만(李承晩)과 자유당정권(自由黨政權)의 12년간에 걸친 장기집권을 종식시키고, 제2공화국(第二共和國)의 출범을 보게 한 역사적 전환점이 되었다(출처 : 두산백과사전).

그 주요 내용은 "북과 남이 서로 상대방을 존재하는 사상과 제도를 그대로 인정하고 용납하는 기초 위에서 북과 남이 동등하게 참가하는 민족통일정부를 수립해야한다"는 것이다. 이것은 남북한 동수의 대표로 구성되는 '1민족 1국가 2체제 2지역정부' 통일방안이었다.

그런데 김일성은 '연방제 통일'을 위한 선결조건을 주장하고 나섰다. 한국과 관련된 선결조건으로는 남한의 반공법 및 국가보안법 등의 폐지, 모든 정당 · 사회단체(즉 친북적 정당과 단체)의 합법화, 민주애국인사(반체제 및 친북인사)의 석방, '군사파쇼정권'의 민주주의 정권(친북적 정권)으로의 교체 등이다.

미국에 관련된 선결조건으로는 정전협정을 평화협정으로 바꾸기 위한 미국과의 협상, 주한미군 철수 등이 포함됐다. 이렇게 볼 때, 연방제 통일방안은 대남전략과 대미전략을 포함하는 '남조선 혁명전략'의 일환이라 할 수 있다.[120)]

연방제 통일의 선결조건은 '남북한의 현재 이념체제와 제도를 그대로 둔다'는 그들의 연방제 통일방안 내용과 모순되는 것이다. 또한 그들의 통일방안에는 통일 헌법의 제정 절차와 총선거에 대한 내용도 없다. 이 같은 통일방안은 분단국가인 중국이나 월맹의 공산주의자들이 적화 수단으로 상투적으로 사용해왔던 '통일전선전술'과 같은 것이다. 그러나 독일의 흡수통일 및 동유럽 사회주의 국가들의 붕괴로 인해 북한이 외교적 고립과 경제적 파탄 등 체제붕괴 위기에 직면하면서 그들은 연방제 통일에 전술적 변화를 시도했다.

---

120) 김일성, "조선노동당 제6차 대회에서 한 중앙위원회사업총화보고(1980년 10월 10일)," 『조국의 자주적 평화통일을 위하여』(평양 : 조선노동당출판사, 1981), p. 515.

김일성은 1991년 신년사를 통해 '1민족 1국가 2제도 2정부에 기초한 연방제'를 거론하면서 연방제 내에서 남북한 두 지역정부가 외교권, 군사권, 내치(內治)권을 갖는 '지역 자치정부 권한강화론'과 제도통일(완전한 통일)은 후대로 미룬다는 '제도통일 후대론'을 들고 나왔다. 이것은 사실상 통일을 반대하는 것이었다. 김일성이 이 같은 통일안을 제안한 것은 그러한 연방제가 성사된다고 하더라도 북한의 생존을 보장하면서 한국의 경제적 지원을 받아 체제를 유지해 보려는 계책에 불과했다.

북한이 주장하는 '사상과 이념과 제도의 차이를 초월하는 연방제 방식의 통일'은 외면상 그럴듯하게 보이지만 실제로는 실현불가능하다.[121] 그 까닭은 민주자본주의와 폐쇄적 공산독재체제라는 상호 대립되는 두 체제가 하나의 연방 내에서 공존하는 것 자체가 사실상 불가능하기 때문이다.

연방제란 미국이나 구소련과 같이 같은 체제 내에서 지방정부에 자율권을 주는 것이지, 체제를 달리하는 지방정부들로 연방제를 구성하는 것은 아니다. 이것은 이론적으로도 불가능하고 역사적으로도 선례가 없다. 더구나 김일성의 제안은 외교, 국방, 정치는 남북한 두 개의 지방정부에서 담당하면서 경제사회 부문에서만 협력하자는 것으로 미국이나 구소련의 연방제와는 반대되는 개념이다. 이에 덧붙여 연방제 하에서 지역정부의 군사권을 인정할 때, 그것은 지역정부 간 분쟁을 초래하여 내전으로 비화될 가능성이 크다는 점을 우리는 과거 분단 예멘[122]의 경우에서 잘 알 수

121) 유동열, 『북한의 대남전략』, pp. 46 ~ 48.

122) 예멘은 과거에 오스만 제국으로부터 독립한 북예멘(예멘 아랍 공화국)과, 영국으로부터 독립하여 사회주의 국가가 된 남예멘(예멘 인민 민주 공화국)으로 분리되어 있었다. 1990년에 양측의 합의로 통일정부가 구성되었으나, 얼마 후 권력분배에 관한 갈등이 촉발하여 내전으로 비화했다. 내전은 군사력에서 우위에 있던 북예멘 군대가 남예멘의 수도 아덴을 점령하며 북예멘의 승리로 끝나, 비로소 완전한 통일이 이루어졌다. 하지만 통일된 지 22년 만에 내부갈등으로 인해 재분열의 조짐이 보이고 있다.

있었다.

(4) 햇볕정책 역이용 전략

1994년 7월 김일성 사망 후 권력을 승계한 김정일은 동유럽 사회주의 체제가 붕괴된 이유가 사회주의 체제의 모순과 비효율 때문이라는 견해를 강력히 비판했다. 김정일은 동유럽 사회주의 국가들이 사회주의 수호에 실패한 것은 무엇보다 군대를 '국방의 수단'으로만 여겼지 '사회주의 정치의 주체'로 보지 못한 데 있다고 주장했다.[123)]

그는 체제위기를 극복하기 위해 개혁과 개방을 통한 사회주의 궤도 수정을 시도한 것이 아니라 개혁 · 개방을 거부하면서 끝까지 사회주의를 지키고 나아가 사회주의 건설을 완성(한반도 적화통일)하기 위해 군사제일주의를 추구한 것이다. 그는 동구 사회주의 국가들이 붕괴된 것은 사회주의체제를 버리고 개혁 · 개방을 통해 시장경제를 채택했기 때문이라고 주장했다.

이렇게 볼 때, 당시 김정일에게는 개혁 · 개방을 통한 북한 체제변화 의도가 전혀 없었다. 오히려 그는 체제유지를 통한 정권 연명에만 관심을 두었던 것이다. 이 같은 '수구적 관점'을 지니고 있던 북한을 변화시키겠다는 것은 어쩌면 너무도 순진한 발상이었는지 모른다.

김대중 대통령이 시작한 햇볕정책은 반세기 동안 계속되어 온 남북 적대관계를 화해와 협력의 관계로 전환시킴으로써 북한의 적대적인 대남정

2013년 1월 14일에는 예멘 남부에서 분리 독립을 요구하는 대규모 시위가 벌어졌다(출처 : 위키백과).

123) 김철우, 『김정일장군의 선군정치』(평양출판사, 2000).

책에도 근본적인 변화가 있을 것으로 전망했지만 결과는 그 기대와 거리가 멀었다. 김정일 정권은 북한의 개혁 · 개방을 전제로 하는 김대중 정부의 햇볕정책을 수용할 생각이 전혀 없었다.

김정일은 1998년 5월 7일 조선노동당 중앙위원회 책임일꾼들에게 행한 담화에서 "제국주의자들이 우리에게 개혁 · 개방을 해야 한다고 떠드는 것은 우리나라에서 사회주의를 허물고 자본주의 제도를 되살리려는 기본 의도가 있다"면서 "적들은 개혁 · 개방으로 우리의 사회주의를 내부로부터 와해시켜 저들의 구미에 맞는 자본주의로 전환시키려는 음흉한 목적으로 추구하고 있다"고 말했다.[124)]

김대중 정부의 집권 첫해였던 1998년 9월에 북한은 헌법을 개정했다. 당시 김정일은 '강성대국(强盛大國)'의 구호 아래 군사제일주의 노선인 '선군정치(先軍政治)'를 펴나가겠다고 선언했다. 그것은 위기관리를 위한 군사체제였다. 북한의 새 헌법은 국방위원회를 최고 통치기구로 규정했고, 김정일은 그 위원장이 됐다.

따라서 김정일은 햇볕정책에 대해 매우 부정적이었다. 그는 1999년 신년사를 통해 "개혁 · 개방은 망국의 길이다. 우리는 개혁 · 개방을 절대로 허용할 수 없다. 우리의 강성대국은 자력갱생의 강성대국이다."라고 선언했다.[125)]

그 해 10월 유엔 주재 북한 차석대사도 유엔 연설을 통해 "남한의 햇

---

124) 김정일, "전 당과 온 사회를 주체사상화 하자," 노동당 중앙위원회 책임일꾼들과 한 담화(1998. 5. 7).

125) 『노동신문』, 1999년 1월 1일자.

볕정책은 화해와 협력을 가장하고 북한의 체제를 바꾸려는 반(反)통일·반(反)조선정책"이라고 맹렬히 비난했다.126)

그럼에도 심각한 경제위기의 와중에 있던 북한은 김대중 정부의 호의적인 대북정책을 계속 외면할 수 없었다. 김정일은 햇볕정책으로 인한 위험을 차단하고 이에 따른 이익을 노리기 위해 "햇볕정책 역이용 전략을 수립하라"는 특별지시를 내렸다. 이에 따라 북한은 표면적으로는 민족공조와 평화통일을 강조하며 남북한 간 교류와 협력에 호응하는 기만술책을 쓰면서 뒤로는 적들과는 함께할 수 없다는 원칙을 고수하며 기존의 대남전략을 계속 구사해왔다.127)

당시 김정일은 대남전략과 관련하여 다음과 같은 지령을 내렸다. "지금 남조선 정세는 우리에게 매우 유리하게 조성돼 가고 있다. 이것을 안정적으로 지속 발전시키자면 노출 위험성이 큰 직접 침투를 줄이고 눈에 안 보이는 침투, 즉 통전부가 그 동안 관리해 오던 대상들을 현지에서 첩자로 흡수하여 적극 활용하는 방법으로 대남공작을 가속화해야 한다. 그에 못지않게 중요한 것은 시민단체 포섭이다. 그들을 이용하여 남조선 내 국민정서를 더욱 친북화 시킴으로써 우리의 전략이 쉽게 먹혀 들어갈 수 있는 틈을 많이 마련해야 한다"128)는 것이 그 핵심내용이었다.

햇볕정책 역이용 전략의 목적은 세 가지로 볼 수 있다.

첫째, 남북관계를 경제적 이익에만 국한시키고, 둘째, '우리민족끼리' 구호를 통해 남한 내 북한지지 세력을 확산시키며, 셋째, 남북화해를 명분

126) 『조선일보』, 1999년 10월 2일자.

127) "북한 통일전선부 출신 탈북자가 증언한 '대남공작부서의 모든 것'," 『신동아』, 574호(2007. 7. 1); 장철현, 「북한의 통일전선사업 해부」, 『북한조사연구』, 국가안보전략연구소, (2007. 6).

128) "제3국 체류 북한 통일전선부 요원의 충격적 고백," 『월간 조선』2005년 1월호.

으로 한미갈등을 조장하여 주한미군을 철수시킴으로써 적화통일에 유리한 환경을 조성한다는 것이다.

북한은 남북 교류협력이라는 합법적 공간을 이용해서 공공연하게 종북세력이나 친북세력과 접촉하여 남남갈등과 반(反)대한민국 · 반미투쟁을 선동했다. 김정일은 노동당 대외연락부와 통일전선부를 직접 통괄하며 대남전략을 지휘했다. 북한정권이 이전에는 한국 내 반정부 민주세력의 확산을 목표로 대남 심리전이나 공작을 전개했다면, 햇볕정책 이후에는 친북 · 좌익 · 진보세력을 지원함으로써 친북 · 반미세력을 확산시킨다는 보다 적극적인 목표를 추구했던 것이다.

북한의 대남 정치심리전은 김대중 대통령의 평양 방문 이후 더욱 공세적이 되었다. 예컨대 북한의 『간부 및 군중강연자료』(조선노동당 출판사, 2003년 9월) 중 「력사적인 6 · 15 북남공동선언 발표 이후 남조선에서 커다란 변화가 일어나고 있는 데 대하여」에는 "(6 · 15 공동선언 이전에는) 우리의 사상에 공감하고 우리를 따르고 동조했던 세력들이 지하의 소수에 지나지 않았지만 지금은 그 반대로 변했다"고 언급하고 있다.

이어서 2002년 한국 대통령 선거에서의 한나라당 패배를 예시하면서 "모든 변화들이 위대한 장군님께서 6 · 15 공동선언에 명기된 '우리민족끼리'라는 구호를 인용하며 "외세를 물리치고 민족공조로 문제를 해결하자"는 북한의 주장은 우리 사회 젊은이들의 마음 속에 깊이 각인됐고, 노무현 정부에 이르러 민족공조를 우선하는 세력이 집권함으로써 한국의 정치 안보는 중대한 위기를 맞게 됐다.

북한은 민족공조를 강조하는 동시에 한미공조를 강력히 비난했다. 북한은 "조국통일운동의 성패는 북남공동선언의 기본정신인 '우리민족끼리'의 리념을 어떻게 고수하고 구현해 나가는가 하는 데 달려 있다"고 강조했다. 또한 그들은 "민족공조를 실현하는 것은 통일로의 지름길"이며, "북과 남, 해외의 전체 조선민족은 미제의 무분별하고 모략적인 전쟁책동에 높은 각성을 가지고 대하여야 하며 온 민족의 단합된 힘으로 단호한 반격을 가해야 한다"고 주장했다.[129)]

그들은 "민족공조는 애국이고 통일이며, 외세와의 공조(한미공조)는 매국이고 분열"이라며, "외세와의 공조는 민족공조와 양립 될 수 없는 매국매족의 길"이므로 "민족공조의 위력으로 미제의 전쟁책동을 단호히 짓부셔 버려야 할 것"이라고 선동했다.[130)]

나아가 북한은 한국사회의 반미투쟁을 적극 조장했다. 북한의 적화통일전략에서 볼 때, 가장 큰 걸림돌은 주한미군과 한미동맹이다. 북한이 주한미군을 철수시키고 한미동맹을 해체하기 위한 전략의 하나는 연방제 통일을 추진하는 것이고, 다른 하나는 핵무기를 개발해서 그것을 지렛대로 미국과 평화협정을 체결하는 것이다. 미국과 평화협정을 맺는다면 주한미군을 한국에서 물러가게 할 수 있는 명분이 생기고 그것이 관철된다면 적화통일 할 수 있는 '결정적 시기'가 도래하는 것이기 때문이다.

북한은 대남 통일전선전략의 일환으로 오래 전부터 남한의 보수세력 타도와 반보수대연합 등을 촉구하며 한국에서 친북정권의 재집권을 위해 노력해왔다. 특히 2012년 우리의 총선거와 대선을 앞두고 「구국전선」은

---

129) "위대한 선국기치 아래 공화국의 존엄과 위력을 높이 떨치자"(『노동신문』, 『조선인민군』, 『청년전위』 2003년 1월 1일 공동사설).

130) 『조선중앙통신』2003년 3월 21일자.

신년사설을 통해 "북남공동선언들을 부정하고 반대하며 통일민주세력에 대한 파쇼탄압에 광분하는 보수당국의 반통일대결책동을 단호히 저지 파탄시키기 위한 범국민적 투쟁을 광범위하게 조직 전개해 나가야 한다. … 진보세력의 대단합을 보다 높은 수준에서 이룩함으로써 올해 총선과 대선에서 역적패당에게 결정적 패배를 안겨야 한다"고 주장한 바 있다.

북한은 우리 사회의 선거 구도를 '평화세력(6 · 15선언 지지세력, 통일세력, 진보세력, 반미세력)'과 '전쟁세력(6 · 15선언 반대세력, 반통일세력, 수구세력, 친미세력)'간의 대결로 규정하고 그것을 조장해왔다. 가령 북한은 2012년 3월 6일 '조평통(조국평화통일위원회)' 명의의 '남조선당국의 북풍조작 책동'이라는 성명을 통해 이명박 정부가 간첩사건 및 천안함 피격 사건 등 안보 사건을 조작하여 파국적 위기에 처한 선거 정세를 역전시키려 하고 있다고 비방했다. 이어서 3월 19일 북한 노동당 기관지 노동신문 논설 '도발사건을 북남대결에 악용하는 반역의 무리'에서는 천안함 피격 사건을 "북남대결을 위해 고안된 특대형의 반공화국 도발사건"으로 규정하고 이명박 정권이 이를 총선에 악용하고 있다고 선동했다.

이렇게 볼 때, 북한은 천안함 피격, 연평도 포격 등을 통해 우리 사회에 전쟁 공포 분위기를 조성함으로써 선거 구도를 "전쟁이냐 평화냐"로 몰고 가, 대북 유화세력의 승리를 지원하려 했던 것으로 보인다. 여기에 동조하여 국내 한 친북단체는 "새누리당이 당선되면 핵전쟁이 터진다"고 주장하기도 했다.

지난 수십 년간 북한은 '남조선혁명'을 위해 결국 3대에 걸쳐 세습독재를 하고 인민을 굶어죽게 하면서 대남 군사적, 비군사적 위협을 계속해왔다. 북한이 실패한 국가로 전락한 주원인도 '남조선혁명' 노선을 고수했기 때문이다.

남조선 혁명을 위해 북한은 수십 년간 국가예산의 절반 이상을 군사력 강화와 대남공작에 쏟아 부었고 120만 명에 달하는 군대를 유지하면서 '남조선혁명'은 결코 포기할 수 없는 북한 정권의 최고 가치이며 존재이유이기도 하다.

김정은 시대에 와서도 북한의 대남 적화전략은 근본적으로 변하기 어렵다. 북한의 세습독재체제는 오로지 '남조선혁명'이라는 목표를 달성한다는 것이 정당성의 명분이 돼왔기 때문에 그 목표를 포기한다면 세습독재가 더 이상 존재할 정당성과 이유도 없어지기 때문이다.

(5) 사이버 위협

최근 사이버 공간을 이용한 북한의 대남공작 활동은 한국 군사안보는 물론 정치사회적 안보를 크게 위협하고 있다.[131] 그간 '남조선혁명'을 위한 북한의 대남 활동은 간첩 남파, 지하당 구축, 삐라 등 인쇄물이나 대남 방송을 이용한 선전선동, 친북단체의 조종 등에 주력해 왔으나 한국에 사이버 공간이 구축된 이후에는 이 공간을 국가보안법이 미치지 않는 자유로운 활동공간으로 적극 활용하고 있다.

북한이 이처럼 사이버 공격에 적극적인 이유는 무력도발은 한국의 보복과 국제사회의 규탄 등 위험부담이 크지만 사이버공간을 통한 공격은 우리 국민의 인식 자체를 그들에게 우호적으로 바꿔 한국사회를 혼란에 빠뜨리면서 자신들의 목적을 달성할 수 있기 때문이다.

---

131) 유동열, "북한의 사이버테러에 대한 우리의 대응방안,"(북한민주화네트워크, 2011); 윤규식, "북한의 사이버전 능력과 위협 전망,"『군사논단』제68호(2011년 겨울).

사이버 공격은 비용이 적게 들면서 언제든지 공격이 가능하고 공격행위를 감추기 쉽다. 때문에 북한은 인터넷 공간을 대남전략 수행의 해방공간으로 여기고 있다. 그들이 사이버 공격을 자행해도 공격의 진원지를 파악하는데 상당한 시일이 걸릴 뿐 아니라 중국 등 해외에서 사이버 공격을 시도하기 때문에 진원지를 확인해도 북한이 아니라고 부인하면 마땅한 대책이 없다. 그래서 북한은 마음 놓고 대남 사이버 공격을 감행하고 있는 것이다.

북한은 1986년 소련 국방부의 지원을 받아 평양시 미림동에 평양 자동화대학(일명 미림대학)이라는 5년제 대학을 설립하고 매년 100여 명의 군 컴퓨터 전문요원을 양성해왔다. 그들은 1990년대 초 이 대학의 명칭을 김일성 군사과학대학으로 바꿨고, 졸업자의 상당수를 사이버 부대 군관으로 임명해오고 있다. 현재 1,000여 명에 달하는 사이버 전사(戰士)를 육성하고 있다고 미국의 방송에서 보도된 바 있다.[132]

북한의 사이버 위협에는 사이버 심리전, 사이버 정보수집, 디도스(DDos)공격을 포함한 사이버 테러, 사이버 통일전선 등이 있다. 먼저 사이버 심리전은 사이버 공간을 통해 자유민주주의 체제를 뿌리 채 흔들기 위해 각종 악성 루머와 유언비어를 퍼뜨리는 등 여론을 조작한다. 여론 조작을 통해 한국의 국론을 분열시키려는 것이다.

역사적으로 백제의 멸망도 군사력의 문제가 아니라 국론분열이 주된 원인이었다. 신라가 백제의 의자왕과 계백장군을 이간질하여 국론분열을 일으켰기 때문이다. 지금 한국 사회는 보수 대 진보의 대립, 세대 간 대립 등이 심각한 수준이며 여기에는 북한의 사이버 심리전의 영향이 크다. 북한은 우리 국민의 마음을 공략해 나라 전체를 분열과 혼란으로 몰아넣으

132) 『조선일보』, 2011년 5월 20일자.

려 하고 있다.

여기에 종북 및 친북좌파들과 불평 불만자들까지 합세하여 적지 않은 포털이나 인터넷 신문의 토론방과 게시판은 북한 노동당 통일전선부와 북한군 심리전 부대의 선전선동 무대가 된 지 오래다. 북한은 해외에서 서버를 둔 친북 인터넷사이트 100여 개 망을 구축해놓고 대남 심리전을 펴고 있다.

그들은 이른바 '댓글 팀'을 두어 한국 사회에 조작된 정보를 확산시켜 국론분열과 사회혼란을 부추긴다. 그 결과 SNS를 통해 자신도 모르는 사이에 북한의 사이버 공격에 감염된 많은 국민들의 의식이 잘못된 이념과 정보로 오염되고 있는 것이다.

천안함 피격 사건이 터졌을 때 북한은 남한 조작설, 외국 잠수함 관련설, 자폭설 등 갖가지 조작된 정보를 퍼뜨려 자신들의 도발을 은폐하면서 한국 내 대정부 불신을 조장하고 정치사회적 갈등을 심화시켰다. 한국의 사이버 공간에서 사이버 심리전을 통해 대통령이나 정부 그리고 국가체제를 비난하는 것은 대수롭지 않는 일이고, 북한을 찬양하거나 동조하는 개인적 표현도 극단적인 경우가 아니면 문제가 되지 않는다는 점을 북한이 활용한 것이다.

경찰은 2011년 10월 19일 웹사이트를 통해 종북 활동을 한 혐의로 병무청 직원, 민항기 조종사, 공군장교, 변호사, 의사, 교수 등 70여 명을 검거했다고 발표했다. 이들 중 상당수는 한때 7,000명의 회원을 거느린 종북 사이트인 '사이버민족방위사령부'(현재는 폐쇄)회원으로 활동했다고 밝혔다.

해외 친북 사이트도 급증하고 있다. 해외에서 개설한 서버에 이적 표현물을 올릴 경우, 국가보안법으로 처벌하기 어렵다는 점을 노린 것이다. 경찰이

2000년부터 2011년까지 적발한 해외 친북 및 종북 사이트는 127개나 되었고 이들 사이트에 게시된 북한 찬양·선전 게시물도 급증하는 추세이다.[133)]

둘째는 사이버 정보수집이다. 과거에는 북한이 간첩을 통해 얻을 수 있었던 정보를 평양이나 해외 거점의 책상에 앉아서 한국의 주요 국가 기관망, 공공망, 포털망 등을 해킹함으로써 신속하고 손쉽게 수집할 수 있게 되었다. 특히 우리 군에 대한 해킹 건수는 2008년 2,800만 건, 2009년 3,400만 건, 2010년 상반기에만 7,600만 건이 넘었고, 해킹을 통해 유출된 군사기밀도 1,700여 건에 달하는 등 군에 대한 사이버 위협은 날로 높아가고 있다.[134)] LIG넥스원과 현대중공업 등 첨단무기와 장비를 개발하는 방산업체에 해커가 침입하여 악성코드를 심어놓은 것이 발견된 적도 있다.

셋째, 디도스(DDos)공격[135)] 등 사이버 테러다. 북한은 2009년 국내 35개 주요 전산망을 공격한 이른바 '7·7 사이버 대란'을 일으켰고, 2011년 3월 국내 40여 개 공공전산망에 대해 디도스 공격을 감행한 바 있다. 2011년 4월에는 농협전산망을 마비시킴으로써 그것을 복구하는 데 18일이나 소요된 적도 있다.

향후 북한이 더욱 가공할 사이버 테러를 감행할 가능성도 배제할 수 없다. 이를테면 원자력발전소, 철도 및 항공 운행시스템, 금융과 증권거래시스템, 가스와 수도 공급시스템 등의 마비 또는 폭파 등으로 우리 사회에 엄청난 재앙을 야기할 수 있는 테러를 시도할 수 있다는 것이다.

---

133) 윤덕민 외 지음, 『위기의 한국안보』(플래닛미디어, 2012), pp. 58 ~ 60.

134) 홍성표, "북한의 전자전 위협, 우리의 대응은," 『통일한국』20011년 4월호, pp. 34 ~ 35.

135) DDos공격(distributed denial of service attack) : 한꺼번에 수많은 컴퓨터가 특정 웹사이트에 접속함으로써 비정상적으로 트래픽을 늘려 해당 사이트의 서버를 마비시키는 해킹 방법이다. 트래픽이 많이 발생할 때 서버가 분산하는 기능이 있는데 이를 무력화시킨다는 뜻에서 '분산서비스 거부 공격'이라고 부른다(출처 : 네이버 지식백과).

현재까지 발생한 사이버 테러는 공격 진원지의 IP주소를 추적한 결과, 북한군 해킹요원들이 쓰는 것으로 판명이 났지만, 이 주소들의 소재지가 중국이기 때문에 북한의 소행이라고 단정 짓기 어렵다. 중국에 가서 북한의 해킹요원들을 체포하지 않는 한 북한의 책임을 물을 수 없다는 것이다.

사이버 테러와 동시에 북한은 위성위치 정보시스템(GPS) 교란을 통한 전자전도 감행했다. 그들은 2010년 8월 을지훈련 기간 동안 GPS 신호교란을 시도했고, 2011년 키리졸브 훈련 동안에도 교란신호를 송출했다. 2010년 11월 연평도 포격 당시, 우리 군의 대포병 레이다가 제대로 작동하지 않았던 것은 그들의 GPS교란 때문인 것으로 알려지고 있다.

마지막으로 사이버 통일전선 활동이다.[136] 그들의 사이버 통일전선활동을 주도하는 인터넷 사이트 중에서 대표적인 것은 「구국전선」이다. 「구국전선」은 대남공작 전위조직인 반제민전(반제민족민주전선)이 운용하는 사이트다. 반제민전은 「구국전선」을 통해 매해 신년 초 대남투쟁 방향이 포함된 '신년 메세지'를 발표하고, 주요 기념일이나 천안함 폭침 등 주요 사태 발생 시 대남투쟁 지침을 발표한다.

한국의 친북 인터넷 사이트들은 이 같은 북한의 투쟁지침을 게시하고 확산시킨다. 대남투쟁 지침은 북한의 3대 투쟁목표인 반미자주, 반파쇼민주화, 조국통일과 선군정치지지 옹호 및 민족민주운동 역량 강화가 주된 내용을 이룬다.

그들은 반미자주전선을 위해 친북반미투쟁을 선동하고, 반파쇼민주화투쟁을 위해 반(反)보수연합, 진보세력 대연합,' 반(反)한나라당(새누리당)

136) 차주환, "북한의 통일전선전술 변화연구,"『군사논단』제66권(2011년 여름), pp. 43 ~ 54.

투쟁을 주장하며, 조국통일전선을 위해 6 · 15 남북공동선언 실천투쟁을 독려한다.

대남투쟁 지침은 「구국전선」의 '우리의 주장'이나 '자주민주 통일광장' 란에 주로 게시된다. 국내 친북좌파들이 이 사이트에 접속하거나 국내 친북 인터넷 사이트에 게시한 자료들을 접하게 됨으로써 선전이 이뤄지고 있다.

국내 친북좌파세력은 친북 인터넷 사이트로부터 자료를 얻거나, 사이트 간 상호 링크를 통하여 북한의 투쟁지침을 하달 받아 서로 활용하고 있다. 실제 '전국연합(민주주의민족통일 전국연합),' '실천연대(6 · 15 남북공동선언 실천연대),' '범민련 남측본부,' '민주노동당(통합진보당)' 등의 홈페이지에 자유게시판에는 당일 발표되는 「구국전선」의 자료들이 게재돼 있다.[137] 이것은 사이버 공간을 통한 북한의 통일전선활동이 활발하게 이뤄지고 있음을 말해준다.

우리 사회의 사이버 공간에서 북한의 심리전 공작이 추진됨에 따라 북한에 대한 우호적 게시물이 범람하게 됐고, 이는 국민들의 대북 경각심마저 마비시키고 있다. 북한은 더 나아가 한국의 선거과정에도 영향력을 행사하고자 한다.

2012년 초, 「구국전선」에 게재된 사설 내용은 "진보세력의 대단합을 보다 높은 수준에서 이룩함으로써 올해 총선과 대선에서 역적패당에게 결정적 패배를 안겨야 한다. 내외 반통일 세력들을 더 이상 헤어날 수 없는 궁지에 몰아넣어야 한다"는 것으로 사실상의 대남 선거투쟁지침이었다.

---

137) 유동열, "북한 및 국내 좌파권의 사이버투쟁 실태,"『자유민주연구』제2권 제2호(2007년. 12월), p. 46.

「구국전선」은 4 · 11일 총선을 앞두고 총선투쟁의 목표와 세부 투쟁지침 20여 개를 종북좌파 진영에 하달했다. 총선에 임박해서는 '새누리당 표는 전쟁표', '새누리당 당선은 핵전쟁'이라는 구호를 내거는 등 본격적인 선거개입에 나서기도 했다.

북한은 결정적 시기가 도래했다고 판단할 경우 사이버전을 시도할 가능성이 있다. 사이버전은 전쟁 또는 전쟁에 준하는 의도를 가지고 바이러스를 유포시킴으로써 국가 기간 전산망을 교란, 마비, 또는 파괴하고 저장된 정보를 훼손하거나 절취함으로써 자신들에게 유리한 상황을 조성코자 하는 일체의 공격행위를 가리킨다.

사이버 공격은 순간적으로 이뤄지기 때문에 사전에 효과적인 대응능력을 갖추지 않으면 사이버 테러나 공격으로 인해 군은 말할 것도 없고 국가적으로도 엄청난 혼란과 피해가 발생할 가능성이 있다.

특히 군사적으로 가장 우려되는 것은 사이버전과 특수전을 결합한 새로운 방식의 국지도발이다. 먼저 사이버 공격을 통해 우리의 첨단무기들이 작동하지 못하도록 한 후, 특수부대를 투입하여 특정 지역을 공격하는 경우를 가정해 볼 수 있다. 따라서 북한의 사이버 심리전이나 사이버 대남공작 활동에 대한 대응체계를 구비하는 것은 시급한 과제이다.

이처럼 북한의 대남 사이버 공작은 한국의 국가안보에 중대한 위협이 되고 있다. 무엇보다도 국민 안보의식을 무력화시키거나 혼란을 초래하고 있다는 사실은 심각히 여겨야 한다. 인터넷 공간에 친북성향의 게시물, 폭력계급투쟁 선동물 등이 게시돼도 아무도 신고하지 않는다.

북한 정권에 대한 국민의 적대감이 크게 약화되는 동시에 북한정권은 협력해야 할 동족이라는 의식이 확산되고 있다. 그 결과 진보세력 및 친북좌파 세력의 입지는 강화됐고, 안보를 중시하는 보수 세력의 입지는 약화됐다. 자생적 친북좌익세력이 확산되어 사이버 통일운동이 급물살을 타게 됐으며, 그들은 북한의 위협을 거론하거나 한미동맹을 강조하는 사람들을 반통일 반민족 세력이라고 비난한다.

북한의 핵개발은 미국의 위협에 대응하기 위한 정당한 조치로 인식하는 대학생이 과반을 넘었고, 미국은 분단의 원흉이며 우리의 주적이라는 인식이 확산됐다. 북한의 무력도발과 적대행위에도 불구하고 '힘을 합쳐야 할 협력대상'으로 인식하고 있고 북한 자체에 대해 기본적으로 우호적인 인식을 갖게 되는 지경에 이르렀다.[138)]

뿐만 아니라 우리 군대는 물론 한미동맹에 대한 부정적 인식이 사회 내부에 만연하고 있다. 군대를 군부독재의 근원이며 경제발전의 저해집단으로 매도하며 국방예산 삭감과 전력증강을 반대하는 여론이 확산되고 있다. 이 같은 모든 현상들은 북한의 사이버 심리전 공작이 성공하고 있다는 증거로 볼 수 있다. 아무리 군사력과 경제력에서 월등하다 할지라도 국론이 분열되고 안보의식이 희박해 심리적 경쟁에서 지고 들어간다면 그 나라의 운명이 어떻게 될 것이라는 점은 과거 월남패망의 교훈이 잘 말해주고 있다.

---

138) 전경주, "2009 안보 · 국방환경에 대한 국민의식,"『한국의 안보와 국방』(한국국방연구원, 2010), p. 30.

10. 정치안보[139)]

정치안보란 국가의 주권이나 체제이념에 대한 위협에 대응하는 것이다. 북한의 체제전복 위협에 직면해 왔다는 점에서 정치안보는 한국 국가안보의 핵심요소로 중시되어야 한다. 한국의 정치안보와 관련된 위협은 어느 나라보다 크지만 이에 대한 방어체계는 취약점이 적지 않다. 한국은 분단된 국가이기 때문에 북한이 민족이라는 감성 요소를 이용하여 이념 공세를 취한다면 대응하기 어려운 점이 많다.

남북한의 정치이념은 상호 대립적일 뿐 아니라 각기 한반도 전체를 대표하는 체제라고 주장하기 때문에 공존이 불가능한 제로섬(zero-sum)적 관계다. 한국의 경우 이승만 정부 이후에는 멸공(滅共)개념이 없어졌고 평화통일을 지향하고 있다. 이에 비해 북한의 대남전략은 대한민국의 파괴를 통한 적화통일을 최고의 목표로 삼아 왔으며 이 점은 현재도 변함이 없다.

외부의 이념적 침투 공세가 있더라도 이를 막아낼 튼튼한 방어체제가 있다면 우려할 것이 없다. 걱정스러운 부분은 과연 우리 국민 절대다수가 대한민국 체제에 대한 확신과 대한민국에 대한 자부심 그리고 애국심을 느끼고 있으며, 정부와 사회가 북한의 이념적 공세에 대한 대응태세를 갖추고 있느냐 하는 점이다.

지금 대한민국은 국가 정체성을 부정하는 '내부의 적'에 의한 심각한

139) 김충남 · 문충보, 『민주시대 한국 안보의 재조명』(서울 : 오름), 2012, pp. 307～326. 인용.

도전에 직면해 있다.[140] 대한민국의 역사와 국가 정통성을 둘러싸고 국론이 분열돼 있고, 학교에서는 제대로 된 현대사 교육을 하지도 못하고 있으며 대북정책, 한미관계, 주요 대외정책 등에 관해 심각한 남남갈등을 겪고 있다.

그 결과, 정부는 반대세력에 의해 무조건 부정과 비판의 대상이 되면서 정부의 권위와 신뢰는 추락할 대로 추락해있는 상황이다. 이 같은 정치적 분열과 갈등은 양극화로 인한 사회적 갈등보다 더 심각한 문제가 되고 있다.

특히 햇볕정책으로 남북관계 개선과 통일에 대한 기대가 높아지면서 북한에 대한 태도가 급변하게 되었고, 북한의 대남 통일전선활동에 유리한 분위기가 조성되었다. 북한은 이 같은 분위기를 역이용하여 대남 통일전선활동을 적극 전개함에 따라 과거 지하에서 활동하던 친북좌파세력이 전면에 나서 적극적으로 활동을 벌이기에 이르렀다.

그들은 영화, 텔레비전 드라마, 소설, 인터넷 등을 총해 반(反)대한민국, 반미 및 친북 이념을 적극적으로 확산시켜 왔다. 그들이 영향력을 확대하면서 이라크 파병반대, 맥아더 동상 철거 시도, 평택 미군기지 건설반대, 한미자유무역협정 반대, 제주 해군기지 이전 반대 등 대대적인 반미운동이 고개를 들었다.

"성(城)은 외적이 아니라 내부의 분열에 의해 무너진다"는 말이 있듯이 한국은 지금 심각한 적전분열 양상을 보이고 있다. 급진좌파세력의 반

140) 남시욱, 『한국 진보세력 연구』(청미디어, 2009) 및 한기홍, 『진보의 그늘』(시대정신, 2012)을 참고함.

체제활동으로 대내외에서 동시에 도전을 받고 있는 것이다. '남조선혁명'을 위한 북한의 끈질긴 공세로 우리 사회의 친북좌파세력의 역량이 크게 강화되어 정치, 언론, 종교, 교육, 문화예술 등 사회 각 분야에 자리 잡고 있을 뿐 아니라 이들은 공개적이며 적극적으로 북한을 대변하고 있다.

이들의 활동은 심각한 남남갈등을 유발하여 우리의 안보역량을 약화시키고 있으며 정부의 대북정책에도 무시 못 할 영향을 미치고 있는 것이다.

북한이 '남조선혁명' 역량 강화를 위해 전개해왔던 노력들 가운데 대표적인 것이 지하당 구축이다. 그들이 구축해온 지하당은 조선노동당의 전위(前衛)당이다. 지하당은 '남조선혁명'의 주력군 편성에 주도적 역할을 하는 동시에, 결정적 시기에는 폭력혁명을 이끌어나갈 혁명의 참모부 역할을 할 것으로 기대되고 있다. 도한 지하당은 '남조선혁명'이 북한의 소행이 아니라 남한 내에서 일어난 것으로 위장하려는 의도에서 전개되는 사업이기도 하다. 이와 관련하여 그동안 한국 내에서 문제가 되었던 지하당 관련 사례들을 살펴보고자 한다.

가. 북한이 구축했던 지하당 조직

(1) 통일혁명당

북한은 4·19 혁명을 거치면서 남한 내 혁명운동을 이끌어나갈 조직이 없이는 '남조선혁명'이 어렵다고 판단하게 되었다. 이에 북한은 간첩을 침투시켜 1965년 통일혁명당(통혁당)을 창당하도록 공작했다.

통혁당 당수였던 김종태는 월북하여 조선노동당에 입당하고 사상교육과 혁명 활동 교육을 받고 돌아왔다. 통혁당 창당 선언문은 김일성의 주체사상을 지도이념으로 삼고 공산주의 사회를 건설하는 것을 최고 목표로 삼았다. 북한은 통혁당에 대해 "출판을 통한 사상 적화공작을 전개하라"는 등 167회에 걸쳐 지령을 내렸다. 이에 따라 통혁당은 『청맥』지 발간을 통해 학생과 지식인에게 반미 · 반정부 사상을 고취시켰고 각종 단체를 조직하여 반정부투쟁을 전개했다.

1969년 통혁당 핵심이었던 김종태, 김질락, 이문규 등은 당국에 검거돼 재판을 받고 사형에 처해졌다. 김종태가 처형당하자 북한은 김종태에게 공화국 영웅 칭호를 수여하고 각종 기념사업을 전개했다. 평양 애국열사능에는 그의 묘비가 세워져 있다.

(2) 인민혁명당

1962년에 결성된 인민혁명당(인혁당)은 도예종, 박현재 등 혁신계 인사와 언론인, 대학교수 등의 주도로 결성됐다. 그들은 미군철수와 남북협력을 통한 통일을 목표로 한 조선노동당의 강령과 규약을 토대로 인혁당의 강령과 규약을 채택했다.

그들은 한일회담 반대투쟁을 박정희 정권을 타도하는 투쟁으로 발전시키고자 했다. 인혁당 관련자들은 검거돼 재판을 받았으나 물증이 확보되지 못한 채 본인들의 진술만 있었기 때문에 주모자인 도예종은 징역 3년, 양춘우는 2년을 선고 받는 데 그쳤다.[141]

---

141) 이지수 엮음, 『박정희 시대를 회고한다』(선인, 2010), pp. 31 ~ 34. 당시 학생운동에 참여했던 박범진은 인혁당은 분명히 실체가 있었다고 증언하고 있다.

(3) 인혁당 재건 사건

도예종을 비롯한 인혁당 핵심요원들은 감옥에서 나온후, 박정희 정부를 타도하기 위해서는 학생운동이 필요하다고 판단하고 이철, 유인태 등 민청학련(전국민주청년학생연맹) 간부들과 연대하여 유신반대 투쟁을 전개했다.

1974년 4월 정부는 긴급조치 4호를 선포하고 '민청학련'과 '인혁당 재건위' 관계자들을 검거했다. 9월 열린 재판에서 '인혁당 재건위' 관계자 21명, '민청학련' 관련자 27명, 일본인 2명 등 50명에 대해 긴급조치 위반, 국가보안법 위반, 내란예비음모, 내란선동 등의 혐의로 각각 사형 8명, 무기 징역 9명, 12년형 이상 20명 등의 선고를 내렸다.[142)]

다음 해 4월 대법원은 '인혁당 재건위' 관련자 8명에 대해 사형을 확정하고 재심의 기회도 주지 않고 선고 18시간 만에 사형을 집행했다. 그러나 유족들은 2005년 12월 이 사건에 대한 재심을 청구하여 법원에 의해 받아들여졌다. 2007년 1월 23일 서울중앙지법은 사형이 집행된 우홍선 등 8명에게 무죄를 선고했다. 같은 해 8월 21일 유족들은 국가를 상대로 한 손해배상 청구소송에서 637억 원의 배상금을 받게 되었다.

---

142) 2002.9.12 의문사 진상 규명위는 이 사건은 중앙정보부의 조작극이었다고 밝혔다. 진상 규명위는 당시 중앙정보부는 도예종씨 등 23명에 대해 북한의 지령을 받아 인민혁명당 재건위를 구성, 학생들을 배후조종하고 국가전복을 꾀했다고 발표했지만 조사결과 이를 입증할 증거는 어디에도 없었으며 혐의는 모두 피의자 신문조서와 진술조서 위조를 통해 조작됐음이 확인됐다고 밝혔고 이 사건을 민주화운동으로 인정했다. 그리고 인혁당 재건위 사건은 당시 중앙정보부에 의해 박정희 대통령에게까지 보고된 것으로 드러났다(출처 : 네이버지식백과).

(4) 남조선 민족해방전선(남민전)

남민전은 남로당 활동에까지 뿌리가 닿아있는 인사들을 중심으로 '민청학련' 세대가 결성한 지하당이다. 북한과의 연대를 통해 유신반대 투쟁에 앞장섰던 1970년대 최대의 친북 지하당이다.

이들은 '박정희 정권 타도' 현수막을 내걸고 애드벌룬을 통해 유인물을 공중살포하기도 했다. 이들은 투쟁자금 조달을 위해 '혜성대'라는 무장행동대를 조직해 금은방을 털고 동아그룹 회장과 럭키그룹 회장의 집에 침입하는 강도행각을 벌이기도 했다. 이들은 결정적 시기가 왔을 때, 무장봉기를 주도하기 위해 총기와 폭탄을 탈취하고 세제폭탄을 제조해 은밀히 보관해왔다.

'남민전' 총책 이재문은 '김일성에게 보내는 신년 인사문'과 함께 사업보고서를 북한에 전달하고 공작금 3억 원을 지원해달라고 요청했다. 1980년 '남민전' 사건을 심리한 대법원은 '남민전'의 반국가성을 모두 인정하고 관련자 전원에게 유죄 판결을 내렸다.

그럼에도 2006년 노무현 정부의 민주화보상심의위원회와 의문사진상규명위원회는 '남민전' 활동을 민주화운동으로 인정하고 관련자들에게 보상금을 지급토록 했다. '남민전' 출신 상당수는 석방 후, 이적단체로 규정된 범민련(조국통일범민족연합)에 참여하거나 6 · 15 남북공동선언실천연대 같은 반미 및 통일운동단체에 참여해왔다.

(5) 민족민주혁명당(민혁당)

북한은 1980년대 중반 이후, 대학가 학생운동을 주도해온 주사파 핵심들을 포섭해 조선노동당에 가입시킨 뒤, 북한의 직접 지도를 받는 지하당을 구축했다. '민혁당'은 그 중 하나다. '민혁당'의 핵심역할을 한 김영환, 하영옥 등은 '민혁당' 결성 이전부터 반체제단체인 '반제청년동맹'을 결성했다.

이들은 김일성 찬양유인물을 주요 대학과 공장지대에 살포하고 김일성과 김정일을 찬양하는 플래카드를 내걸기도 했으며 대학가에서 주체사상을 확산시켰다.

김영환은 남파간첩 윤택림에게 포섭돼 관악산에서 김일성에게 충성맹세를 한 후, 조선노동당에 입당했다. 그 후 김영환 등 2명은 1991년 5월 북한이 보낸 잠수정을 타고 평양으로 가서 15일 간 간첩교육을 받은 후, 조선노동당에 정식 입당했고, 뒤이어 김일성을 두 차례나 만나고 귀환한 후, 이듬해 봄 서울대에서 '민혁당'을 창당했다.

당의 지도이념은 김일성 주체사상으로 하고 당의 목표는 민족해방민중민주주의혁명으로 했으며 이를 위해 반미자주투쟁과 반파쇼민주화투쟁을 벌이기로 했다. '민혁당'은 80년대 학생운동권을 장악했고 그 후에도 종북세력의 주류가 된 민족해방파(NL)의 사상적, 이론적, 조직적 중심역할을 해왔다.

창당 후 한 달 만인 4월 북한은 간첩을 통해 미화 40만 달러(당시 약 3억 원), 권총 2정 및 무전기 2대, 보고용 난수표 등을 '민혁당'에 전달했다. '민혁당'은 1995년 지방선거에서 후보자 6명에게 선거자금을 지원했고, 다음 해 국회의원 선거에 출마한 '민혁당'에 전달했다.

‘민혁당’의 정체는 1998년 12월 여수 앞바다에서 북한 반잠수정이 격침돼 노트북과 디스켓, 사진 필름, 주민등록증 등 유류품이 발견되면서 만천하에 드러났다. 김영환과 조유식은 전향했고 그 후, 이들은 김정일 정권 타도와 북한 주민해방을 위한 ‘북한민주화운동’을 벌이고 있다.

김영환이 전향하게 된 결정적 동기는 북한의 현실이 기대했던 것과는 너무나 거리가 멀었기 때문이다.[143] 한편 ‘민혁당’ 경기남부위원장이었던 이석기는 2012년 통합진보당 비례대표로 19대 국회에 진출했으나, 지하혁명조직 RO의 총책으로서 북한의 대남 혁명론에 동조하면서 대한민국 체제를 전복하기 위한 구체적 실행 행위를 모의한 혐의로 지난 2013년 9월에 구속 기소되었다.

(6) 중부 지역당

‘중부 지역당’은 북한 권력 서열 22위인 거물간첩 이선실이 주도하여 조직한 지하당이다. 제주 출신인 이선실은 남로당 부산지역 당원으로 활동하다가 6 · 25전쟁 당시 월북했다. 그는 1966년 이후 세 차례에 걸쳐 한국으로 잠입하여 공작활동을 벌였다. 그는 1966년 이후 세 차례에 걸쳐 한국에 잠입하여 공작활동을 벌였다.

이선실은 1980년대 초, 재일교포 신분으로 위장 입국하여 약 10년 간 서울에 거주했으며, 1992년 대선을 앞두고 ‘민중당’을 제도권에 진입시키기 위해 반민자당 연합전선을 추진하기도 했다. ‘중부지역당’ 총책이 된

---

143) “강철 김영환, 마음의 행로,” 『월간조선』1999년 10월호; “김영환은 김일성을 만난 후 전향을 결심했 다,” 『신동아』1999년 10월호 및 11월호 참조. 김영환은 2015년 현재 북한 민주화 네트워크 연구위원 및 데일리엔케이 논설위원, 시대정신 편집위원, 제2기 푸른사람들 회장을 맡고 있다.

황인호는 1990년 7월 이선실의 주선으로 남파간첩 권중현에게 포섭돼 조선노동당에 입당했다. 황인오는 그 해 10월 이선실, 권중현 등과 함께 강화도 해변에서 북한 공작선을 타고 해주를 거쳐 헬기를 타고 평양을 갔다.

평양에서 김일성 동상에 헌화하고 김일성 초상화 앞에서 충성맹세를 한 황인호는 조선노동당에 입당했다. 그는 6일 간의 간첩교육을 받은 후 공작금 일화 5백만 엔, 권총과 실탄, 무전기, 난수표, 주체사상 교양책자 등을 받은 후 공작선을 타고 귀환했다.

1991년 7월 황인오는 '중부지역당'을 창당했다. '중부지역당'의 맹세문에는 "나는 수령님께 무한히 충직한 수령님의 전사이다", "나는 영생불멸의 주체사상으로 무장한 주체혁명의 혁명가이다", "나는 조선의 영예로운 전사이다"등과 같은 문구가 포함돼 있다.

그들은 북한의 '1995년 적화통일 실천'이란 목표를 당의 목표로 채택했다. 노동자들을 '남한혁명의 핵심계급으로 규정'하고 그들을 무장세력화하기 위해 인천, 포항, 울산, 마산, 창원 등 주요 공간지역과 태백 등 탄광지역을 혁명거점으로 설정했다. 그들은 무전기를 통해 북한의 지령을 받았으며 비밀리에 수집한 한국의 군사기밀과 당의 활동내역을 북측에 보고했다.

그들은 공단지역과 대학가에 김일성·김정일 찬양 유인물을 제작·살포하기도 했다. 그들은 1993년에 친북정원을 세우고 분단 50주년이 되는 1995년에 적화통일을 실현하는 것을 목표로 하고 있었다.

1992년 황인오, 김낙중, 최호경 등이 체포돼 모두 무기징역형을 선고받았으나 황인오와 김낙중은 김대중 정부시절인 1998년 8·15 특사로 석방되었고 최호경은 다음해 8 · 15 특사로 역시 석방되었다.

(7) 구국전위(救國前衛)

'구국전위' 총책 안재구는 70년대 말 '남민전' 사건으로 무기징역을 선고받고 10년 정도 수감생활을 한 후 1988년 특별 가석방되었다. 그는 교도소에서 만난 남파간첩 임창하에게 포섭돼 조선노동당에 가입한 골수분자였다.

출소 후 경희대 강사로 있을 무렵, 조총련 공작원의 지령을 받아 1993년 1월 '구국전위'를 결성했다. '구국전위' 창당선언문에는 "우리는 조국의 남녘땅에서 주체혁명 위업을 실현해 나가기 위하여 일심동체로 뭉친 김일성, 김정일주의 전수분자들이며 우리 혁명을 승리의 종착점으로 이끌어갈 지휘핵심들이며 민중의 전위부대"라고 명시돼 있었다.

안재구는 '구국전위' 결성 후, 11회에 걸쳐 국내 정보와 정세 동향, '구국전위'의 활동 상황을 북한에 보고하고 거액의 공작금을 받아 활동비로 사용했다. 그들은 대학가 주체사상 운동가들을 포섭해 학생운동을 장악하고 배후 조종하는 데 많은 노력을 기울였다. 노사분규도 적극 조장했다.

예컨대, 그들은 1993년 7월 현대그룹 파업에 주도적으로 개입했다. 그들은 1994년 7월 당국에 체포돼 이적행위 등의 혐의로 전원 유죄판결을 받았다. 안재구는 무기징역을 선고 받었지만 5년 만인 1999년 8 · 15 특별사면으로 석방됐다. 그 후 그는 각종 친북단체에서 활동을 계속해왔다.

(8) 일심회

'일심회'의 핵심요원은 총책인 장 마이클을 제외하고는 1980년대 대학에서 반체제 학생운동을 했던 386세대 출신이라는 특징이 있다. 장 마이클은 1980년대 미국 유학 중 재미 공작원 김윤덕에게 포섭돼 1989년 북한에 가서 조선노동당에 입당하고 간첩교육을 받은 후 지하조직 결성에 대한 지시를 받고 귀환했다.

그는 1994년부터 국내에서 IT업계에 종사하며 386세대 출신들을 포섭하여 2001명 1월 '일심회'를 결성했다.

'일심회'는 당면 임무로 ① 민주노동당 내에 장군님의 영도체계 완성, ② 민노당 정강을 본사(북한 노동당) 원칙과 요구에 맞게 개편, ③ 민노당 주도로 대규모 통일전선을 건설할 것 등으로 설정했다. 민노당 당직자인 이정훈과 최기영 등이 임무를 달성하려는 데 앞장섰다.

이들은 '일심회' 결성 직후 베이징에 가서 북한 공작원과 접촉해 활동 상황을 보고하고 공작 지령과 공작금을 전달 받었다. 특히 민노당 중앙위원이던 이정훈은 민노당 중앙당 및 서울시당의 내부동향을 북한공작원에게 보고했다.

당시 북한이 '일심회'에 보낸 지령에 따르면, 2005년 한국에서 열린 APEC 정산회의에 참가하는 부시 대통령의 방한 전후로 대규모 반미투쟁을 벌일 것과 민노당의 반미투쟁 촉구, 민노당의 조직 강화와 대중적 혁명역량 강화, 그리고 민노당 당대표 선출시 특정 인물을 지지할 것 등이 포함돼 있었다.[144]

2006년 10월 공안당국은 북한 공작원과 접촉한 혐의로 장 마이클, 이정

144) 한기홍, 앞의 책, pp. 162 ~ 163.

훈, 손정목 등 6명을 체포해 간첩혐의로 기소했다. 공안 당국은 이 사건을 민노당 전·현직 당직자와 386 운동권 출신들이 연루된 간첩단 사건으로 규정했다. 그러나 국정원장이던 김승규는 이 사전에 대해 본격 수사를 착수한 지 3일 만에 노무현 대통령으로부터 사퇴를 요구받아 물러났다.[145]

이 사건으로 전 중앙위원과 사무부총장이 연루된 것이 드러나자 민노당은 국정원이 공안 분위기를 조성하여 반북, 반통일 분위기를 조성하려한 조작사건이라고 주장했다. 그러나 대법원은 2007년 12월 장 마이클에게 징역 7년, 손정목에게 징역 4년, 이정훈에게 징역 3년을 선고한 원심을 확정했다.

'일심회' 사건은 사회적으로 큰 파장을 일으켰고 종북활동에 대한 비판적 분위기가 고조되었다. 민노당 내에서는 최기영 사무부총장이 핵심당국자와 당원 명부를 북한에 전달한 것을 두고 민족해방(NL, 일명 자주파)와 민중민주파(PD, 일명 평등파)간에 갈등이 고조되어 결국 분당으로 치달았다.

당시 민족해방파와 대의원들은 당원 명부를 북한에 넘긴 최기영과 이정훈을 제명하는 데 반대했다. '일심회' 사건을 통해 볼 때, 북한은 민노당 이라는 정당에 침투해 한국의 제도권 정치에 영향력을 행사하려는 의도를 명확히 드러냈다고 볼 수 있다.

---

145) 최원규, "간첩단 '일심회'수사 김승규 국정원장 노 대통령'이제 그만하시라고요' 사퇴요구, " http//www.chosun.com(2012. 7. 29), 노 대통령의 사퇴 요구는 폭로전문 웹 사이트인 위키리크스가 공개한 미국 외교전문에 나와 있다.

(9) 왕재산

'왕재산'은 북한 대남 공작기구인 225국으로부터 지령을 받아 17년 간 간첩활동을 했던 조직으로 2011년 8월 당국에 의해 적발되었다. 총책 김덕용은 1993년 8월 김일성과 직접 면담을 통해 "남조선 혁명을 위한 지역 지도부를 구축하라"는 지령을 받고 주사파 운동권 출신 3명 등과 함께 간첩활동을 해왔다.

김덕용 등은 중국, 일본 등에서 34회에 걸쳐 225국 공작조를 만나 북한의 지령을 수령했다. 그들은 유사시 인천지역을 혁명의 전략적 거점으로 만들기 위해 지역 내 중요시설을 장악하라는 지령도 받았다. 북한 225국은 김덕용에게 2010년 7월부터 2011년 5월까지 5차례에 걸쳐 진보 정당 통합에 관한 지령도 하달했다.

북한은 "민주노동당이 중심이 되어 여러 갈래 진보 세력을 결집해야 한다"면서 "(민주당으로부터) 국회 의석을 양보받고 정책적 담보도 함께 받아내는 야권연대 방안을 역구하라"며 "(진보당이) 의석을 차지하는 건 국회 무대를 활용해 합법적인 투쟁을 벌이며 정치적으로 장외 민중 투쟁을 엄호하기 위한 것"이라고 했다.

나. 자생적 친북 및 종북 단체

자생적 친북 및 종북 단체란 북한의 지령에 의해 결성된 것이 아니라 한국 사회 내 주사파 등에 의해 스스로 결성된 단체를 말한다. 지하당과는 달리 이 단체들은 공공연히 활동하고 있어 국민의 국가 정체성과 안보 의식에 막대한 영향을 줄뿐 아니라 남남갈등의 주된 원인이 되고 있다.

그들은 북한이 당면 목표로 내세우고 있는 주한미군 철수, 국가보안법 폐지, 연방제 통일 등 북한의 주장을 무비판적으로 대변하고 있다. 북한은 이 같은 단체들을 중시한다. 이 단체들이 '남조선혁명'을 위한 주력군이나 보조역량이 될 수 있다고 판단하기 때문이다. 북한이 한국을 먼저 붕괴시킬 수 있다고 확신하는 것은 이 같은 단체들을 통해 '남조선혁명'을 달성할 수 있다고 보기 때문이다. 아래에서는 자생적 친북 및 종북 단 중에서 대표적인 단체들을 살펴보기로 한다.

(1) 범민련(조국통일범민족연합)

1990년 최고인민회의 시정연설에서 김일성은 "연방제 통일을 위한 전민족 통일전선을 형성하라"고 지시한 바 있다. 그 직후 북한 조국평화통일위원회 주도로 남북한 각각 범민련이 결성됐다.

범민련 남측본부는 북한의 대남 공작기구인 통일전선부의 지령에 따라 국가보안법 철폐, 주한미군 철수, 연방제 통일 등을 주장하며 반정부 · 반미 · 친북 활동을 벌여오다 1997년 5월과 2003년 8월 두 차례에 걸쳐 대법원으로부터 '이적단체'로 판정받았다.

그러나 그들은 친북활동을 멈추지 않았다. 2000년 남북 정상회담 이래 범민련은 대외적으로는 6 · 15공동선언을 실천하는 단체임을 내세웠지만 실제로는 북한의 노선에 동조하는 활동을 해 왔다. 특히 2002년에 발생한 미군 장갑차에 의한 여중생 사망사건을 계기로 그들은 반미투쟁에 앞장섰다. 맥아더 동상 철거운동도 그들이 주도했다.

2004년 11월 금강산에서 범민련 남측본부 인사들은 범민련 북측본부와 실무접촉을 하면서 당초 방북 목적과 달리 북한 공작원과 접촉해 "북한의 핵보유를 선전할 것", "미군철수 운동 기간을 설정해 투쟁할 것" 등의 지령을 받았다.

범민련은 또한 2006년 5월 지방선거를 앞두고 북한이 보낸 "반미, 반한나라당 투쟁에 적극 나서라"는 지침을 국내 단체에 전파하기도 했다. 범민련 초대의장을 지낸 강희남은 2009년 6월 "지금은 민중주체의 시대다. 4·19와 6월 민중항쟁을 보라. 민중이 아니면 나라를 바로잡을 주체가 없다. 제2의 6월 항쟁으로 살인마 리명박을 내치라"는 유서를 남기고 자살한 바 있다.[146)]

검찰은 2009년 6월 24일 범민련이 그동안 합법적으로 남북교류를 가장해 북한 공작원과 비밀리에 접촉하고 지령을 받아 일부 시민단체에 전파해 온 사실을 적발하고 범민련 남측본부 이규재 의장과 이경원 사무처장, 최은아 선전위원장 등 3명을 국가보안법 위반 혐의로 구속기소했다.[147)] 검찰 발표에 따르면 범민련 남측본부는 재일본조선인총연합회(조총련)가 운영하는 범민련 공동사무국과 휴대전화, e메일, 팩스 등을 통해 수시로 연락하며 구체적인 활동방향에 북한의 지령을 받아왔다.

범민련 남측본부 부의장 노수희는 2012년 3월 말 불법으로 북한에 들어가 100일 넘게 대한민국을 모독하고 북한 체제를 찬양했다. 그는 김일성의 만경대 생가와 주체사상탑 등 체제 선전물을 대부분 참관했다. 김일성·김정일 동산을 참배하고 김정일 영정에 화환도 바쳤다.

---

146) "사설 : 시위 구호가 왜 평양방송과 똑같나 했더니," 『동아일보』, 2009년 6월 25일자.
147) "범민련, 北공작원수시 접촉, 회의땐 총련측과 전화 연결," 『동아일보』, 2009년 6월 25일자.

방북 체류 중 그가 내뱉은 말과 행동은 친북·종북을 넘어 대한민국의 정체성을 어지럽히는 수준으로까지 치달았다. 김일성 생가에서는 방명록에 "국상 중에도 반인륜적 만행을 자행한 이명박 정권 대신 사과하러 왔다"는 글을 남겼다. 평양 개선문에서는 '김일성 장군의 노래'를 부르기도 했다.

(2) 한총련(한국대학총학생회연합)

한총련은 1987년에 결성된 전대협(전국대학생총연합회)을 계승해 1993년 결성된 대학가 주사파(主思派) 단체다. 한총련은 국가보안법 철폐, 주한미군 철수, 연방제 통일이라는 북한의 대남 적화통일 노선을 추종하여 1998년 이래 몇 차례에 걸쳐 대법원에 의해 이적단체(利敵團體)로 판시됐다.

예컨대 대법원은 "한총련은 북한의 주체사상을 지도사상으로 설정하고 자유민주주의 체제를 부정해왔다(2004년도 3212)"고 판시했다. 주사파 조직에서 활동하다 전향했던 홍진표는 2004년 10월 『월간조선』 기고문에서 "주사파는 1980년대 중반 이후 전대협, 한총련 등을 조직해 학생운동의 주도권을 잡았다. 이들은 소위 김일성 원전(原典)을 읽으며 북한주도 통일 실현을 목표로 활동했다.

주사파는 '위수김동(위대한 수령 김일성 동지)', '친지김동(친애하는 지도자 김정일 동지)' 이라는 호칭을 써가며 김일성과 김정일을 진심으로 추앙했다"고 고백했다. 또한 주사파에서 전향한 『시대정신』 편집위원 최홍재는 '잃어버린 세대 386'이라는 논문에서 "4·19세대와 1970년대 민주화운동세력은 민주화 자체가 목적이념인 반면, 386세대에게 민주화는 사회주의나 북한이 주도하는 통일로 가는 과정에 불과했다"고 했다.

한총련은 전국 220여 개의 대학이 소속된 조직으로 '빨치산'과 '수령관'에 근거하여 군대식 편제를 갖추는 등, 일사불란한 조직력과 투쟁력을 자랑해왔다. 그들은 공개조직과 '선배운동권' 중심의 비선조직으로 구성돼 있어 실체 파악도 어려웠다.[148]

한총련은 1994년 7월 김일성 사망 후 작성한 「김일성 선전 지침서」에서 "김일성 주석의 항일 무력투쟁, 조국해방전쟁, 사회주의 복구시기, 핵문제를 둘러싸고 벌였던 외교전 등의 위엄스런 업적에 대해 선전사업을 전개해야 할 것"이라며 특히 김일성이 일으킨 6 · 25전쟁에 대해서 "통일을 위한 미국과 한민족의 전쟁이므로 조국해방전쟁"이라고 했다. 한총련의 장외투쟁은 극렬했다. 2003년 8월 한총련 소속 학생들이 경기도 포천군 주한 미군 종합사격장에 기습 난입해 장갑차를 점거하고 성조기를 빼앗아 불태우는 등 공공연한 적대행위를 했다.

2005년 9월에는 통일연대, 민중연대 등이 주도한 맥아더 동상 파괴 기도에 가담하는 등 극렬한 친북 반미 투쟁을 벌였다. 한총련이 노골적으로 김정일 정권의 전위대 역할을 하여 이적단체로 판시돼 활동에 제한을 받자 대학가 운동권은 2005년 4월 '한국대학생연합(한대련)'으로 재조직하여 반미친북 활동을 계속해왔다.

예컨대, 한대련은 북한의 천안함 피격과 연평도 도발 등에 대해 북한을 감싸는 동시에 이명박 정부에 책임이 있다고 비난했다. 즉, 연평도 도발 직후인 2010년 11월 29일 한 대련의 성명은 "예견됐던 사태를 막지 못한 근본적인 원인은 (이명박 정부가) 힘과 대결의 감정적이고 호전적인 논리로 일관하며 예견된 수순을 밟아왔다는 데 있었다"며 도발의 책임을

148) "한총련의 진로," 『세계일보』, 2003년 9월 3일자.

북한이 아닌 현 정권에 있다고 주장했다.

이어서 "전쟁불사가 아닌 반전평화, 10 · 4 선언 이행의 목소리를 높여야 할 때이다. …

10 · 4 선언에서 약속했던 서해평화협력지대가 성사됐다면 서해의 전쟁위기가 이토록 고조되지는 않았을 것"이라 했다. 한편 전대협과 한총련에 활동했던 사람들 중에는 현재 정치인으로 활동하고 있는 사람이 여러 명 있다.

(3) 한국진보연대

2008년 1월 창설된 한국진보연대는 "한미 FTA 저지, 주한미군 철수, 평화협정 체결, 국가보안법 철폐, 한 세기에 걸친 외세의 지배를 끝내고 자주의 새 시대를 열어 갈 것"을 출범 선언문과 강령에 제시하고 있다.[149) 2011년 1월 서울 중앙지법은 한국진보연대 공동대표 한충목과 그 일행에게 북한 공작원의 지령을 받아 반미투쟁을 벌여 국가보안법을 어긴 혐의로 징역 1년 6개월 및 자격정지 1년 6개월, 집행유예 3년을 선고했다.

2012년 7월 정부의 승인도 없이 무단 방북한 이 단체의 한상렬[150)] 상임고문은 천안함 사태와 관련하여 "이번 사건은 이명박식 거짓말의 결정

---

149) 한국진보연대 홈페이지(http://www.jinbocorea.org) 참조.

150) 한상렬(1950년생) : 한국진보연대 상임고문, 민주주의민족통일전국연합 상임지도위원, 전국민족민주 운동연합 중앙 공동의장, 전북민족민주운동연합 의장, 전국민주화운동협의회 의장. 전라북도 임실군 출신)은 대한민국의 목회자, 통일운동가이다. 그 후 한국기독교장로회에서 목사안수를 받았으며, 통일운동가로 활동해 왔다. 2010년 6월 6 · 15 남북 공동선언 10주년을 기념하기 위해, 대한민국 정부의 허가 없이 방북하였다가 2010년 8월 20일 구속되어 2심에서 징역 3년, 자격정지 3년을 선고받고 3년 뒤 출소하였다(출처 : 위키백과).

판"이라며 "6·15 남북공동선언을 파탄내고 한미 군사훈련 등으로 긴장을 고조시켜온 이명박이야말로 천안호의 희생자를 낸 살인원흉"이라고 규탄했다. 평양 조선중앙통신 보도에 따르면, 한상렬은 김정일을 '국방위원장님'으로 존칭한 반면 이명박 정부를 '역적패당'으로 지칭했다.

(4) 전국연합(민주주의민족통일전국연합)

1991년 결성된 전국연합 역시 진보연대와 비슷한 주장을 해왔으며, 이들은 특히 각종 반미집회를 주도했다. 전국연합이 지향하는 통일은 사회주의 통일이다. 소위 '9월 테제'로 불리는 그들의 자료집을 보면, "연방통일조국 건설은 북한의 사회주의 혁명역량과 미국의 제국주의 세력의 대결에서 사회주의 혁명역량이 승리하고, 남한 내 민족민주전선 역량이 친미예속 세력과의 대결에서 승리한 뒤, 남한 내 민족민주전선역량의 반제투쟁이 승리의 기선을 잡은 반제전선에 가세·결집하는 양상으로 전개될 것이다"라고 명시되어 있다.[151)]

(5) 통일연대와 민중연대

통일연대와 민중연대도 진보연대나 전국연합과 같은 투쟁노선을 걸어온 조직이다. 북한 통일전선 공작단체인 반제민전이 직접 "전국연합, 민중연대, 통일연대 등은 향후 실질적 민족민주전선 건설사업을 담당하는 주체"라고 했을 정도로 북한이 신뢰하는 단체들이다. 맥아더 동상 철거를 위한 시위에 전국연합, 통일연대, 민중연대가 함께 했으며, 그동안 있었던 각종 반미시위에 범대책위원회를 구성해 격렬한 반미시위를 벌이기도 했다.

---

151) 김성욱, "친북세력 실체와 대안," 『대한민국 안보 무엇이 문제인가?』(국가발전미래교육협의회, 2010), pp. 46 ~ 47.

다. 적극적인 정치안보 전략 필요

친북 및 종북 세력은 일반적으로 다음과 같은 공통점을 가지고 있다.

① 대한민국 체제와 역사, 정부, 지도자 및 군에 대한 부정과 비난
② 북한체제 찬양, 북한의 주장 지지 또는 대변, 각종 대북지원 주장
③ 북한의 대남전략 추종 및 각종 대남 군사도발 부정 또는 우리 정부의 대응조치 비난
④ 북한의 세습독재, 인권유린, 식량난 등에 대해선 묵비, 각종 반미시위
⑤ 대기업 비판 등 시장 경제 비난
⑥ 민주와 진보를 표방하며 자기들만이 정의라며 폭력수단 사용, 법질서 파괴, 각종 부정행위 자행 등이 그것이다.

북한은 한국 내 종북 및 친북 단체의 활동에 고무돼 '낮은 단계의 연방제 통일 방안'을 통해 남한의 '자주정부(친북적인 정부)'와 협상을 벌여 '고려연방공화국'으로 통일할 것을 주장하고 있다.

북한의 대남선전매체 「반제민전」은 2005년 7월 17일 발표한 「낮은 단계 연방제 진입국면, 민족민주세력은 무엇을 하여야 하는가」라는 문건에서 "노무현 정권하에서는 낮은 단계의 연방제가 수립될 수 있고, 향후 민주노동당 정권을 통해 자주적 민주정부가 들어서야 고려연방공화국이 건설될 수 있다"고 주장한 바 있다.

특히 "민주노동당 정권이 수립됐을 때 민족 통일기구는 명실상부하게 정부, 정당, 사회단체를 망라한 민족통일전선으로 최종 완성될 것이다. 그러한 민족통일 기구는 곧바로 고려민주연방공화국 건설에 돌입할 것이며,

짧은 기간 내에 그 사업을 결속지을 것"이라고 했다.

이처럼 북한은 민주노동당(전 통합진보당)이 집권한다면 남북한 정부가 타협하여 통일정부(즉 적화통일)를 완성할 수 있을 것으로 보고 있다. 그러나 이 점은 진보정당이 독자적으로 정권을 장악하기는 어렵기 때문에 다른 주요 정당과의 선거연대를 통해 우선 북한에 우호적인 정권을 수립하려는 의도로 해석될 수 있다.

1990년대 이후 동유럽 공산권의 몰락, 극심한 경제난, 김일성 사망 등 내외 정세의 어려움에도 불구하고 북한이 남북관계에서 일관되게 공세적인 대남 공작을 전개한 배경에는 바로 우리 내부에 확고한 '제2전선(후방전선)'이 구축돼 있기 때문이다. 북한 입장에서 볼 때, 국내의 친북좌익세력은 남조선혁명역량을 강화시킬 수 있는 가장 적합한 혁명원천이다. 북한은 최근에도 대남공작부서인 통일전선부의 반제민전(반제민족민주전선)과 225국 등을 통해 왕재산 간첩단 등을 암약시키면서 국내 친북좌익세력에 대한 지원공작을 강화하고 있다. 이 같은 사실은 북한 대남전략의 핵심 활동인 대남 심리전과 친북좌익세력 지원공작 및 통일전선에 변화가 없음을 입증하는 것이다.

『월간조선』 2002년 5월호에 다르면, 좌익세력의 핵심세력은 대략 12,000여 명에 달하며 동조세력이 32만 명, 그리고 부동세력까지 합치면 그 수는 약 400만 명에 이를 것으로 추산했다. 이들은 국민의 10%에 미달하는 소수지만 그들이 정치와 사회에 미치는 영향력을 고려할 때, 그 숫자는 결코 소수가 아니다. 마오쩌둥의 게릴라 전법에 따르면 국민의 5%만 장악해도 정부를 전복할 수 있기 때문이다.

월남에서는 공산화되기 직전 월맹의 간첩과 시민 및 종교단체들이 반전 · 반미 시위를 주도하며 조직적인 선전 선동을 벌였다. 그 결과 미군의 전면 철수 후 월남은 공산화하는 운명에 처했다. 패망 당시 월남에는 공산당원 9,500여 명, 인민혁명당원 40,000명 등이 민족주의자, 평화주의자, 그리고 인도주의자로 위장한 채 각종 시민 · 종교단체는 물론 대통령 비서실과 장관, 도지사 등 권력의 핵심부에 침투해 있었다. 이 숫자는 당시 베트남 인구의 0.5%에 불과한 수치다. 약 50,000명 남짓한 체제전복세력에 의해 나라가 멸망의 구렁텅이로 빠져든 것이다.

5만이란 숫자는 왠지 귀에 낯설지 않은 느낌이 든다. 현재 한국 내에서 암약하고 있는 북한의 고정간첩 숫자가 그 정도 수준이 될 것이라는 얘기를 들은 바 있기 때문이다. 이 내용은 고(故) 황장엽 전 노동당 비서의 망명 당시 서신에서도 확인된다. 황장엽에 따르면 북한의 고정간첩은 한국 사회에서 권력의 핵심부에까지 침투해 있다고 한다.

어쩌면 패망 직전의 월남 상황과 이리도 흡사할까? 이처럼 북한의 대남 혁명전략과 우리 사회 내부에 북한의 노선에 동조하는 '내부의 적'이 대한민국의 자유민주체제를 근본적으로 위협하고 있는 상황에서 정치안보를 위한 적극적인 대응은 필수적이다.

민주주의는 정치적 의사나 이해관계의 대립을 인정하는 동시에 절대적 가치를 부정하는 '상대주의 세계관'을 기초로 하고 있다. 문제는 민주주의를 부정하는 세력에 대해서도 '관용의 원리'를 적용해야 하고, 다수결로 의사결정이 이뤄지면 민주주의의 이름으로 언제나 정당화할 수 있다는 데 있다.

독일 바이마르 공화국은 이 같은 민주주의의 형식논리에 따라 붕괴됐고 나치정권이 출범하는 비극을 맞기도 했다. 민주주의의 상대주의적 세계관의 한계를 악용하여 민주주의를 파괴하려는 세력으로부터 민주주의를 수호하기 위한 이론적 노력으로 '전투적 민주주의(Streibare Demokratie)' 개념이 등장했다.

유태인 출신으로 미국에 망명하여 예일 대학교 교수를 지낸 칼 뢰벤슈타인이 1937년 '전투적 민주주의' 개념을 제창했고, 같은 유태인으로 나치정권으로부터 추방되어 영국 런던대학 교수를 지낸 칼 만하임도 1941년이 주장에 동조했다.

'전투적 민주주의' 개념은 서독의 기본법(헌법)제정에 포함됐다. 독일연방공화국 기본법 제21조는 정당의 목적이나 활동이 자유민주적 기본질서를 침해 또는 거부하거나 독일연방공화국의 존립을 위태롭게 하는 정당은 위헌이라 규정하고 해산토록 규정했다. 이에 따라 서독 연방헌법재판소는 1956년 독일공산당을 위헌정당으로 판정하고 해산시킨 바 있다.152)

뿐만 아니라 독일연방공화국의 존립과 자유민주주의적 기본질서를 파괴하는 세력을 억제하기 위해 형법, 헌법보호법, 사회단체규제법, 테러저지법 등 다양한 국가안보법제와 함께 연방헌법재판소의 결정에 따라 확립된 기본 원칙들을 마련해 자유민주체제의 '적대세력'에 엄격히 적용했다.

또한 서독 정부는 '급진주의자들에 대한 결의(일명 : 급진주의자 훈령)'를 헌법보호 조치로 채택해 위헌(違憲)세력이 공공부문에 침투하는 것을 봉쇄했다. 독일 연방헌법재판소의 판례들은 민주주의의 '가치 구속성,' 공

152) 박광조, "전투적 민주주의, 독일의 경우 : 반체제 운동경력자에게 공직취임을 금지," 『월간조선』 2003년 8월호, p. 84.

무원의 '포괄적 충성 의무' 등을 인정하면서 방어적 민주주의 이론을 발전시킨 바 있다.

이처럼 한 나라의 체제를 수호하기 위한 정치안보는 국가안보에서 매우 중요하다고 할 수 있다. 특히 과거 서독과 유사한 분단국가로 북한의 심리전 위협에 속수무책으로 당하고 있는 현재의 대한민국은 서독의 사례에서 정치안보의 중요성과 그 대책 등을 교훈으로 삼아야 할 것이다.

11. 한미동맹과 국가안보

지난 70여 년 동안 한미 양국은 자유민주주의와 시장경제라는 공동의 가치를 바탕으로 공고한 동맹관계를 발전시켜 왔다.

"같이 갑시다!(We go together!)"는 많이 알려져 있는 한미연합사령부의 구호다. 이 구호가 상징적으로 보여주듯이 1950년 6 · 25전쟁과 함께 시작된 한미동맹은 미국에게는 동아시아 안보전략의 핵심 축을 의미했으며, 우리에게는 국가안보의 필수적인 주춧돌이었다.

우리 대한민국은 한미동맹을 바탕으로 굳건한 연합방위태세를 유지함으로써 북한의 도발을 억제하였음은 물론, 역사상 가장 빠른 시기에 비약적인 경제성장을 이룩하였고, 민주주의의 소중한 가치들을 발전시켜 올 수 있었다. 이와 함께 한미관계도 수평적 · 호혜적 관계로 변화해 왔다.

그러나 21세기를 맞이하면서 세계는 또 한 번 새로운 변화를 겪고 있다. 냉전질서가 막을 내리고 세계적 차원에서 사회주의 국가들이 대부분 무대에서 사라진 대신, 2001년 9 · 11테러의 발생으로 '대테러'와 '대량살상무기 비확산'을 가장 중요한 안보현안으로 인식하고 있는 미국은 군사변혁(military transformation)을 추구하면서 대테러전쟁을 최우선의 목표로 한 안보전략을 구체화 하고 있다.

우리는 이처럼 급변하는 세계질서 속에서 한반도에는 여전히 분단 상태가 지속되고 있고, 남북교류협력의 증대에도 불구하고 북한이 대량살상무기를 비롯한 비대칭 전력을 지속적으로 증강시키고 있는 현실을 직시하고, 한미동맹관계를 미래지향적으로 발전시켜 나가야 한다.

이러한 차원에서 본과에서는 한미동맹의 역사를 살펴보고, 한미동맹관계를 미래지향적으로 발전시키기 위해 양국이 협의·추진해 오고 있는 주요 사안들을 소개하고자 한다. 아울러 대북억제력의 핵심 축인 한미연합방위태세에 대해 고찰하고자 한다.

가. 한미동맹의 과거와 현재

(1) 피로 맺은 우방

“우리나라는 자신들이 알지도 못하는 나라, 만난 적도 없는 사람들을 지키려는 요청에 응한 우리의 아들과 딸들을 기린다.”

“Our nation honors her sons and daughters who answered their country's call to defend a country they never knew and a people they never met.”

이 문구는 워싱턴 시내 한국전 기념공원에 세워진 ‘한국전 참전 기념비’에 새겨진 추모의 글이다.

6·25전쟁에서 미국은 사망자 36,940명, 부상자 92,134명, 실종 3,737명, 포로 4,439명 등 총 137,250명이라는 엄청난 희생을 치렀다. 이는 ‘자유는 거저 주어지는 것이 아니다(Freedom is not free.)’라는 기념비의 글귀처럼 자유를 지키기 위해 바친 거룩한 희생이다.

참전 미군 중에는 미군 장성의 아들 142명이 포함되었는데, 이중 35명

(25%)이 전사 또는 부상을 입었다. 아이젠하워 미국대통령의 아들 존(John Eisenhower)과 클라크 유엔군사령관의 아들 빈 대위도 최전선에서 싸웠다.

해리스 미 해병 제1항공사단장은 장진호 철수작전을 항공지원하고 있었는데, 그의 아들 해리스 소령은 미 해병 제1사단 7연대 3대대를 지휘하여 아버지의 항공지원 하에 장진호를 돌파하다가 하갈우리에서 전사했다.

워커 장군은 개전 초기 미8군사령관으로 낙동강 방어 작전을 성공적으로 수행함으로써 인천상륙작전의 발판을 마련하였을 뿐만 아니라 평양탈환과 한만국경선까지 진출을 지휘한 탁월한 전략가였다. 그러나 워커 장군은 1950년 12월 23일 그의 아들 샘 대위의 은성무공훈장 수여식에 참가하기 위해 이동하던 중 교통사고로 순직하였다.

한국전쟁 기간 중에 2년을 미8군사령관으로서 전선에서 싸운 벤플리트 장군도 그의 사랑하는 아들을 바로 그 전선에서 잃었다. 1952년 4월 4일, 그의 아들 지미 중위는 B-29폭격기를 조종하여 북쪽으로 출격하였다가 실종되었다.

그는 아들을 잃고도 한 치의 흐트러짐 없이 부대지휘에 만전을 기하였고, 참모들이 전투기 100여대를 투입하여 시신수색활동을 벌이자고 건의해도 작전에서의 승리만을 생각하여 받아들이지 않았다. 벤플리트 장군은 북한의 기습남침 시 준비 안 된 전쟁으로 고군분투해야했던 우리 군을 훈련과 전력보강을 통해 오늘날의 정예군으로 발전시키는데도 크게 기여하였다. 그는 8군사령관으로 취임한 직후부터 소수 병력으로 적과 어려운 전투를 계속하면서도 한국군 사단을 9주간씩 교대로 재훈련을 시킬 만큼 한국군의 전력향상에 비상한 관심을 보였다.

특히 한국군을 20개 사단으로 증편하려는 계획은 당시 미국 내에서도 많은 반대가 있었지만, 장군은 1952년 말 당선된 아이젠하워 대통령에게 간곡히 건의하여 이를 관철시켰다. 아이젠하워와 밴플리트 장군은 미 육군사관학교(West Point) 동기생이었다.

이렇게 해서 한국군이 20개 사단으로 증편되자, 한국군의 중추역할을 담당할 기간장교단을 양성하기 위해 웨스트포인트를 모형삼아 4년제 육군사관학교를 설립하는데 결정적인 공헌을 하였으며, 전역 후에는 모금활동을 전개하여 육사도서관을 지어 기증할 정도로 한국군의 발전에 끝없는 관심을 보여 주었다.

이처럼 6 · 25 전쟁은 한국과 미국을 끈끈한 동맹관계로 발전시켜 나가게 된 배경이 되었고, 그 과정에서 수많은 미국인들의 고귀한 희생이 있었다는 점을 우리는 기억해야 한다.

(2) 한미 상호방위조약 체결

1953년 10월 1일, 『한미 상호방위조약』의 체결로 한미 양국은 1882년 5월 22일 조미 통상협정을 맺은 지 71년 만에, 또한 1871년 신미양요 사건을 겪은 지 82년 만에 자유와 평화라는 공동의 이해관계에 기초한 동맹관계를 맺게 되었다. 이 조약은 한국전쟁을 중지시키기 위한 정전협정 체결 과정에서 이승만 대통령이 보여준 외교적 노력의 결실이다.

1953년 봄, 한국 국민들의 통일에 대한 열망과 정전협정 체결 반대에도 불구하고 유엔군과 공산군 측의 정전협상은 계속 진행되고 있었다. 동아시아 지역에서 소련과 중국의 세력이 확대되는 당시 상황에서 정전협정의 체결은 이후 유엔군의 철수와 함께 북한군의 재남침을 예고하는 것이나 다름없었다.

정전협상이 막바지에 접어들면서 이승만 대통령은 상호방위조약 체결을 미국에 요구하면서, 만약 미국이 이 문제에 성의를 보이지 않는다면 정전협상 또한 순조롭게 진행되지 못할 것이라고 경고하였다.

실제로 이 대통령은 미국과 상의 없이 반공포로를 전격적으로 석방하였다. 이 대통령이 단호한 자세를 굽히지 않자 미국은 한국인을 안심시키고 한국에 대한 미국의 방위공약을 확고히 하기 위해 상호방위조약을 체결하기로 결정하였다. 그 결과 1953년 10월 1일 워싱턴에서 양국 정부에 의해 한미 상호방위조약이 조인되었고, 1954년 11월 17일부로 발효되었다.

이 조약은 한반도에서의 전쟁을 억제하기 위해 미군 주둔을 위한 제도적 보장 장치이며, 연합방위체제의 법적 근간으로서 주한미군지휘협정과 정부 간 또는 군사 당국자간의 각종 안보 및 군사관련 후속협정들의 기초를 제공하고 있다.

(3) 국군의 성장과 미국의 지원

대한민국 정부수립 직후 1948년 8월 24일 미국은 한국정부와 『잠정적 군사안전에 관한 행정협정』을 체결하고 한국군 무기 장비의 조달과 군사훈련을 부담하였는데, 당시 미국이 잉여재산법에 따라 한국에 제공한 군사원조의 규모는 육군 5만 명분의 장비와 6개월분의 예비부품으로서 액수는 5,600만 달러에 달하였다.

또한 1949년 10월에 공포된『상호방위지원법』에 의거 1,500만 달러에 달하는 물자 및 교육지원을 제공하였다. 이러한 지원을 통해 한국군 병력은 전쟁발발 당시 10만 명에서 3년 동안의 전쟁을 치르면서 60만 명에 가까운 대군으로 성장하였다.

미국은 전후 1954년에 체결한『한국에 대한 군사 및 경제원조에 관한 대한민국과 미합중국 간의 합의의사록』을 통해 한국에 대해 군사지원을 지속하였다. 한국군의 형성기에 미국은 한국군 간부들의 교육훈련에도 지대한 관심을 가지고 이를 적극 지원하였다. 군 간부 양성기관인 군사영어학교와 조선경비대 훈련소 설립, 국방경비대 창설, 그리고 전쟁이 한창이던 1952년 1월에는 4년제 육군사관학교를 세우는 등 지원을 아끼지 않았다.

(4) 한미 역할 조정

1960년대 말 미국은 베트남전쟁의 장기화에 따른 국내·외의 반발과 막대한 전비지출, 인플레이션, 달러화 약세 등 어려움을 안고 있었다. 이러한 난국을 타개할 목적으로 닉슨 대통령은 1969년 7월 25일, "아시아에서 재래식 전쟁이 발발했을 경우 그 방위의 1차적 책임은 당사국이 져야 하며, 미국은 선택적이고 제한적으로 지원할 것이다"라는『닉슨독트린』을 발표하였다.

이에 따라 미국 정부는 1971년 7월까지 아시아에서 총 4만 2천명의 미군을 철수시키기로 하였다. 그리하여 주월 미군과 해외주둔 미군의 감축이 본격적으로 추진되었고, 한국에서도 1971년에 미 제7사단이 철수하게 되었다.

1977년 1월 미국의 카터 대통령이 한국에 남아있는 미 제2사단마저 철수시키겠다고 선포함에 따라 한미 간에는 주한 미 지상군의 철수와 관련된 작전 지휘체계를 효율적으로 통합하여 한국의 방위력을 증진시키기 위해 본격적으로 연합군 사령부 창설 문제를 논의하게 되었다.

1977년 제10차 한미 안보협의회의(SCM)에서 당시 서종철 국방장관과 브라운 미 국방장관 간에 연합군사령부 창설에 합의한 이후 제11차 SCM에서 연합군 사령부의 조직 및 기능에 관한 합의에 도달하였다. 그리하여 1978년 10월 17일 한미 연합사령부(CFC)가 창설되었다.

1980년대 들어 한국은 현대적 국방관리의 개념이 도입되고 각종 기구와 절차가 체계화되면서 전력증강이 이루어지는데 힘입어 '한국방위의 한국화'를 꾸준히 추진하였다. 1980년대 말, 당시 미 의회는 냉전종식이라는 안보환경 속에서 국방비 축소와 함께 군사력의 재조정 방안을 검토하고 있었는데, 주한미군 등 아 · 태지역 미군에 대해서는 『넌 · 워너 수정안』[153]을 채택하였다. 그리고 1990년 미 국방부는 『동아시아 전략구상』을 발표하였다.

주요 내용은 동아 · 태 지역의 전진배치 전략을 그대로 유지하는 가운데 일부 지상군 · 공군 중심으로 전체 태평양 전력의 10~12%를 감축하기로 하고, 주한미군의 단계적 감축과 함께 미군의 역할을 주도적 역할

153) 미국 의회에서 1989년 통과된 해외주둔 미군병력 감축과 구조 개편의 필요성에 관한 법안. 미 상원 군사위원회의 민주당 샘 넌 위원장과 공화당 론 워너 의원이 유럽주둔 미군과 주일미군, 주한미군, 해외 주둔 미 군속 유지 경비 등에 관한 4개의 법안을 제출해 1989년 8월 미 의회에서 채택됐다. 이 법안은 탈냉전 상황 변화를 감안해 미 연방정부의 재정적자를 줄이기 위한 것이었다. 주한 미군과 관련해서는 한국이 자체 안보의 책임을 증대하는 한편 주한미군의 직접 비용 부담을 증액해야 하며, 미국과 한국정부는 주한 미군의 단계적 감축 가능성에 대해 협의를 해야 한다는 내용이 포함되어 있다(출처 : 네이버지식백과).

(Leading Role)에서 지원 역할(Supporting Role)로 점진적으로 변경하여 1996년 이후부터 한국이 주도적 역할을 수행하도록 한다는 것이었다.

이 계획에 따라 1992년 1단계로 주한미군 7,000명의 감축이 이루어졌다. 주한미군 역할변경에 있어서는 군사정전위원회 수석대표에 한국군 장성임명(1991.3), 한미 야전사의 해체(1992.7), 지상구성군 사령관에 한국군 대장 임명(1992.12) 등의 조치가 뒤따랐고, 1994년에는 평시 작전통제권이 한국군으로 전환되었다.

이로써 한미동맹 관계는 한국이 미국으로부터 일방적인 수혜를 받던 관계에서 점차 상호 호혜적 동반자 관계로 바뀌기 시작하는 계기가 되었으며, 특히 21세기 새로운 안보환경 속에서 더욱 성숙하고 건강한 동반자 관계로 발돋움하기 위해 동맹관계를 미래 지향적으로 조정해 나가고 있다.

나. 한미동맹의 미래지향적 발전

(1) 한미동맹 관계의 재조정

(가) 주한미군 재배치

고려시대 때부터 외국군 주둔 시 근거지로 삼던 용산 기지가 이제 '민족공원'으로 탈바꿈하여 서울시민의 품으로 돌아오게 되었다. 전국 각지에 흩어져 있던 미군기지도 대부분 반환되고, 대신 평택 등지로 축소·통폐합된다.

《용산 기지 이전사업》은 서울 도심에 주둔하고 있는 외국 군대의 이전을 원하는 국민의 여망에 부응하고, 주한미군의 안정적 주둔여건을 조성하며, 국토의 균형적 발전을 도모함과 아울러 한미동맹 강화를 위하여 추진되고 있는 사업이다.

특히 2004년 7월 22일부터 23일까지 미국 워싱턴에서 열린 제10차 미래 한미동맹정책구상(FOTA) 회의에서, 한미 양국은 유엔사 · 연합사를 포함한 용산 기지를 평택지역으로 이전하기로 합의하여『용산 기지 이전협정』을 체결하였고, 2004년 12월 국회에서 비준 동의를 받음으로써 용산 기지 이전사업이 본격적으로 추진되고 있다.

《미 2사단 재배치》는 주로 경기 북부지역에 분산 배치되어 임무를 수행하고 있는 주한 미2사단을 국토의 균형발전과 지역주민들의 불편 해소, 미측의 주한민군 재배치 계획에 따라 기지 통 · 폐합을 추진하는 사업이다.

우선 1단계로 한강 이북지역에 위치한 주한미군 군소기지를 동두천 · 의정부 지역으로 이전 통합하고, 2단계로 주요 부대를 평택 및 군산 지역 등으로 이전한다는 계획이다.

주한미군은 현재 전국에 산재돼 있는 43개 기지에서 2개 권역 16개 기지로 재배치 될 예정이며, 이 과정에서 약 5천여 만평이 우리에게 넘어 올 예정이다.

주한미군 재배치가 완료되면 주한미군의 미래지향적인 전투준비태세 유지를 위한 안정적 주둔여건을 제공함으로써 한미 연합방위력이 증대됨은 물론 한미동맹이 더욱 공고하게 발전하는 기반이 될 것이다.

(나) 주한미군 현대화

한미 양국은 2008년까지 3단계로 12,500명을 감축하기로 하였다. 이 계획에 따라 감축이 이행되면 주한미군의 병력규모는 2003년 37,500여 명에서 2008년 말에는 약 25,000여 명이 될 예정이었는데, 2008년 4월 한미 정상회담에서 3단계 감축을 하지 않고 현 수준(28,500여 명)을 그대로 유지하기로 합의하였다. 이는 주한미군 감축 합의 이후 한반도 안보상황 변화로 확고한 한미 연합방위태세유지 필요성이 증대함에 따라 이루어진 것으로써 한미동맹과 연합대비태세 강화에 기여하는 조치이다.

미국은 주한미군 감축에 따른 전력공백을 보완하기 위해 2003년부터 2006년까지 4년에 걸쳐 150개 분야에 110억 달러 규모를 투하자여 주한미군의 전력 현대화를 추진함으로써 능력을 강화하고, 주한미군을 재편하여 전력운용의 극대화를 추구하였다. 주한미군의 전력 현대화는 주로 전투부대 능력, C4ISR 분야 중심으로 추진하였다.

따라서 주한미군의 규모는 일부 감소되었으나 실질적인 전투능력은 보다 강화되어 한미 연합 억제 및 방위태세는 더욱 굳건해 지고 있다. 우리 정부는 미측과의 긴밀한 협의를 통해 주한미군의 전력증강이 차질 없이 추진되도록 협력해 왔고, 우리 군도 국방개혁을 착실히 추진하여 정예화된 선진강군을 육성함으로써 한미 연합방위능력을 강화하고 대북 억지력을 향상시킬 수 있도록 노력하고 있다.

(2) 새로운 한미동맹 군사구조 변환 추진

1950년 7월 14일 6 · 25전쟁 당시 국군통수권자인 이승만 대통령은 누란의 위기에서 국가를 보위하기 위해 한국군의 지휘권을 불가피하게 맥아더 유엔군사령관에게 이양하였다. 이후 1978년 한미연합사가 창설된 이후에는 연합사령관이 한미 통수기구의 지침을 받아 작전통제권을 행사해 왔다.

작전통제권 전환에 대한 논의는 1987년 8월 당시 노태우 대통령 후보의 '작전통제권 환수 및 용산 기지 이전'이라는 선거공약 제시와, 앞서 살펴본 '넌·워너 수정안'에 이은 '동아시아 전략구상'을 기초로 한미가 각각 또는 공동으로 작전통제권 전환에 대한 연구와 협의를 하면서 시작되었다.

1991년 제13차 한미 군사위원회회의(MCM : Military Committee Meeting)에서 평시(정전시)작전통제권을 1993~1995년에 전환하고, 1996년 이후에 전시 작전통제권 전환을 협의하기로 한미가 합의하였으며, 그 결과로 먼저 1994년 12월 1일에 평시 작전통제권을 전환하였다.

2005년 10월 제37차 SCM에서 한미 양국 국방장관은 전시 작전통제권에 관한 논의를 '적절히 가속화'하자는 데 입장을 같이함으로써 본격적인 협의가 시작되었다. 결국 2007년 2월 워싱턴에서 개최된 한미 국방장관회담에서 2012년 4월 17일에 전환하기로 최종 합의하였으나, 이후 북한의 위협과 국내 여론을 고려하여 2014년 한미 양국은 2020년 이후 재협의하는 방향으로 최종 조정하였다.

(3) 21세기 전략동맹

지난 2013년 5월 박근혜 대통령과 오바마 미국 대통령은 한미정상회담을 갖고, 한·미간 전통적 우호관계를 21세기에 맞는 '전략적 동맹관계'로 발전시켜 나가기로 합의하였다.

이는 한미동맹이 공동의 가치와 신뢰를 기반으로 안보협력 뿐 아니라 정치·경제·사회·문화 협력까지 포괄하도록 협력의 범위가 확대·심화되어 나가며, 지역 및 범세계적 차원의 평화와 번영에도 기여하는 방향으로 발전해 나가야 한다는 것이다.

따라서 21세기 전략동맹은 미래 한미동맹이 지향해야할 목표로서, 인류 보편적 가치에 기반한 신뢰와 평화구축, 전방위 교류확대 등을 통해 보다 성숙하고 안정적인 동맹관계로 질적인 변화를 꾀하는 것을 의미한다.

다. 한미 연합방위태세, '우리 안보의 핵심 축'

(1) 정보전력, '적을 보는 눈'

오늘날 현대전을 정보전이라고 부른다. 걸프전 및 이라크전에서 보듯이 '탐지→결심→타격→평가'의 작전수행체계에서 상대보다 우세한 정보능력은 전쟁의 승패를 결정짓는다. 그러한 의미에서 주한미군이 보유하고 있는 정보전력은 우리의 안보수준을 가늠하는 결정적인 척도가 된다.

한반도에서의 전쟁억제를 위해서는 평소 북한 군사력의 움직임을 손바닥 보듯이 훤히 볼 수 있어야 북한의 기습의도를 사전에 감지할 수 있으며, 만일 억제가 실패하여 전쟁이 발발하더라도 경고시간을 현저히 앞당김으로써 기습효과를 상실케 할 수 있다.

또한 작전수행 간에는 전선으로부터 수 백 km에 달하는 종심을 들여다봄으로써 실시간(real-time) 타격전력과 연동되어 적의 핵심표적을 신속히 무력화시킬 수 있어야 한다.

미군 정보자산 및 운영체제는 바로 이러한 능력을 제공해 주고 있다. 즉 24시간 한반도 상공을 감시하는 미국의 정찰위성과 최소 8만 피트 상공에서 정찰임무를 수행하는 U-2기 등 각종 첨단 정보수집 항공기 등은 실시간 북한군의 움직임을 분석 파악하고 있다.

미군이 보유하고 있는 이러한 정보능력이야말로 대북 억제력의 핵심요소이며, 유사시 최소의 피해로 신속하게 적을 격퇴할 수 있는 능력을 보장해 줄 수 있다. 특히 북한이 미국의 첨단 정보능력에 대해 인식하는 그 자체만으로도 전쟁 억제효과가 있다고 할 수 있다.

(2) 주한미군의 막강한 전투력

주한미군의 전력은 최첨단 장비로 구성되어 21세기 과학전을 주도할 수 있는 능력을 갖추고 있다. 미제8군은 한반도에 미 제2사단과 1개의 항공여단을 주축으로 120여 대의 신형 M1전차와 250여 대의 브래들리 장갑차, 30여 문의 155미리 자주곡사포, 30여 문의 다련장 로켓포(MLRS), 패트리어트를 포함한 각종 지대공, 지대지 유도탄과 전천후 전투능력을 갖춘 50여 대의 AH-64 헬기 등으로 무장되어 있다.

이중 미 제2사단의 '팔라딘'이라 부르는 자주곡사포와 컴퓨터화 된 사격관제시스템을 갖춘 대구경 다련장 로켓은 적 포병의 공격과 동시에 즉각 사격위치를 파악할 수 있는 탐지시스템과 연동되어 우리에게 가장 위협이 되고 있는 북한군 포병을 조기에 무력화시킬 수 있는 전력이다.

'패트리어트'는 1983년에 실전 배치된 항공기 및 대탄도탄 요격용 미사일이다. 1991년 걸프전 당시 미군의 패트리어트는 명중률이 70%에 달했으며, 이후 미군은 개량사업을 통해 명중률을 높이고 탐지거리를 확대하는 등 성능을 지속적으로 향상시켜 왔다. 현재 우리나라에는 1994년부터 미군의 패트리어트 1개 대대가 전개하여 임무를 수행 중에 있으며, 유사시 초전에 추가적인 전개가 이루어진다.

전천후 작전이 가능한 'AH-64' 헬기는 1991년 걸프전 당시 1,000대 이상의 장갑차와 항공기 10대, 헬기 12대 및 이라크 진지 65개소를 격파한 바 있는데, 주한미군은 현재 걸프전 당시보다 더 최신형을 보유하고 있다.

주한 미공군은 70여 대의 F-16 전투기와 20여 대의 A-10 대전차공격기를 비롯한 100여 대의 항공기를 보유하고 있는데, 이들 전력은 우리 연합공군 전력의 30% 정도를 지원해 주고 있다. A-10기는 1대가 16대의 전차를 공격할 수 있는데, 1개 비행대대가 작전할 경우에는 최대 280여 대의 적전차를 파괴할 수 있는 위력을 갖고 있다.

(3) 유사시 미 증원전력

한미 연합사령부는 유사시 미 증원전력을 신속하게 한반도에 전개함으로써 유엔사 및 연합사 전시 작전계획을 지원할 수 있도록 계획을 수립하여 준비하고 있다. 주한미군이 한반도에서 유사시 초전방어의 역할을 한다면, 미 증원전력은 위기 및 전시에 결정적이고 신속한 전쟁의 승리를 보장하는 역할을 한다.

미 증원전력에는 3종류가 있는데 첫째, 신속억제방안(FDO : Flexible Deterrence Option)에 의한 전력이다. 이는 전쟁억제에 목표를 두고 한반도에서 전쟁위험 고조시 또는 위기 시에 시행되는 정치 · 경제 · 외교 · 군사적 방안으로서 약 130개의 항목으로 구성되어 있으며, 여기에는 감시 · 정찰용 전력이 포함된다.

둘째, 전투력 증강(FMP : Force Module Package)에 의한 전력이 있다. 이는 FDO를 통한 전쟁억제에 실패할 경우를 대비하여 초전에 긴요하다고 판단되는 주요 전투부대 및 전투지원부대를 증원하는 계획으로서, 여기에는 항모전투전단 등이 포함되어 있다.

셋째, 실제 전쟁이 발발할 경우에는 FDO와 FMP 전력을 포함하여 시차별 부대전개제원(TFFDD : Time Phased Forces Deployment Data)에 의한 증원전력이 있다. 여기에는 현재 한반도에 배치되어 있는 전력, 상황발생시 시차별로 전개하도록 되어 있는 전력, 요청 시 추가로 전개되는 전력 및 국외지원전력으로 구분하고 있다.

(4) 한미 연합연습을 통한 군사대비태세 완비

한 · 미 양국군은 을지프리덤가디언(UFG) 연습, 키 리졸브(Key Resolve) 및 독수리(FE) 연습 등 다양한 연합연습 및 훈련을 통하여 전시 한미 연합작전계획의 실천력을 점검하고 전비태세를 강화하고 있다.

을지프리덤가디언(UFG : Ulchi-Freedom Cuardian) 연습은 국가 전쟁시도 및 전쟁수행 능력을 향상시키고 전쟁 수행절차를 숙달하기 위해 실시하는 종합지휘소 연습이다. 이 연습은 원래 1954년도부터 유엔군사령부 주관으로 실시되던 '포커스렌즈 연습'과 1968년 1.21사태 이후 정부 주관으로 실시되던 '을지연습'을 1976년부터 을지포커스렌즈(UFG) 연습으로 통하여서 연례적으로 실시해 오다가 2008녀부터 을지프리덤가디언(UFG) 연습으로 명칭이 바뀐 것이다.

을지프리덤가디언 연습은 주로 전쟁 초기 정부 위기관리 및 한미연합 위기관리 절차와 함께 작전단계별 상황을 상정하여 체계적으로 진행되는데, 1988년부터는 컴퓨터와 워게임 모델에 의한 도상지휘소 연습을 하고 있다. 즉 실제 병력과 전투장비가 아닌 컴퓨터로 전장상황을 구현하는 모의 지휘소 연습이다. 특히, 2008년부터 실시하는 한미 연합연습은 미래의 전구연습, 즉 미래 전작권 전환 후의 전구연습에 대비한다는 차원에서 진행돼 오고 있다.

키 리졸브(Key Resolve) 연습은 한반도 유사시 미 증원전력을 전개하는 훈련으로써, 2007년까지 실시해 왔던 연합전시증원연습(RSOI)를 대체하여 2008년부터 시행해 오고 있다.

키 리졸브 연습은 전시 미국 본토에서 한반도로 전개되는 증원군을 수용하여 전방이동 준비를 위한 재편성 단계인 대기로부터 전방으로 이동하여 전술지휘관에게 부대에 대한 통제권을 전환하는 등 한국군과 통합하는 절차를 숙달하는 연습이다.

독수리(FE : Foal Eagle) 연습은 한반도에서 전쟁억제를 위해 한 · 미간의 군사적 결의를 과시하고 연합 및 합동작전태세 완비를 위해 1961년부터 연례적으로 실시하는 연합 · 합동 야외기동연습이다. 그리고 이 연습은 2002년부터 연습의 효율성을 고려하여 연합전시증원(RSOI)를 대체한 키 리졸브 연습과 함께 실시되고 있다.

라. 한미동맹과 국가이익

"우리에게는 영원한 동지도, 영원한 적도 없으며, 오로지 국가이익만이 있을 뿐이고, 그것을 추구하는 것이 우리의 의무이다." 19세기 영국의 저명한 정치가 팔머스톤 경 (Lord Palmerston)의 말이다.

시대와 세상은 변했지만 국제정치를 움직이는 근본속성은 예나 지금이나 크게 변하지 않았다. 국제관계는 흔히 권력정치의 무대로 간주된다. 여기서 한 국가의 존망을 두고 치열한 국가 간의 경쟁이 벌어진다. 이러한 상황에서 국가의 생존문제는 당연히 국가이익을 규정하는 핵심적인 요체다.

우리가 전통적인 한미동맹관계를 얘기할 때, 국가이익을 최우선적으로 내세우는 것은 국제정치의 속성과 역학관계를 고려한 현실적인 대안이기 때문이다.

(1) 경제적 발전에 기여

한미동맹은 국가안보 측면에서뿐만 아니라 우리의 경제발전과 안정에도 크게 기여해 왔다. 6 · 25전쟁 이후 북한과의 체제대결 와중에도 미국의 안보지원 하에 대북억제력을 유지할 수 있었고, 이를 바탕으로 고도의 경제성장을 이룰 수 있었다.

1950년 우리나라의 1인당 GNP는 50달러에 불과했지만 2007년에는 2만 달러 수준으로 향상돼 60년이 채 안된 기간 동안 우리나라는 무려 400배에 이르는 엄청난 경제성장을 이룩하였다. 지구상 어느 나라도 같은 기간 동안 우리처럼 국력신장을 이룩한 예가 없다.

3년간 전쟁을 치르면서 국토의 80%가 잿더미로 변했고, 그 폐허 위에서 이처럼 고도성장을 이룩할 수 있었던 배경에는 굳건한 한미동맹과 주한미군의 존재가 크게 기여했다는 사실을 우리는 기억해야 한다.

한미동맹을 유지하는 것은 우리의 안보비용을 획기적으로 절감시켜주는 효과가 있는 것이다. 우리는 한반도 방위에 있어서 미국의 안보지원과 보장

덕분으로 우리의 방위비 지출을 낮출 수 있었다. 특히, 한미동맹을 기초로 한 튼튼한 안보는 외국투자자들이 마음 놓고 투자할 수 있는 여건을 만들어 주었고, 이것이 우리 경제가 성장할 수 있는 중요한 기반이 되었다.

(2) 동북아지역 세력 균형자 · 안정자 역할

일본과 중국, 러시아 등 한반도 주변 강대국들은 정치 · 경제적으로 뿐만 아니라 군사대국이다. 이들 나라들은 군사변혁을 지속적으로 추진하여 최첨단 정보 · 과학군으로서 막강한 군사력을 보유하고 있다.

이러한 상황에서 주한미군이 철수해 버린다면, 한반도에는 그야말로 군사적으로 공동화 현상이 발생할 가능성이 크다. 다시 말해서 미군철수는 동북아지역 내에서의 불안정을 초래할 수 있는 세력공백을 형성시키기 될 것이고, 이러한 세력공백을 채우려는 국가들 간의 패권경쟁을 유발시킬 수 있다.

따라서 주한미군은 이들 나라의 세력경쟁을 제어하는 균형자 또는 안정자 역할을 수행해 왔고, 앞으로도 이러한 역할은 유효한 것이다. 이러한 차원에서 주한미군은 한미동맹의 상징이자 동북아지역의 세력균형자로서 앞으로도 계속 주둔해야 한다는 것이 우리 정부의 확고한 입장이다.

결론적으로 미국의 6 · 25전쟁 참전과 희생, 전후 복구 과정에서 미국의 군사 및 경제원조, 대북억제 및 경제성장의 토대 구축, 그리고 세계에서 그 유례를 찾아보기 힘든 초고속 경제성장과 민주주의 구가 등 한국현대사의 대변혁을 규정하는데 있어서 '한미동맹'을 빼놓고는 설명하기가 쉽지 않다.

그러나 전쟁이 끝난 지 반세기가 넘는 세월이 훌쩍 지나가버린 오늘날 전쟁과 희생은 서서히 잊혀져 가고 있고, 냉혹한 실리추구의 현실 속에서 한국과 미국 간에는 크고 작은 불협화음이 있어 왔다. 외교적 · 군사적으로는 변함없는 우방이면서도 두 나라 국민들 간의 마음은 크고 작은 문제로 상처받은 경우도 있었다.

80년대부터 대두되기 시작한 이념적 반미주의가 2000년대 들어서면서부터 일부 국민들의 일시적인 반미감정 표출과 뒤섞여 나타나기 시작했고, 이는 미국인들의 마음에 상처를 입히기도 했다. 우리는 일시적으로 발생하는 '감정'의 표출과 변혁운동의 주의 · 주장으로서 '반미'를 구분해야 한다. 순수한 '추모집회'가 반미운동으로 변질되고, 그것이 다시 반미감정의 확산으로 재생산되는 악순환의 고리를 끊어야 한다.

물론 2000년대에 등장한 우리 사회내의 반미감정과 대등한 한미관계에의 요구는 전통적 한미동맹을 새로운 시각에서 재정립할 것을 바라는 측면도 있다. 미국의 군사변혁과 한국방어에서 한국의 주도적인 역할수행은 이제 당연한 것으로 받아들여지고 있는 상황이다. 따라서 우리는 한미동맹을 대체하는 배타적 자주국방이 아니라 한미동맹을 더욱 굳건히 하면서 우리 스스로의 안보 역량도 키워야 한다.

6 · 25전쟁 시 혈맹으로 출발한 한미동맹과 연합방위태세는 반세기가 넘도록 한국방어의 핵심적은 축이었고, 이는 앞으로도 지속될 것이다. 우리는 한미공동의 가치와 이익, 그리고 동맹의 정통성을 바탕으로 미래지향적 동맹관계를 창조적으로 발전시켜 나가야 할 중대한 시점에 있다. 21세기 선진 일류국가를 지향하는 시점에서 한미동맹도 성숙한 단계로 진입해야 할 것이다.

III

마치는 글

1809년에 간행된 것으로 추정되는 『무신수지(武臣須知)[154]』에 다음과 같은 내용이 있다.

"근래에 태평성세가 오랫동안 계속되어 사람들의 마음이 크게 해이해졌다. 그러므로 약간 흉년만 들어도 백성들에게 폐해를 끼친다는 명분에 구애되어 군사문제를 거론하지 못하고 있다. 이렇게 한 지가 벌써 여러 해가 되었으니, 이는 질병을 발견하고도 치료하지 않는 것과 같다고 할 것이다. 해이해진 국방 태세와 소홀해진 국방계획을 어떻게 바로 잡을 것인가?"

해이해진 국방 태세와 소홀해진 국방계획을 바로 잡지 못하여 불과 100년 후인 1910년 일제에 의해 국권을 상실하고, 일본의 식민지로 우리 국토가 전략됐던 뼈아픈 경험을 우리 국민 모두가 잘 알고 있다.

---

154) 무신수지(武臣須知), 조선 정조22년(1789년) ~ 순조6년(1806년)에 걸쳐 이정집이 편찬하고 그의 아들 이적이 주해한 병학 주해서, 무사들이 책의 이론에만 몰두하고 실제에 응용하지 않으려고 하는 것을 보고 개탄하여 작성함, 『두산백과사전』, http//www.doopedia.co.kr(검색일:2014.1.21).

국가의 생존은 국가가 추구하는 가장 중요한 목표이다. 이것은 정치·경제·사회·문화 등 그 어느 것 보다도 우선시 되어야 한다. 국가안보가 보장되지 않으면 그와 같은 것은 모두 공염불에 지나지 않는다. 특히 국제사회는 질서를 유지할 수 있는 강력한 세계정부가 없기 때문에 약육강식의 무정부 상태와 다름이 없다. 즉, 국제정치는 국내정치와 달리 국가들 간의 갈등을 조정할 수 있는 조직체가 없기 때문에 국가들 간에 이해관계가 충돌 할 경우, 국력이 강한(물리적 힘) 나라가 승자가 되는 것이다.

국립외교원 전봉근 교수는 2025년 한반도와 동북아 정세를 전망하면서 다음 세 개 시나리오로 정리할 수 있다고 했다. ①우리 외교·안보·통일 환경이 크게 개선되는 평화 국면, ②지금과 같이 갈등과 전쟁위기가 교차하는 위기 국면, ③실제 충돌과 전쟁이 발생하는 최악의 전쟁 국면 등이다. 지난 20여 년간 한반도와 동북아의 안보환경이 지속적으로 악화되었고, 세력전이가 급속하고 예측 불가능한 방향으로 진행되는 상황을 감안한다면 2025년은 둘째와 셋째 시나리오에 걸쳐 있을 가능성이 높다고 한다.

실제 어떤 상황이 발생할까. 북한은 핵 무장력을 늘리고 더욱 공격적으로 된다. 북한이 핵시설을 전면 재가동하여 매년 핵무기 1개 분량의 플루토늄과 2개 이상 분량의 고농축우라늄을 생산한다면, 2025년에는 30~40개 이상의 핵무기를 보유한 '사실상 핵 보유국'이 될 가능성도 있다. 내부 권력투쟁이나 체제붕괴가 발생하면, 통일이 앞당겨질 수도 있지만, 북핵 위험은 더욱 커진다. 김정은 체제의 안정도 문제다. 북핵 위협은 일상화되고 통일은 크게 멀어진다.

동북아의 안보환경 전망도 비관적이다. 2025년 중국의 국내총생산

(GDP)이 미국을 추월하면서, 중국은 상승하는 경제력과 자신감을 정치·군사적 패권으로 전환하려고 할 것이다. 중국은 상당기간 세계무대에서는 미국의 주도권을 인정하면서, 당분간 편승과 협력의 기회주의적 국제안보 전략을 추진할 가능성이 높다. 하지만 주변 지역, 특히 동아시아에서는 '핵심 국익'을 보호한다는 명분으로 자신의 전략적 영향권을 구축하기 위해 미국의 기득권에 도전할 전망이다. 미국이 동맹 네트워크의 강화와 군사력의 재배치를 통해 중국에 대항하면서, 해양과 우주와 사이버공간에서 군사적 갈등이 불거진다. 일본은 북한의 핵무장과 중국의 부상을 기회로 미국의 지지를 업고서 재무장과 보통국가화를 재촉하고, 영토·역사 문제에 더욱 강경해진다.

불과 10년 전만 하더라도 중국의 부상, 일본의 우경화, 북한의 핵무장, 러시아의 대외적 군사개입, 미국의 세계적 후퇴를 예견치 못했다. 심지어 박근혜 정부가 '아시아 패러독스'를 경고하였을 때보다도 상황이 좋지 않다. 따라서 위 시나리오는 현 추세가 지속되면 우리가 직면할 현실이라는 것이다.

그동안 분단의 현실과 북한의 군사적 위협 속에서 한미동맹 이외 별다른 안보전략을 구상할 여력을 갖지 못했을 것이다. 그런데 작금의 안보환경의 대변동 속에서 한국이 통일과 번영과 안보와 평화의 국가적 목적을 달성하기 위해서 보다 다변화되고 포괄적이며 전략적인 안보전략이 필요하다는 점에 대해 이견이 없을 것이다.

필자는 전교수의 의견에 매우 공감하며 강대국 틈바구니에서 국가의 생존과 번영을 추구해야 하는 우리의 현실을 냉정하게 판단하고 지혜롭게 대처해 나가야 한다고 생각한다.

끝으로 한국 경제연구원 외교안보실장인 이춘근 박사의 어느 강연이 생각난다.

그는『국가의 죽음』(Fazal, Tanisha M. Prinston Univ Pr. 2007. 8)이란 책을 예로 들면서 1816년부터 2000년 전후까지 총 207개국 중 66개국이 죽음을 당하였는데, 이 중 50개국은 남에 의해서 죽임을 당했다고 한다. 죽임을 당한 50개 국가 중 조선도 포함되어 있었다고 한다.

국제사회에서 국가의 죽음은 매우 흔한 일이다.

따라서 모든 국가들은 국가의 생존을 가장 중요한 가치로 여기는 것이고, 이것이 우리가 국가안보를 연구하는 이유이기도 하다.

참고문헌

I. 국내문헌

1. 단행본

- 구영록, 『한국의 국가이익 : 외교정치의 현실과 이상』, 서울 : 법문사, 1995.
- 김구섭 편, 『국민 안보의식 진단과 처방』, 서울 : 한국국방연구원, 2011.
- 김충남, 『대통령과 국가경영 : 이승만에서 김대중까지』, 서울 : 서울대 출판부, 2006.
- ______, 『노무현과 이명박 리더십의 명암과 교훈』, 서울 : 오름, 2011.
- 김충남 · 문순보, 『민주시대 한국안보의 재조명』, 서울 : 오름, 2012.
- 김희상, 『생동하는 군을 위하여』, 서울 : 전광, 1993.
- 김동명, 『독일 통일, 그리고 한반도의 선택』, 서울 : 한울, 2010.
- 김병남, 『안보란 무엇인가』, 서울 : 한울, 2011.
- 김열수, 『국가안보』 제2판, 서울 : 법문사, 2011.
- 남시욱, 『한국 진보세력 연구』, 서울 : 청 미디어, 2009.
- 마이클 헨델 지음 · 김진호 옮김, 『약소국 생존론』, 서울 : 대왕사, 1995.
- 박병구, 『한중일 석유전쟁』, 서울 : 한스미디어, 2006.
- 안병찬, 『베트남, 오늘의 베트남』, 서울 : 한국일보사, 1989.
- 염돈재, 『독일통일의 과정과 교훈』, 서울 : 평화문제연구소, 2010.
- 유동열, 『북한의 대남전략』, 서울 : 통일교육원, 2009.
- 윤민우, 『테러리즘의 이해와 국가안보』, 서울 : 진영사, 2011.
- 이덕주, 『조선은 왜 일본의 식민지가 되었는가』, 서울 : 에디터, 2001.
- 이선호, 『이순신의 리더십』, 서울 : 팔복원, 2011.
- 장준익, 『북한 인민군대사』, 서울 : 서문당, 1991.
- 채명신, 『베트남전쟁과 나』, 서울 : 팔복원, 2006.

2. 군 관련자료

- 국방부 전사편찬위원회, 『한국전쟁사』 제1권, 서울 : 국방부, 1968.
- 국방부, 『2010 국방백서』, 2010.
- 국방부, 『2011 국방백서』, 2011.
- 육군사관학교, 『북한학』, 서울 : 박영사, 1999.
- 육군본부 정훈감실, 『한민족의 용틀임』, 대전 : 육군본부, 1983.
- 육군본부 야전교범 4-0, 『전투근무지원』, 대전 : 육군본부, 2004.

3. 연구 논문 및 보고서

- 전봉근, “한국 국가안보전략 모색” 서희외교포럼, 국립외교원, 2015.
- 강수산, “북한의 대남 적화통일전략의 실상” 이대우 편, 『탈북자와 함께 본 북한 사회』, 세종연구소, 2012.
- 금상문, “남북예멘의 통합과 분열에 대한 연구”, 『한국중동학회논총』 제15호, 1994.
- 김병조, “‘사회안보’이론의 한국적 적용 : 도입, 채택, 활용, 보완” 김석용 편, 『국가안보의 한국화』, 오름, 2012.
- 김성욱, “친북세력 실체와 대안”, 『대한민국 안보 무엇이 문제인가?』, 국가발전미래교육협의회, 2010.
- 문순보, “공세적 현실주의와 동북아 안보 : 미어 샤이머의 설명력과 함의”, 『세종정책연구』 제6권 2호, 세종연구소, 2010.
- 박광조, “전투적 민주주의, 독일의 경우 : 반체제 운동 경력자에게 공직취임을 금지“, 『월간조선』, 2003년 8월호.
- 이수훈, “21세기 한국전략의 방향”, 『극동문제연구소 통일전략포럼 보고서』, 2004.
- 이춘근, “한미동맹의 문제점 진단과 한미동맹 강화의 논리” 『국가전략』 제9권 3호, 2003년 가을호.
- 장철현, “북한의 통일전선사업부 해부” 『북한조사연구』, 국가안보전략연구소, 2007.
- 차주환, “북한의 통일전선전술 변화연구” 『군사논단』 제66호, 2011 여름.
- 한용섭, “동맹 속에서의 자주국방 : 이론과 실제의 딜레마” 『군사논단』 제40호, 2004.

Ⅱ. 국외문헌

1. 단행본

- Acemoglu, Daron, and James A. Robinson. Why Nations Fail. New York : Brown Business, 2012.
- Aron, Raymond. Peace and War. Trans., Richard Howard and Anneette Baker Fox. New York : Praeger, 1967.
- Brazinsky, Gregg. Nation Building in South Korea. Chapel Hill : University of North Carolina Press, 2007.

• Burchill, Scott. The National Interest in International Relations Theory. New Yoek : Palgrave Macmillan, 2005.
• Buss, Claude A. The United States and the Republic of Korea. Stanford, Calif. : Hoover Institution Press, Stanford University, 1982.
• Chay, Jongsuk. Unequal Partners in Peace and War : The Republic of Korea and the United States, 1948-1953. Wesport, CT : Praeger, 2002.
• Clark, George. The Seventeenth Century. New York, 1961.
• Clarkson, Stephen, ed. An Independent Foreign Policy for Canada? Toronto" McClelland and Stewart, 1968.
• Dilorenzo, Thomas J. The Real Lincoln. Roseville, Calif. : Forum, 2002.
• Giddens, Anthony. The Nation State and Violence. Berkeley : University of California Press, 1985.
• Gleysteen, William H. Massive Entanglement, Marginal Influence. Washington, D. C. : Brookings, 1988.
• Granatstein, J. L. Canada Foreign Policy Since 1945 : Middle Power or Satellite. Toronto : The Copp Clark Publishing Co., 1970.
• Morgenthau, Hans J. In Defence of the National Interest : A Critical Examination of American Foreign Policy. New York : Knopf, 1951.
• Niolay, John G., and John Hay. Complete Work of Abraham Lincoln. Lincoln Memorial University, 1984.
• Rothstein, Robert I. Alliance and Samll Powers. New York : Colombia University Press, 1968.
• Smith, Adam. An Inquiry into the Nature and Causes of the Wealth of Nations. New York : the Modern Library, 2000.

2. 논문 자료

• Huntington, Samuel P. "Political Modernization." In J. Rogeres Hollingsworth, ed. Nation and States Building in America. Boston : Little, Brown, 1971.
• Joffe, Josef. "The Foreign Policy of the Fedral Republic of Germany." In R. C. Macridis, Englewood Cliffs, eds. Foreign Polic in the Vietnam War."World Politics, April 1966.
• Merrill, John. "International Warfare in Korea, 1948-50 : The Local Setting of Korean War." In Bruce Cumings, ed. Child of Conflict : The Korean-American

Relationship, 1943-1953. Seattle : University of Washington Press, 1983.

- Scalapino, Robert A. "Korea and Vietnam." Wayne Wilcox et al. Asia and the International System. Cambridge, Winthrop, 1972.

3. 인터넷 자료

- 두산백과사전, http://www.doopedia.co.kr/
- 네이버 지식백과, http://terms.naver.com/
- 네이버 캐스트, http://navercast.naver.com/
- 네이버 시사상식, http://terms.naver.com/entry.nhn?docId=65801&cid=43667&categoryId=43667
- 위키백과, http://ko.wikipedia.org/wiki/%ED%95%9C%EA%B5%AD_%EC%A0%84%EC%9F%81

찾아보기

(ㅅ)

국가와 안보

초 판 발 행 | 2016년 2월 20일
초판2쇄발행 | 2018년 8월 17일

저　　자 | 정해원
발 행 인 | 이성범
발 행 처 | 문운당
주　　소 | 서울시 종로구 혜화로5길 16 (명륜1가 45-3)
전　　화 | (02)762-6010
팩　　스 | 영업 (02)745-0265 / 편집 (02)762-8758
홈페이지 | http://munundang.co.kr
이 메 일 | munun2@chol.com

ISBN 979-11-5692-192-9 93550

정가 23,000원